Gestalten und dekorieren mit Farbe

Gestalten und dekorieren mit Farbe

Effektvolle Ideen und Techniken für
Wände, Möbel, Glas und Keramik

Copyright der englischen Originalausgabe
© text, design, photography and illustrations by
Merehurst Limited 2000
Originaltitel: The Ultimate Book of Paint Effects
Die Verwertung der Texte und Bilder, auch auszugsweise, ist ohne Zustimmung des Verlags
urheberrechtswidrig und strafbar. Dies gilt auch für Vervielfältigungen, Übersetzungen,
Mikroverfilmung und für die Verarbeitung mit elektronischen Systemen.

Übersetzung: Inge Uffelmann, Bayreuth
Redaktion: Robert Hamacher und René Zey
Satz und Herstellung: Königsdorfer Medienhaus, Frechen

817 2635 4453 6271

1107001X03 02 01

SICHERHEIT GEHT VOR

Kinderzimmer

Bei der Arbeit an Objekten für das Kinderzimmer sollten alle Materialien, insbesondere Farben und Lacke, ungiftig sein. Auch sollten an Gegenständen, die sich in Reichweite von Säuglingen und Kleinkindern befinden, keinerlei lose oder lockere kleine Teile angebracht sein. Sowohl Werkzeuge und Materialien als auch die noch unfertigen Objekte sind unbedingt außerhalb des Zugriffs von Kindern aufzubewahren.

Schneidewerkzeuge

Bei der Arbeit mit einem Cutter oder Skalpell immer eine Schneidematte oder dicke Pappe unterlegen, um die Arbeitsfläche zu schützen. Den Schnitt immer vom Körper wegführen, damit man sich nicht verletzt, falls die Klinge abgleitet. Die Hand, die das Werkstück hält, nicht in die Schnittlinie der Schneide legen.

Schutzhandschuhe

Bei der Anwendung von ätzenden Substanzen immer Handschuhe tragen, um die Haut zu schützen. Falls die handelsüblichen Haushaltshandschuhe zu dick sind, kann man dünne Latexhandschuhe nehmen. Bei der Arbeit mit Hitzequellen oder offenem Feuer niemals Gummihandschuhe anziehen! Für solche Fälle immer Handschuhe aus feuerfestem Material wählen.

Stehleitern

Bei Verwendung einer Stehleiter immer darauf achten, dass sie eben steht und nicht wackelt oder gar umfallen kann, wenn man darauf steht. Keine gewagten Türme aus Tischen und Stühlen aufbauen, auch Leitern nicht auf Tische stellen, sondern lieber eine Leiter in der benötigten Höhe besorgen oder ausleihen. Farbtöpfe und Werkzeuge von der Leiter entfernen, ehe man sie weiter bewegt.

Heißluftgeräte

Wenn man zum Aufweichen alter Farbschichten eine Heißluftpistole oder eine Lötlampe verwenden möchte, sollte man eine Schutzbrille und feuerfeste Handschuhe tragen und auf fest sitzende Kleidung achten. Auch offene lange Haare bedecken oder zusammenbinden und alles aus dem Weg räumen, was Feuer fangen könnte. Das Arbeitsumfeld mit nicht brennbarem Material schützen, keinesfalls mit Zeitungen abdecken. Glas und Plastik mit Reflektoren schützen, wenn man die Heißluftpistole an Fensterrahmen o. Ä. einsetzen möchte.

Belüftung

Bei der Verwendung von Klebern, Lacken und Farben, die mit Lösungsmitteln versetzt sind, immer für gute Belüftung sorgen. Am besten bei offenem Fenster arbeiten. Offenes Feuer, zum Beispiel von Zigaretten, während der Arbeit meiden. Auch bei der Arbeit im Freien einen Mund-Nasen-Schutz tragen.

Schutzbrille

Bei allen Arbeiten, die Staub, Sägespäne, Farbabschilferungen u. Ä. freisetzen, immer eine Schutzbrille tragen, damit keine Fremdkörper in die Augen geraten.

Elektrizität

Bevor man anfängt, ein defektes elektrisches Gerät zu reparieren, immer erst den Netzstecker ziehen! Elektrische Geräte immer von Wasser fern halten und immer die Sicherung herausschrauben, bevor man in der Nähe von elektrischen Leitungen oder Wandanschlüssen arbeitet.

MITARBEITER DIESES BUCHES

Autoren: Salli Brand, Julie Collins, Catherine Cumming, Tricia Greening, Katrina Hall, Frances Halliday, Clare Louise Hunt, Joanna Jones, Laurence Llewelyn Bowen, Julie London, Merópe Mills, Maggie Philo, Fiona Robinson, Frances Robinson, Tony Robinson.

Fotografen: Graeme Ainscough, Dominic Blackmore, Jon Bouchier, Anna Hodgson, Tim Imrie, Andre Martin, Lucinda Symons, Dai Williams.

Illustrator: Stephen Pollitt.

Inhalt

8 Einleitung

10 Nötige Vorarbeiten

12 Vorbereitung der Oberflächen

22 Farbeffekte I

24 Farben und Farbgebung
   26 Farben und ihre Verwendung
34 Farb- und Lasureffekte

42 Farbeffekte II

44 Metall und Stein kopieren
50 Holzoberflächeneffekte
52 Hilfreiche Tricks der Profis
56 Spezialfarben und Techniken
60 Schablonieren
68 Vergolden
72 Drucken mit Stempeln

74 Inspirationsquellen

76 Architekturelemente
78 Stein, Holz und Metall
80 Die gute alte Zeit
82 Blüten und Blätter
84 Stoffe und Webmuster
86 Design aus Kunst und Natur

88 Esszimmerprojekte

90 Geometrisch bemalter Boden

92 Bemalte Gläser und Karaffe
94 Wände mit Karomuster
98 Getünchtes Eichensideboard
100 Esstisch mit Schottenmuster-
    borte
102 Dekorative Stühle
   102 Vergoldeter Stuhl
   102 Stuhl mit Artischo-
   ckenmuster
104 Antikisierter Beistelltisch
106 Porphyrbilderrahmen

108 Wohnzimmerprojekte

110 Tische mit Freihandbemalung
113 Aufgemalte Eichendielen
116 Lampe mit krakeliertem Fuß
    und Schirm
119 Vergoldeter Spiegelrahmen
122 Tisch mit Pastellanstrich
124 Mit Farbe getünchte Wand
126 Kamin im Graniteffekt
128 Bedruckter Boden
130 Schablonierte Balustrade
133 Gestrichene Wandpaneele

136 Küchenprojekte

138 Küchenaccessoires
   138 Kochbuchständer
   139 Gewürzregal
   140 Löffelhalter
   140 Eisernes Schlüsselbrett
142 Uhrschränkchen mit Paneel

144 Gestrichene Stühle

   144 Stuhl mit Schweinchen

   144 Stuhl mit Antikanstrich

146 Küchenstuhl (Tassenmotive)

148 Schablonierter Küchenfries

150 Stuhl mit Efeublättern

152 Bemaltes Porzellan

155 Leuchtend bemalte Gläser

158 Schlafzimmerprojekte

160 Schablonierter Korbsessel

162 Marmorierter Frisiertisch

164 Handbedruckte Truhe

167 Paravent mit Schablonen-

   motiv

170 Bett mit Zierbrett

172 Schlafzimmerfries

175 Leopardenmuster

178 Antikisiertes Bettgestell

180 Schrank mit Putten

184 Schablonierte Luftballons

186 Badezimmerprojekte

188 Spiegel und Türgriff mit

   Grünspaneffekt

190 Bad in mexikanischem Stil

193 Duschwand mit Fischen

196 Holzwand mit Kalktünche

198 Badezimmerschränkchen

   198 Gestrichenes Schränkchen

   198 Schabloniertes Schränkchen

200 Badezimmer im Marmorlook

202 Projekte für Garten und Wintergarten

204 Lackierte Gartenmöbel

206 Handbemalter Kasten

208 Wandsockel Ton in Ton

212 Antikisierter Bauernstuhl

214 Dekorative Blumentöpfe

   214 Marmorierter Blumentopf

   214 Mit dem Schwamm

   gefärbter Blumentopf

216 Farbige Blumentöpfe

218 Bemaltes Tischtuch

222 Geschenke und kleine Projekte

224 Lampenfuß und -schirm

   im Schildpatteffekt

226 Kästchen im Malachiteffekt

230 Gekalkter Bilderrahmen

232 Gestrichene Bilderrahmen

   232 Karierter Rahmen

   232 Rahmen (Blumenmuster)

234 Rahmen mit goldenen Birnen

236 Rahmen mit Mohnblumen

238 Zeitungsständer

240 CD-Kasten mit Stempelmotiv

242 Schablonierter Spiegelrahmen

244 Kästchen mit Monogramm

246 Vorlagen

250 Glossar

255 Register

Einleitung

FARBEFFEKTE SIND KEINE ENTDECKUNG DER MODERNE. Schon die Höhlenbewohner der Steinzeit verwendeten natürliche Pigmente, um Bilder auf den nackten Fels zu malen. Noch vor wenigen Jahrhunderten waren die Techniken, mit denen man verblüffende Farbeffekte erzielen kann, streng gehütete Geheimnisse der Handwerker. Heute ist solches Wissen jedermann zugänglich, und so ist das Malen mit Farbe die einfachste und zugleich vielfältigste Möglichkeit, um die eigenen vier Wände zu dekorieren. Denn weit über das simple Streichen hinaus kann man mit Farben die unterschiedlichsten Muster und Strukturen nachbilden. Ein so genannter Farbeffekt ist also alles, was über das schlichte Anstreichen hinausgeht. Das kann eine Lasur sein, kann aber auch die Verwendung einer Schablone oder eines Stempels für bestimmte Muster bedeuten.

Mithilfe dieses Buches werden Sie bald in der Lage sein, sämtliche Räume Ihrer Behausung nach Geschmack neu zu gestalten oder kleine Gegenstände nach Ihren Wünschen umzugestalten. Neben sämtlichen nötigen Vorarbeiten werden die unterschiedlichen Werkzeuge und Materialien vorgestellt. Anhand der Tabelle auf den Seiten 26–29 lässt sich leicht herausfinden, welche Lacke oder Farben für die anvisierte Arbeit passen. Die verschiedenen Techniken des Streichens werden vorgestellt, und Tipps zur Wahl der richtigen Farbtöne fördern eine optimale Arbeit. Hat man sich die Grundkenntnisse erst einmal angeeignet, kann man sich an schwierigere Projekte wagen. Dazu gehören Techniken wie das Antikisieren von Anstrichen oder Imitationen anderer Materialien. So kann man beispielsweise Gips wie Mahagoni aussehen lassen oder Holz wie Marmor. Die Methoden werden anhand von Illustrationen und Fotos allgemein verständlich erklärt. Auch Techniken wie Schablonieren, Vergolden oder Drucken mit Stempeln werden ausführlich erklärt.

Das Kapitel über die »Inspirationsquellen« soll die Fantasie auf der Suche nach Anregungen und dekorativen Entwürfen beflügeln. Wie man an den zahlreichen Abbildungen des Kapitels sieht, kann die Architektur ebenso anregen wie Steine, Hölzer, Blumen, Laub oder andere natürliche Objekte.

Sobald man sich die nötigen Fähigkeiten angeeignet und die zündende Idee gefunden hat, kann man zur Tat schreiten. Viele anhand von Schritt-für-Schritt-Anleitungen vorgestellte Projekte können genauso nachgearbeitet werden, wie sie im Buch vorgestellt werden. Häufiger jedoch wird man sie als Leitfaden für ähnliche Arbeiten verwenden, da die Ausgangsobjekte selten genau übereinstimmen.

Bald werden Sie sich jeder Herausforderung stellen können, denn die vorgestellten Techniken sind leicht erlernbar. Jeder Erfolg wird den Wunsch nach weiteren Erfolgen wecken, sodass aus der Arbeit mit Farbeffekten bald ein neues Hobby entstehen kann.

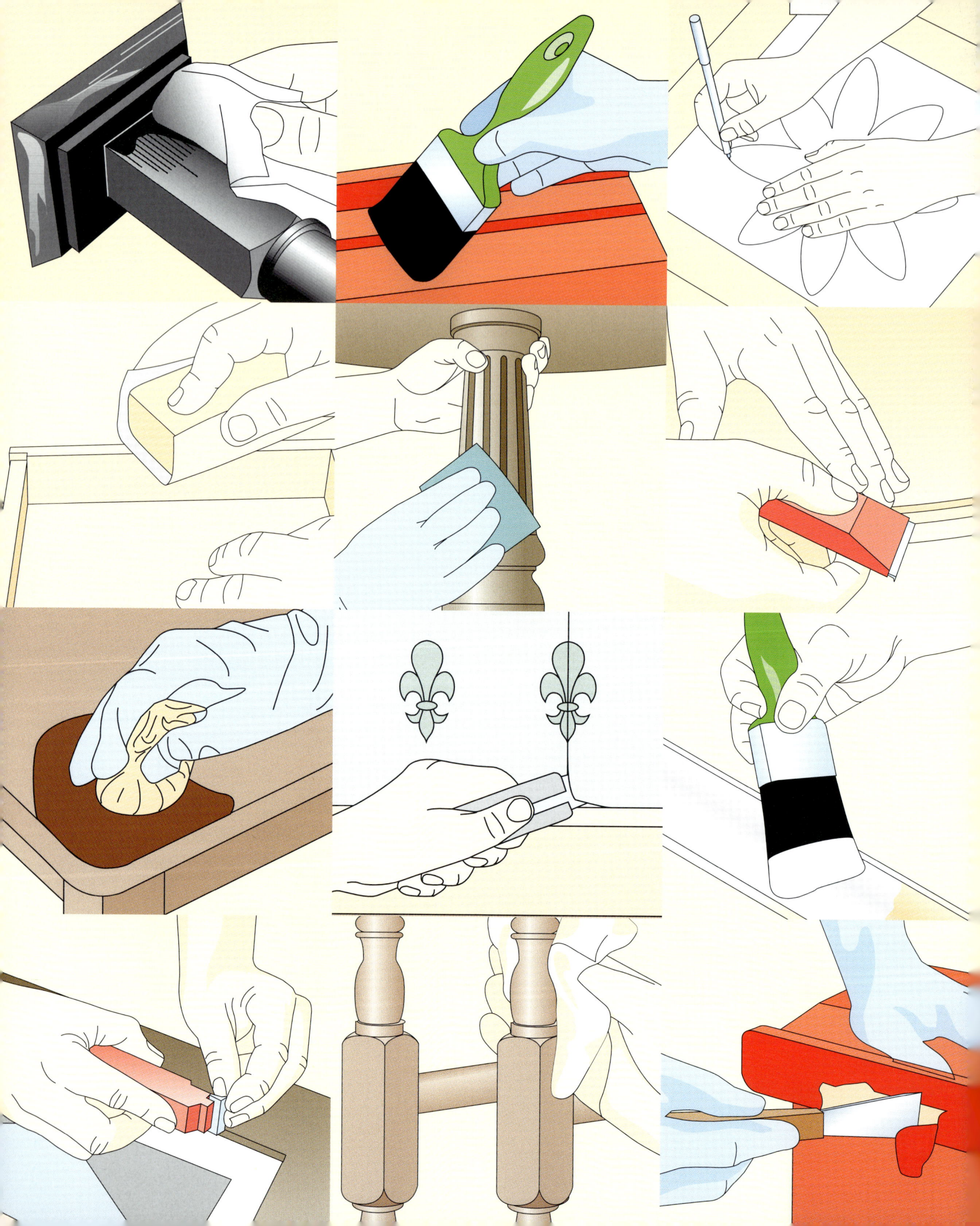

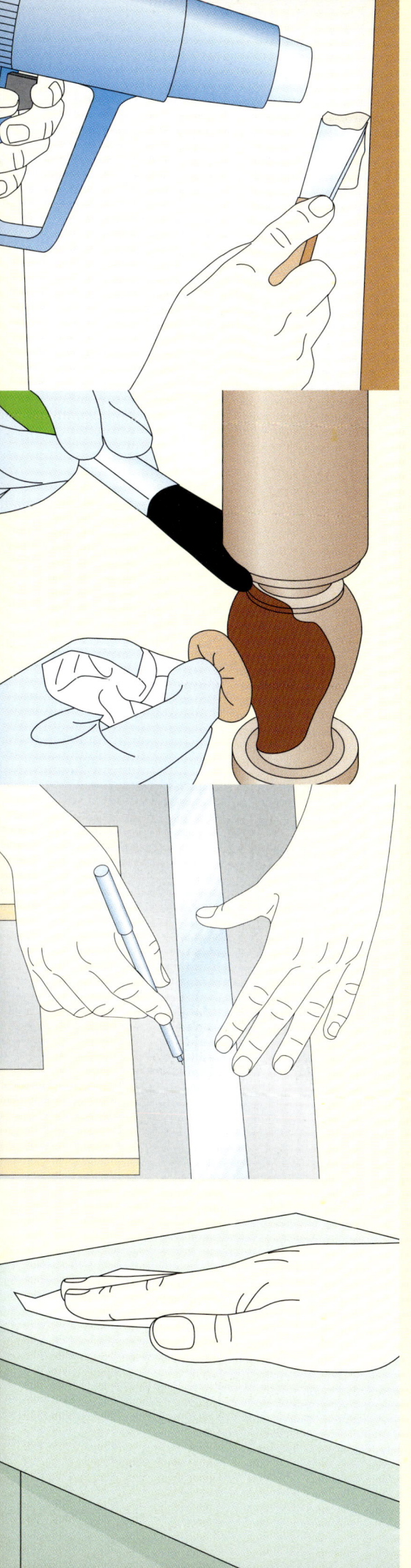

Fast alle Oberflächen sind für die Aufbringung von Farbeffekten geeignet, doch je nach Art und Material müssen sie unterschiedlich vorbehandelt werden. Der Erfolg jeder Arbeit hängt ganz entscheidend von genauer Planung und sorgfältigen Vorarbeiten ab. Die Vorbereitungen können sehr langwierig erscheinen, doch diese Gründlichkeit garantiert den Erfolg.

Nötige Vorarbeiten

Vorbereitung der Oberflächen

ALLE FARBEFFEKTE, egal ob einfach oder kompliziert, erfordern eine gut vorbereitete Oberfläche. Obwohl diese Arbeit oft langweilig und zeitraubend ist, gewährleistet gerade sie das Gelingen. Der beste Entwurf ist nichts wert, wenn nach kurzer Zeit die Farbe abblättert. Auf den folgenden Seiten werden Werkzeuge und Hilfsmittel vorge-stellt, die zur Grundausrüstung gehören, und es wird ihre richtige Anwendung erklärt. Manche sind normale Haushaltsgegenstände; andere, wie Mund-Nasen-Schutz und Schutzbrille, muss man sich erst besorgen. Doch die Anschaffung lohnt sich, denn es geht um Ihre Sicherheit und Gesundheit. Bedenken Sie, dass eine gute Vorarbeit nicht hoch genug eingeschätzt werden kann.

REINIGUNG

EINE GRÜNDLICHE REINIGUNG des Gegenstands ist wichtig, da Staub, Schmutz oder Fett die Haftkraft von Farben und Lacken stark beeinträchtigen können.

WASCHUTENSILIEN

Wenn möglich sollte man diese Arbeit im Freien erledigen, wo man keinen Schaden anrichten kann. Man sollte immer viel Wasser zum Nachspülen bereithalten und eine Gummischürze und Handschuhe tragen. Für fettige Oberflächen nimmt man zur Reinigung Seifenlauge oder Allzweckreiniger und einen Haushaltsschwamm, eventuell auch einen Topfreiniger.

• LAPPEN UND TÜCHER: Aus alter Baumwollkleidung, Betttüchern, Laken und fusselfreien Stoffen kann man Lappen und Tücher schneiden, denn davon braucht man sehr viel. Vor Arbeitsbeginn legt man sie griffbereit hin. Je nach Art der Arbeit sollte man beson-dere Tücher für bestimmte Dekorationstechniken vorrätig haben. Weiche Baumwoll- oder Trikotlappen verwendet man zum Polieren und Aufwischen. Aus Putzwolle, die man mit Trikot umhüllt, macht man Polierballen zur Mattierung von Holz.

• STAUBBINDETUCH: Vielseitige, haltbare, ölige Tücher, die ideal sind zum Reinigen von Holz, Metall und anderen Oberflächen (außer Glas). Sie nehmen Staub und Schmutz auf und hinterlassen für die folgende Arbeit völlig saubere Flächen. Man kann sie auch selbst herstellen, indem man ein sauberes, fusselfreies gesäumtes Stück Baumwolltuch oder eine Stoffwindel mit warmem Wasser befeuchtet und dann mit Terpentin tränkt. Dann 1–2 Esslöffel Firnis darüber spritzt. Das Tuch durchwalken, um den Firnis zu verteilen. Das leicht klebrige Tuch in einem Glas mit Schraubverschluss aufbewahren. Gelegentlich mit Wasser oder Terpentin befeuchten, damit es klebrig bleibt.

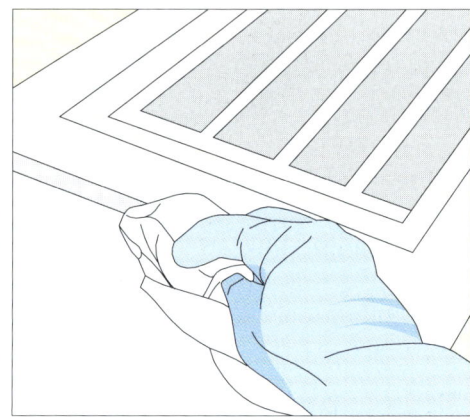

▲ Bei Chemikalien stets Handschuhe tragen.

REINIGUNGSMITTEL

Viele übliche Reinigungsmittel eignen sich zur Säuberung von schmutzigen und fettigen Oberflächen, wenn sie mit einem Lappen oder mit Stahlwolle aufgebracht werden. Der Tabelle auf Seite 21 kann man entnehmen, welche Mittel für welche Oberflächen gut geeignet sind. Bei scharfen Mitteln sollte man immer Handschuhe tragen. Auch Benzin und Lösungsmittel können zur Reinigung verwendet werden. Bezüglich Anwendung und Aufbewahrung beachte man die Herstellerangaben.

SICHERHEITSHINWEIS: Ausrüstung

Beim Schleifen, Schmirgeln und bei ähnlichen Arbeiten immer Mund-Nasen-Schutz und Schutzbrille tragen. Handschuhe und Schutzkleidung sind wichtig, wenn man mit chemischen Substanzen wie Holzbeize oder Lösungsmitteln arbeitet. Ohrenschützer sollte man verwenden, wenn man mit lauten elektrischen Geräten arbeitet. Sämtliche Gegenstände in der Umgebung und die Arbeitsfläche immer gut abdecken.

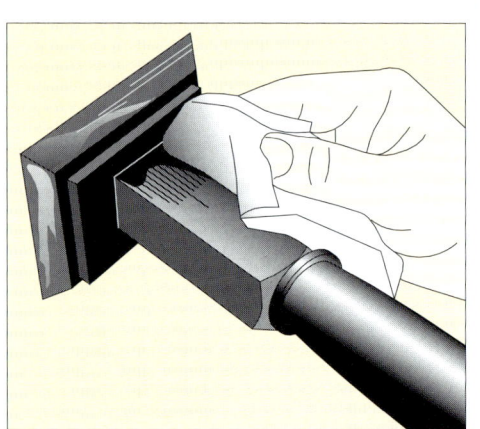

▲ Alle Oberflächen gut säubern.

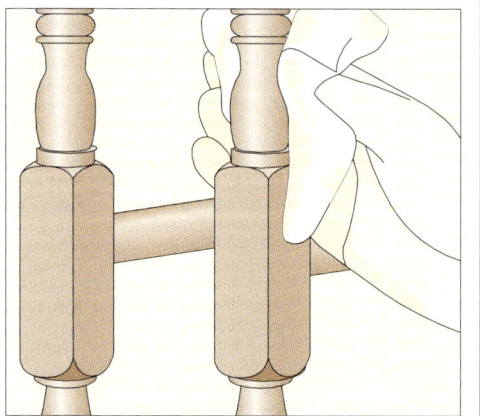

▲ Den Staub mit Staubbindetuch entfernen.

ABSCHLEIFEN

MANCHE OBJEKTE müssen gründlicher abgeschliffen werden als andere. Hin und wieder muss man erst abblätternde Farbe abheben, manchmal muss man mehrere Lagen von Lack und Farbe entfernen, ehe die eigentliche Oberfläche zum Vorschein kommt. Vor allem Metall muss man gründlich abschleifen: Eventuell vorhandener Rost würde sich wieder durchfressen und die fertige Arbeit ruinieren. Je nach Art, Beschaffenheit und Material des Gegenstands wendet man verschiedene Methoden und Hilfsmittel an.

SCHLEIFPAPIERE

Sie bestehen aus einer Papierunterlage oder aus Leinwand und einer Schleifschicht aus mineralischem Material, zum Beispiel aus Glas-, Granat-, Schmirgel-, Flint- oder Siliziumkarbidkörnchen. Je nach der Feinheit der Körnchen unterscheidet man grob bis fein, wobei der Feinheitsgrad durch Zahlen angegeben ist: je höher die Zahl, desto feiner die Körnung.

Man beginnt immer mit dem groben Papier und verwendet dann immer feinere Grade, bis der erwünschte Schliff erreicht ist.

Zum Abschleifen glatter Flächen legt man das Papier um einen Schleifklotz aus Holz, Hartgummi oder Kork. So kann man das Papier besser halten und die Schleiffläche liegt völlig plan auf, greift also besser. In Baumärkten gibt es spezielle Kunststoffklötze mit Klemmvorrichtungen.

Das Abschleifen einer Oberfläche erfordert Geduld und Sorgfalt. Geschliffen wird unter gleichmäßigem, nicht zu starkem Druck in gerader Vor- und

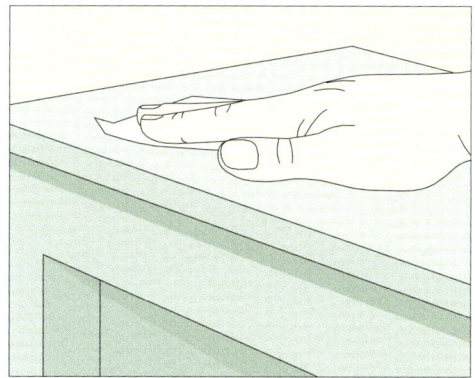
▲ Schleifpapier zum Schleifen verwenden.

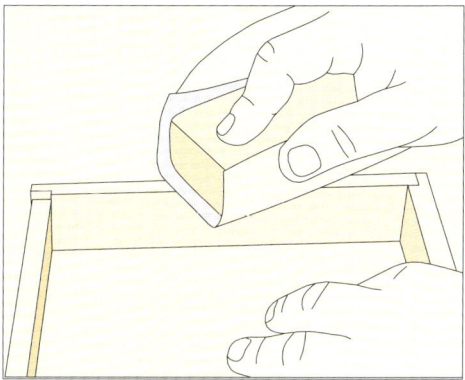
▲ Ein Schleifklotz ist hilfreich.

Rückwärtsbewegung, wobei man der Richtung der gewachsenen Maserung folgt. Bei der Arbeit sollte man stets einen Mund-Nasen-Schutz tragen.

• GLASPAPIER: Ein weiches Schleifpapier mit Glaskörnchen zum groben Schleifen von Holz.

• GRANATPAPIER: Meist von rötlicher Farbe, ermöglicht es einen feineren Schliff und hält länger als Glaspapier. Es ist sehr gut für Harthölzer geeignet.

• SILIZIUMKARBIDPAPIER: Dieses Papier kann man trocken oder feucht (nicht

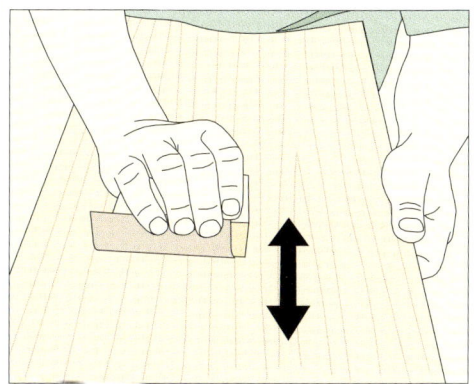
▲ Der Richtung der Holzmaserung folgen.

nass) verwenden, weshalb es auch Nass-Trocken-Papier genannt wird. Es lässt sich zum Anschleifen oder Entfernen von Farbe gut verwenden. Sehr feinkörniges Papier dieser Sorte ist ideal zum Polieren von handbemalten Holzflächen. In diesem Fall verwendet man das Papier trocken, damit sich kein schmierender Farbbrei bildet.

• SCHMIRGELPAPIER: Das mit Schmirgel oder Korund hergestellte Schleifpapier wird ausschließlich zum Schleifen von Metall verwendet.

• BESANDETER SCHLEIFSCHWAMM: Zum Abschleifen von Profilleisten hervorragend geeignet, da er sich den gerundeten Konturen der Leiste genau anpasst. Kann für Trocken- und Nassschliff verwendet werden.

DRAHTBÜRSTE UND STAHLWOLLE

Drahtbürsten sind ein passendes Werkzeug, um große Metallgegenstände von abblätternder Farbe oder Rost zu reinigen. Obwohl für kleine Flächen Handbürsten am besten sind, gibt es vor allem für große Flächen spezielle Bürsten, die man auf die Bohrmaschine aufsetzen kann.

Stahlwolle gibt es in verschiedenen Feinheitsgraden. Man kann sie zum Schleifen von Holz, Glas und Metall verwenden. Man kann sie auch zum Auftragen von Wachs sowie von Farb- und Lackentfernern benutzen. Mit Terpentinersatz getränkt, lassen sich mit Stahlwolle Holzmöbel reinigen. Bei sanfter Anwendung verursacht feine Stahlwolle keine Kratzer, hinterlässt aber saubere, glatte Oberflächen. Da die Wolle aus feinsten Stahlfäden besteht, die sich bei der Arbeit lösen können, sollte man unbedingt einen Mund-Nasen-Schutz und Handschuhe tragen.

SCHABER UND KRATZER

Es gibt verschiedene Werkzeuge, die man entweder allein oder in Verbindung mit Abbeizmitteln und/oder einer Heißluftpistole zum Ablösen von alten Farbschichten verwendet.

• MALER- ODER STOSSSPACHTEL: Mit einem breiten Metallblatt und einem Holzgriff versehen, ist er dazu geeignet, unter alte Farbschichten zu fahren und sie abzuheben.

• KRATZEISEN: Ein kleines, dreieckiges Blatt an einem langen Stiel ermöglicht das Entfernen von Farben auf Formteilen und aus Ecken. Es gibt Kratzeisen mit auswechselbaren Blättern in verschiedenen Formen.

• KRATZER: Der Kratzer ist eine Ziehklinge mit leicht gekrümmtem Blatt, das in den Griff eingelassen ist. Man kann das Blatt auswechseln oder mit dem Abziehstein nachschärfen.

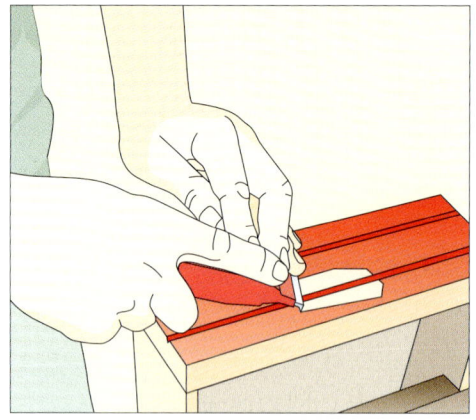

▲ Den Kratzer in Faserrichtung ziehen.

BENUTZUNG DER ZIEHKLINGE

1 Man beginnt mit den flachen Flä-chen. Indem man den Kratzer sehr fest hält, zieht man ihn in Richtung der Holzmaserung zu sich hin über die Fläche. Bei Unebenheiten dreht man die Klinge um 45 Grad und zieht sie in Richtung der Maserung weiter.

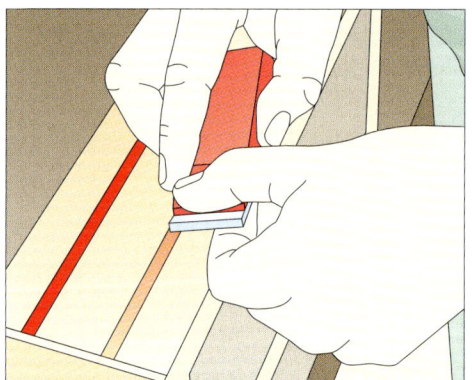

▲ Bei Rillen Druck auf das Blatt ausüben.

2 Die Ziehklinge nur in Ausnahme-fällen vom Körper wegschieben, zum Beispiel wenn man Rillen aus-putzt. In diesem Fall den Kratzer dicht am Blatt halten, damit man den Druck genau dosieren kann.

3 Bei besonders schwierig zu lösen-den Oberflächen ein gezahntes Blatt einlegen. Da es die Oberfläche ver-kratzt, sofort nach Gebrauch wieder herausnehmen.

HEISSLUFTPISTOLEN

Ehe man Farbe mit dem Spachtel ab-zuheben versucht, kann man sie durch Hitze erweichen.

Sicherer als die offene Flamme einer Lötlampe ist die Heißluftpistole, die ähnlich wie ein Fön einen heißen Luft-strom ausstößt.

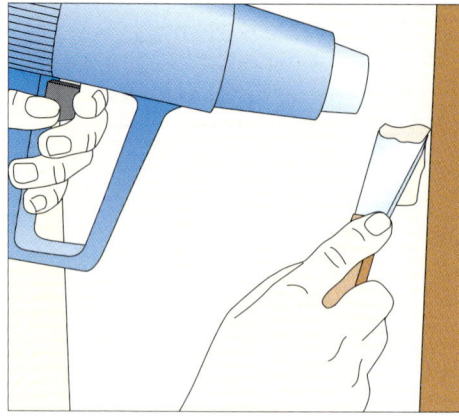

▲ Von der Hitze erweichte Farbe ablösen.

Die heiße Farbe wird weich und wirft Blasen, in die man mit dem Spachtel hineinfahren kann, um sie abzuheben. Mit bestimmten Aufsätzen kann man den Luftstrom konzentrieren oder breit ausfächern.

1 Die Düse 5 bis 10 cm von der Flä-che entfernt halten, sodass die Farbe beginnt, Blasen zu werfen, ohne zu verbrennen.

2 Wenn sich die Farbe hebt, mit dem Spachtel unter die Blase fahren und die weiche Farbe vorsichtig abheben. Auf diese Weise die Farbe fast vollstän-dig entfernen.

3 Den Farbrest zunächst mit grobem, dann mit immer feinerem Schleif-papier abschleifen. Zum Schluss Staub und Farbpartikel mit einem Staubbin-detuch abwischen.

SICHERHEITSHINWEIS:
Bleihaltige Farben

• Viele alte Möbelstücke sind mit bleihalti-gen Farben gestrichen. Wenn man diese Farben oder Lacke entfernt, wird auch das gesundheitsschädliche Blei freigesetzt. Schwangere Frauen, Kinder und Haustiere sind besonders gefährdet.

• Bleihaltige Farbe sollte nicht abgeschlif-fen, nicht abgekratzt und nicht erhitzt werden. Am besten verwendet man che-mische Beize, um die Farbe abzulösen. Die angelöste Farbe sollte man direkt vom Untergrund in einen Entsorgungsbehälter schaben und diesen als Sondermüll entsor-gen. Muss man doch Heißluft einsetzen, sollte man darauf achten, dass die Farbe nicht brennt, denn dabei entwickeln sich giftige Dämpfe. Die Oberfläche nach Ent-fernung der Farbe gut abwaschen, um den Staub vollständig zu entfernen.

• Immer Schutzkleidung und Mund-Nasen-Schutz tragen, wenn man bleihaltige Farbe entfernt. Sicherstellen, dass schwangere Frauen, Kinder und Haustiere nicht in die Nähe des Arbeitsplatzes kommen. Nicht an windigen Tagen arbeiten, damit kein Staub herumgeblasen wird.

ABBEIZMITTEL

Zur Entfernung von Anstrichen aus Farben und Lacken sind zahlreiche Ab-beizmittel im Handel. Diese chemi-schen Mittel können die Haut verätzen, sodass man bei der Arbeit immer Schutzkleidung und Handschuhe tragen sollte. Auch muss man für gute Belüf-tung sorgen, weil sich unangenehme Dämpfe entwickeln. Ist es zu aufwän-

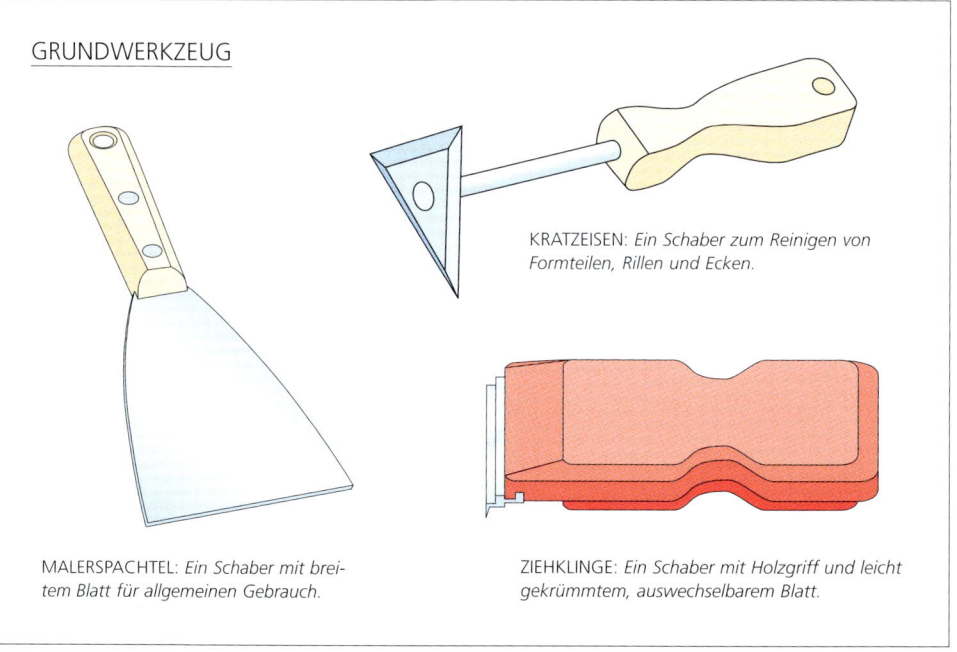

GRUNDWERKZEUG

KRATZEISEN: *Ein Schaber zum Reinigen von Formteilen, Rillen und Ecken.*

MALERSPACHTEL: *Ein Schaber mit brei-tem Blatt für allgemeinen Gebrauch.*

ZIEHKLINGE: *Ein Schaber mit Holzgriff und leicht gekrümmtem, auswechselbarem Blatt.*

dig, die alte Farbe restlos abzulösen, schleift man so viel wie möglich ab. Übergänge zwischen völlig abgelöster und noch vorhandener Farbe gleicht man mit Spachtelmasse aus, die man mit einem Japanspachtel aufträgt.

FARBE ABBEIZEN

1 Von einem Möbelstück sämtliche Beschläge und Scharniere entfernen. Abblätternde Farbe mit dem Spachtel lösen und das ganze Stück abwischen.

2 Mit einem alten Pinsel das Abbeizmittel stets gleichmäßig auf ein Stück der Holzfläche auftragen. Handschuhe tragen und bei offenem Fenster arbeiten.

▲ Abbeizmittel mit altem Pinsel auftragen.

3 Die aufgeweichte Farbe mit dem Malerspachtel abheben. Für Vertiefungen und Ecken Kratzeisen verwenden. Nach Entfernung der Farbe die Oberfläche mit Terpentinersatz oder Verdünnung nachreinigen. Farbe und Abbeizer als Sondermüll entsorgen.

4 Die getrocknete Oberfläche mit grobem, dann mit feinem Sandpapier abschleifen und den Schleifstaub mit einem Staubbindetuch entfernen.

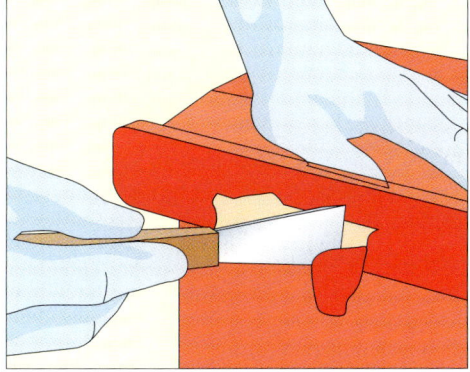

▲ Weiche Farbe mit dem Spachtel ablösen.

SCHELLACK ABBEIZEN

1 Um Schellackpolitur einschließlich der Möbelpolitur zu entfernen, verteilt man mit Stahlwolle oder einem Nylontopfkratzer etwas Brennspiritus auf einem kleinen Teil der Fläche und reibt vorwärts und rückwärts in Richtung der Holzmaserung. (Man kann auch starke Ammoniaklösung nehmen.) Unbedingt Handschuhe und einen Mund-Nasen-Schutz tragen.

2 Sobald der Schellack gelöst ist, wischt man ihn mit einem in Brennspiritus getränkten Lappen ab und fährt mit der Prozedur an der nächsten Stelle fort, bis der ganze Schellack abgelöst ist.

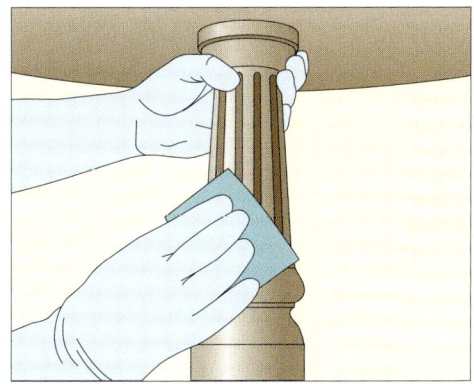

▲ Brennspiritus stets mit Topfschaber auftragen.

3 An unzugänglichen Stellen den gelösten Lack mit einer Ziehklinge entfernen. Zuletzt die gesamte Oberfläche mit Schleifpapier schleifen.

4 Möchte man einen Lack auf Lösungsmittelbasis verwenden, lässt man das Objekt stehen, damit die Luftfeuchtigkeit die Holzfasern aufrichtet. Verwendet man einen Lack auf Wasserbasis, kann man die Oberfläche mit einem feuchten Tuch abwischen.

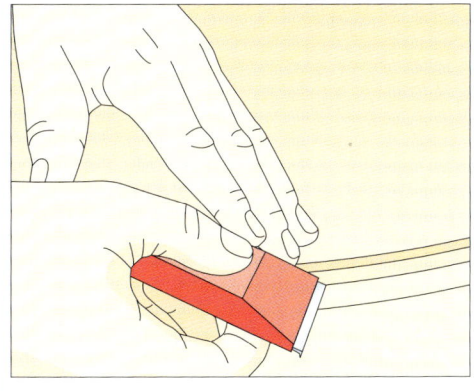

▲ Rillen mit der Ziehklinge reinigen.

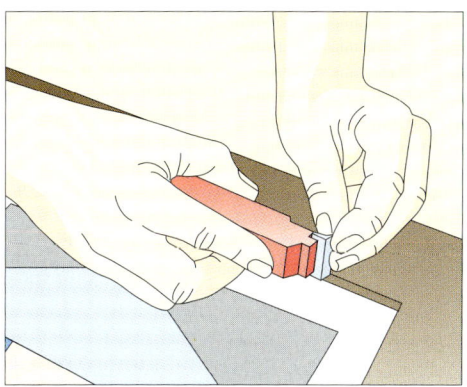

▲ Alle Ecken und Kanten auskratzen.

LACK ABBEIZEN

1 Die Oberfläche mit mittelkörnigem Sandpapier aufrauen, damit das Abbeizmittel besser in die wasserfeste Schicht eindringen kann. Das entsprechende Abbeizmittel großzügig mit einem alten Pinsel auftragen.

2 Das Mittel einwirken lassen, bis sich der Lack zu lösen beginnt. Das kann mehrere Stunden dauern. Den gelösten Lack mit dem Malerspachtel abheben, für unzugängliche Stellen ein Kratzeisen verwenden. Die Prozedur so lange wiederholen, bis der Lack vollständig entfernt ist.

3 Die Oberfläche mit mittlerem, dann mit feinkörnigem Schleifpapier abschleifen und den Schleifstaub mit einem Staubbindetuch abwischen.

NÜTZLICHE TIPPS: Abbeizen

• Muss ein ganzes größeres Möbelstück abgebeizt werden, sollte man ein Fachunternehmen damit beauftragen. Manche Firmen arbeiten mit nichtätzenden Substanzen, die zwar teurer sind, dafür aber empfindliche Möbel weniger angreifen. Weniger wertvolle Stücke können mit ätzenden Chemikalien abgebeizt werden. Zum Schluss sollte das Möbel mit Essigwasser abgewaschen werden, um übrig gebliebene ätzende Substanzen zu neutralisieren. Das Möbel muss abgeschliffen werden, bevor man es neu streicht.

• Ist man unsicher, ob die Oberfläche, die man abbeizen möchte, mit Schellack oder Lack überzogen ist, reibt man an einer Stelle mit Stahlwolle etwas Brennspiritus ein. Entsteht eine braune, klebrige »Schmiere«, wurde Schellack verwendet. Ist die Oberfläche mit Lack behandelt, bleibt lediglich der Oberflächenschmutz in der Stahlwolle hängen, sodass Abbeizmittel für Farbe oder Lack erforderlich ist.

TAPETEN ABZIEHEN

Manche Tapeten lösen sich leicht und lassen sich in Bahnen abziehen. Meist aber muss man sie vorher mit warmem Wasser befeuchten, das man mit einer Deckenbürste oder einem Schwamm aufträgt. Handelsüblicher Tapetenlöser oder etwas Geschirrspülmittel beschleunigt die Prozedur. Die eingeweichten Tapeten kann man mithilfe eines Malerspachtels abziehen.

Zum Schluss sämtliche Kleisterreste sorgfältig mit warmem Wasser von der Wand abwaschen. Abwaschbare, nicht saugfähige Tapeten zuvor mit grobem Schleifpapier, einer Drahtbürste oder einer Nagelwalze aufrauen.

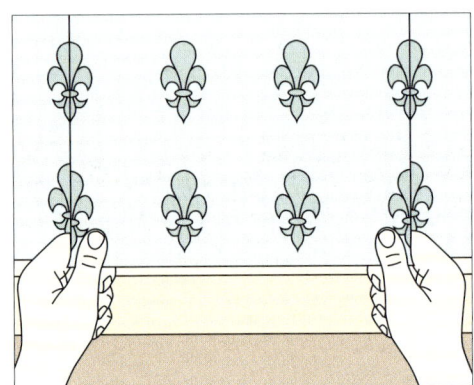

▲ Bahn mit beiden Händen abheben.

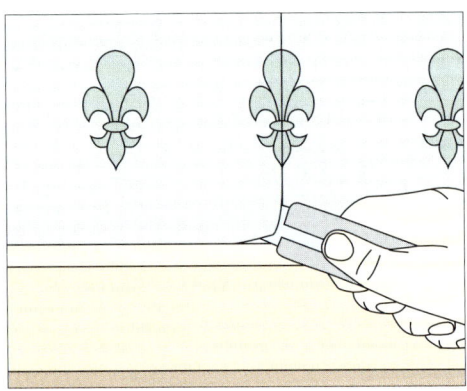

▲ Ecke mit scharfer Klinge lösen.

FÜLLMITTEL

RISSE, LÖCHER, DELLEN u. Ä. sind übliche Schäden. Füllt man solche Stellen mit einer passenden Masse, bekommt man ebene Oberflächen, die sich problemlos dekorieren lassen.

Verschiedene Mittel stehen für die unterschiedlichen Zwecke zur Verfügung. Ehe man sich für eine Masse entscheidet, vergewissert man sich, ob sie sich schleifen lässt, weil man dann überstehende Masse später abschleifen kann. Füllmittel in Pulverform, die mit Wasser angemischt werden, sind bestens geeignet und werden zumeist von Fachleuten verwendet. Mit abschleifbaren Spachtelmassen kann man Risse und Löcher überfüllen und später, wenn die Masse getrocknet ist, mit Schleifpapier abschleifen. Stellen, die vermutlich bald eine Auffüllung erfordern, sorgfältig auskratzen und füllen. Die zusätzliche Arbeit lohnt sich.

• ZELLULOSEFÜLLSTOFF: Üblicherweise für kleine Löcher und Fehlstellen verwendet, eignet sich diese Spachtelmasse für Holz und für kleine Putzschäden in Wänden. Längere Risse im Innenputz sollte man mit der Füllmasse verschließen und mit einer über die Masse gelegten Rissbinde aus Glasfaser abdecken.

• SPACHTELMASSE: Kleine Dübellöcher kann man mit Spachtelmasse oder mit fertigem Füllstoff aus der Tube verschließen.

• FLÜSSIGES HOLZ: Zum Ausbessern von Rissen und Vertiefungen bestens geeignet, gibt es flüssiges Holz in allen gängigen Holzarten fertig zu kaufen. Außerdem lässt es sich leicht abschleifen. Für naturfarbene Oberflächen gibt es Wachsstangen in unterschiedlichen Holztönen. Das Wachs wird mit einem angewärmten Messer in die schadhafte Stelle gedrückt. Für polierte Hölzer sind Schellackstangen in vielen Farben erhältlich. Der Schellack wird heiß in die Fehlstelle getropft, geschliffen und poliert.

• HOLZERSATZ: Sind größere Stellen von verfaultem Holz zu ersetzen, kann man Reparaturmasse dafür verwenden. Das morsche Holz restlos auskratzen, dann die Zweikomponentenmasse einfüllen, aushärten lassen und wie Massivholz bearbeiten.

NÜTZLICHE TIPPS: Mit Bimsstein füllen

• Oberflächen, die einen klaren Überzug bekommen sollen, kann man mit Bimsmehl füllen. Dazu einen Baumwollballen mit Spiritus befeuchten und in gesiebtes Bimsmehl stippen. Die Oberfläche des Objekts mit kreisenden Bewegungen abreiben.

NÜTZLICHE TIPPS: Flüssigholz

• Braucht man nur eine kleine Menge Flüssigholz, kann man Schleifstaub von dem zu bearbeitenden Holz mit farblosem Lack vermischen und die kleinen Fehlstellen damit ausfüllen.

• KITTMESSER: Es ist dem Malerspachtel sehr ähnlich, hat aber ein schmaleres, flexibleres Blatt. Mit dem Kittmesser kann man schwierige Stellen füllen und dann die Oberfläche glätten. Ebenso hilfreich ist ein schmaler Japanspachtel, aber auch ein altes Messer.

RISSE UND LÖCHER FÜLLEN

1 Die Umgebung der Fehlstelle abschleifen und den Staub entfernen. Mit einem Japanspachtel oder Kittmesser etwas Füllmittel auftragen und fest in die Vertiefung drücken. Überschuss wegschaben und die Masse trocknen lassen. Falls die Füllmasse beim Trocknen schrumpft, den Vorgang wiederholen. Mit feinem Schleifpapier schleifen.

2 Wurden Stellen der Holzoberfläche lediglich eingedrückt, ohne dass Material fehlt, kann man ein feuchtes dickes Tuch auf die Stelle legen und dann ein heißes Bügeleisen darauf pressen. Der heiße Dampf lässt das eingedellte Holz quellen, sodass Füllmasse nicht mehr nötig ist.

GRUNDIERUNGEN

ZUR VORBEREITUNG DER OBERFLÄCHE muss zunächst eine passende Grundierung aufgetragen werden.

Es gibt unterschiedliche Grundierungen; das Fachpersonal der Baumärkte kann Auskunft geben, was man für die verschiedenen Oberflächen benötigt. Mitteldichte Faserplatten (MDF) beispielsweise grundiert man, indem man sie zweimal mit der verdünnten Farbe streicht, die auch für den eigentlichen Anstrich verwendet werden soll. Für glänzende Oberflächen wie anstrichfreundliche Kunststoffe gibt es speziellen Haftgrund, der auf der glatten Fläche für gute Haftung der gewählten Farbe sorgt. Alle Grundierungen immer nach Herstelleranweisung anwenden.

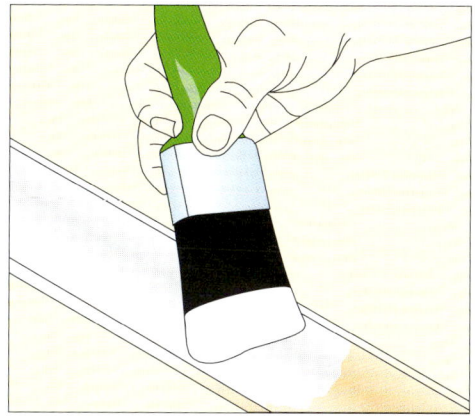

▲ Erst eine Grundierung auftragen.

• ACRYLGRUNDIERUNGEN: Die rasch trocknende Grundierung auf Acrylbasis wird gern verwendet, um die Oberfläche von rohem Holz abzusperren. Manche Marken können aber auch für Metall, Mauerwerk und andere Materialien verwendet werden. Wird Acrylgrundierung auf das rohe Holz aufgetragen, könnte eine zweite Schicht (oder ein zusätzlicher Voranstrich) nötig sein.

• GRUNDIERUNGEN AUF ÖLBASIS: Eine langsam trocknende, haltbare Grundierung, die vor allem für Oberflächen geeignet ist, auf denen Acryllacke nicht gut haften, wie etwa manche Metalle und Kunststoffe. Für Holz und Holzmöbel braucht man sie selten. Da die Öllacke stark riechen, sollte man bei der Arbeit für gute Belüftung sorgen.

• LEDERLEIM: Im Fachhandel für Künstlerbedarf erhältlich, benutzt man ihn als Vorbereitung für Gesso oder als Basis zum Vergolden. Man kann ihn auch auf Leinwand und Papier auftragen, um das Eindringen von Farbe oder Wasser zu verhindern.

• ROSTSCHUTZGRUNDIERUNG: Rostschutzgrund aus Zinkchromat sollte immer dann aufgetragen werden, wenn Metalle rosten, zum Beispiel wenn man sie mit wasserlöslicher Farbe streichen will. Das Metall wird falls nötig mit einer Drahtbürste grob entrostet, danach mit Siliziumkarbidpapier geschliffen. Auch Metallobjekte, die vergoldet werden sollen, behandelt man zunächst mit Rostschutzmittel. Normale Grundierung kann für Metallteile genommen werden, die keinesfalls mit Wasser in Berührung kommen dürfen.

▲ Bei Metall Rostschutzmittel verwenden.

• HOLZVERSIEGLER: Diese Versiegelung auf Spiritusbasis lässt sich sehr gut auf neues, abgebeiztes, dunkles oder sehr astiges Holz aufbringen. (Für einzelne Astknoten kann man Mittel auf Ölbasis nehmen, aber nur wenn die Oberfläche später nicht mit wasserlöslicher Farbe gestrichen werden soll.) Holzversiegler ist eine ideale Grundlage zum Wachsen.

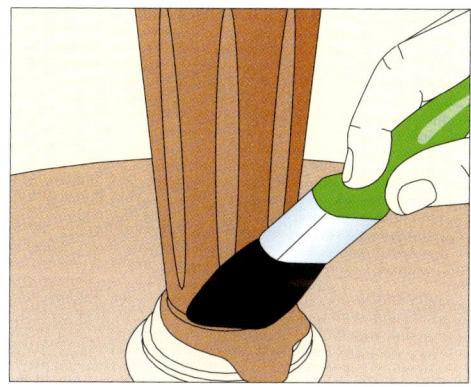

▲ Holzversiegler dient als Lack für Holz.

SCHUTZSCHICHTEN

VIELE OBERFLÄCHEN, vor allem Holz, sind porös und brauchen deshalb eine absperrende Grundierung, ehe man die eigentlichen Farb- oder Lackanstriche aufträgt. Auch sollte man zum Abschluss einen schützenden Lack oder eine Versiegelung auftragen. Vor allem Gegenstände, die im Freien stehen und dort den Witterungseinflüssen ausgesetzt sind, benötigen diese Schutzschicht. Meist verwendet man zu diesem Zweck Lack oder Wachs. Sie versiegeln gestrichene, gefärbte oder naturbelassene Oberflächen, sodass ihnen die allgemeine Abnutzung oder Substanzen, mit denen sie in Berührung kommen können, wenig anhaben können.

LACKE

Anders als transparente Beize, mit der man das Holz lediglich einfärbt, um die natürliche Maserung hervorzuheben, bilden Lacke eine klare Schutzschicht. Die meisten Lacke werden mit Polyurethanharzen hergestellt. Diese gewährleisten eine kratzfeste, hitze- und wasserbeständige Oberfläche. Man kann sie für gestrichene Oberflächen verwenden, aber auch für sorgfältig geschliffene Hölzer, die mit einem Staubbindetuch gereinigt wurden.

Die Bandbreite der Lacke ist enorm. Grundsätzlich unterscheidet man zwischen Lacken auf Wasser- und solchen auf Ölbasis; außerdem gibt es sie als Hochglanz-, Matt- und Seidenmattlacke. Es gibt klare und farbige Lacke, die aber nicht wie Beize in das Holz eindringen.

• LACKE AUF ÖLBASIS: Es gibt zahllose Arten von Öllacken; alle trocknen relativ langsam. Polyurethanlacke sind am einfachsten in der Anwendung. Es gibt sie matt (fast kein Glanz), seidenmatt (Halbglanz) und als Hochglanzlack. Wünscht man den Schutz eines Hochglanzlacks ohne dessen sichtbaren Glanz, verwendet man eine Schicht Hochglanzlack und gibt zwei Schichten Mattlack darüber.

Zum Teil auch in Sprühdosen erhältlich, können diese Lacke meist erst nach 8–24 Stunden erneut überstrichen werden. Sie sind hitzebeständiger und haltbarer als wasserlösliche Lacke (siehe unten), können aber mit der Zeit vergilben. Allerdings sind sie ideal zum Schutz von wasserlöslichen, krakelierten Anstrichen.

• LACKE AUF WASSERBASIS: Wasserlösliche Acryllacke, die immer mehr nachgefragt werden, sind ebenfalls hochglänzend, matt und seidenmatt erhältlich. Ein völlig stumpfer Lack, der noch

---

NÜTZLICHE TIPPS: Öllacke

Mehrere dünne Aufträge geben besseren Oberflächenschutz als eine dicke Lackschicht. Ehe man die neue Schicht aufträgt, die Oberfläche erst mit sehr feinem Schleifpapier abschleifen und gründlich entstauben, so haftet die nächste Lackschicht besonders gut.

weniger Glanz hat als der matte Lack, ist ebenfalls im Angebot. Acryllacke haben ein milchiges Aussehen, hinterlassen beim Trocknen aber eine klare Oberfläche, die nicht vergilbt. Matte und stumpfe Lacke enthalten Kreide, die die Oberfläche nach dem Auftragen mehrerer Schichten blind erscheinen lässt, weshalb diese Lacke für das Aufbringen vieler Lackschichten unbrauchbar sind. Außerdem sind diese Lacke weicher und weniger haltbar als die seidenmatten und die hochglänzenden.

Einige Acryllacke enthalten Polyurethan, das ihnen zusätzliche Härte verleiht, doch ist das für die meisten Innenmöbel nicht unbedingt erforderlich. Für stark beanspruchte Gegenstände ist er allerdings empfehlenswert. Wasserlösliche Lacke sind nach 20 Minuten staubtrocken und können nach etwa zwei Stunden überstrichen werden.

• SCHELLACK: Schellack ist ein natürliches, von Schildläusen abgesondertes Harz, das mit Brennspiritus vermischt einen schnell trocknenden Lack ergibt. Dieses traditionelle Produkt wird noch heute in der Möbelrestaurierung und zur Herstellung von Möbelpolitur verwendet. Man trägt Schellack mit dem Pinsel auf kleine Flächen auf und verreibt ihn dann mit einem fusselfreien Tuchballen.

Schellack wird in verschiedenen Farben angeboten. Klaren Schellack kann man zur Absperrung von Holz, Papier

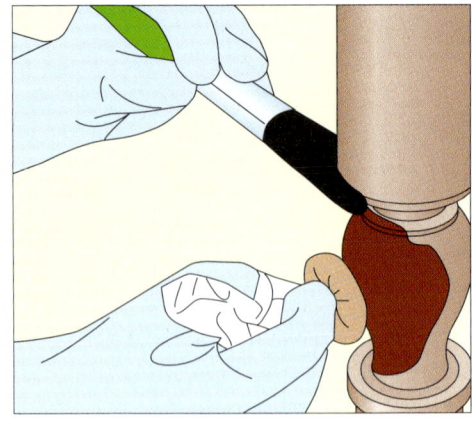

▲ Beim Schellackauftrag Handschuhe tragen.

und Farbe verwenden. Braune oder granatfarbene Möbelpolitur nimmt man zum Beizen und Antikisieren, zusätzlich zur Versiegelung. Emaillack ist transparenter Schellack mit Farbzusatz.

• ZELLULOSELACK: Üblicherweise in Sprühdosen im Angebot, verleiht dieser Lack wasserlöslichen Farben einen hohen Glanz und guten Schutz. Für

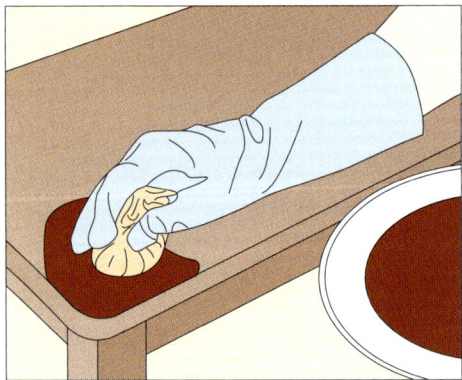

▲ Den Schellack mit Tuchballen auftragen.

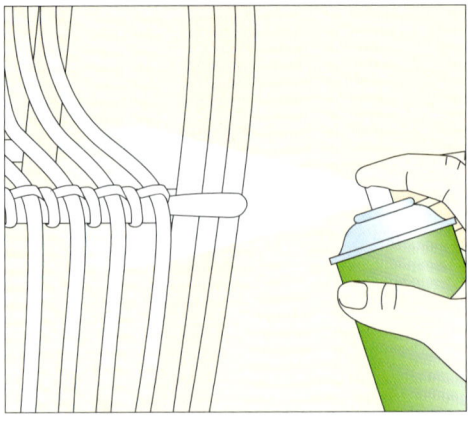

▲ Den Zelluloselack dünn aufsprühen.

Ölfarben und andere Medien auf Ölbasis ist der Lack jedoch nicht geeignet, da die Zelluloseverdünner, die zur Lösung des Lacks verwendet werden, bei diesen wie ein Abbeizmittel wirken.

NÜTZLICHE TIPPS: Lackierwerkzeuge

• Obwohl Lacke mit jedem weichen Malerpinsel aufgetragen werden können, sind spezielle Pinsel, die mehr Flüssigkeit halten können, für große Flächen besser geeignet. Am besten sind flache Schweinsborstenpinsel, die es im Fachhandel gibt.

LACK AUFTRAGEN

1 Die Oberfläche des Objekts zunächst mit Schleifpapier mittlerer, danach mit Schleifpapier feiner Körnung bearbeiten und dann mit einem Staubbindetuch sorgfältig abwischen. Prüfen, ob sich noch Staub oder Fehlstellen auf der Oberfläche befinden.

❖ LACKE UND WACHSE ❖

ART	LÖSUNGSMITTEL	GLANZ	TIPP
ACRYLLACK (PINSEL)			
• STUMPF	Wasser	Gering	Vergilbt nicht, gut haltbar
• MATT	Wasser	Keiner	Vergilbt nicht, gut haltbar
• SEIDENGLANZ	Wasser	Mittel	Vergilbt nicht, gut haltbar
ACRYLLACK (SPRAY)	Wasser	Mittel	Vergilbt nicht, sehr gut haltbar
ACRYLWACHS	Wasser	Mittel	Vergilbt nicht, sehr gut haltbar
BIENENWACHSPOLITUR	Terpentinersatz	Mittel	Kann vergilben, gut haltbar
MÖBELWACHS	Terpentinersatz	Mittel	Vergilbt nicht, gut haltbar
ZELLULOSEWACHS (SPRAY)	Terpentinersatz	Hoch	Vergilbt nicht, sehr gut haltbar
SCHELLACK	Brennspiritus	Hoch	Vergilbt nicht, sehr gut haltbar

2 Einen völlig sauberen, trockenen Pinsel in den Lack tauchen und mit normalen Streichbewegungen über ein Stück Packpapier ziehen, ohne ihn abzustreifen. Dadurch werden Lufteinschlüsse zwischen den Haaren und lose Borsten entfernt.

3 Den Lack mit lockeren Pinselstrichen auftragen und den Pinsel um die Ränder von Türen und Schubladen führen. Den Lack vollständig trocknen lassen, was ein bis drei Tage dauern kann. Darauf achten, dass keine Verunreinigungen auf die gelackten Flächen kommen können. Die Fläche schleifen, entstauben und erst dann weitere Lagen auftragen.

WACHSE

Wachse werden meist über einer Lackgrundierung aufgetragen, um einen sanften Glanz zu erzielen. Je mehr Schichten man aufträgt, desto intensiver ist der Glanz.

• WACHSFIRNIS (BLACK-BISON-WACHS): Diese Mischung aus verschiedenen Wachsen ist resistent gegen Wasser und Fingerabdrücke, eignet sich also gut als Schutzanstrich. Man kann ihn auf gestrichene Möbel auftragen; er versiegelt vor allem krakelierte und antikisierte Anstriche.

• MÖBELWACHS: Mit Möbelwachs kann man sehr gut einen Alterungseffekt erzielen. Man kann das Wachs auf gestrichenen oder reinen Holzoberflächen an Stellen auftragen, an denen die Farbe nicht haften soll.
Klares Flüssigwachs ist dafür besonders gut geeignet, doch gibt es auch viele gefärbte Wachse.

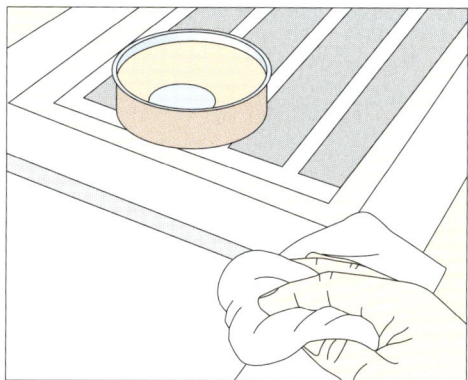

▲ Mehrere Schichten Wachs für hohen Glanz.

WACHS AUFTRAGEN

1 Um einen schützenden Glanz zu erzielen, schleift man die Oberfläche mit Schleifpapier feiner Körnung ab und entfernt dann den Staub.

2 Mit Stahlwolle reibt man das Wachs in die Oberfläche ein. In langen, geraden Strichen arbeiten und darauf achten, dass das Wachs in die Faser eingearbeitet wird und dass sich keine Wachsschicht auf der Oberfläche bildet.

▲ Wachs mit Stahlwolle in die Poren reiben.

3 Nach einigen Minuten der Behandlung reibt man die Oberfläche mit einem fusselfreien Lappen ab, damit sich das Wachs gleichmäßig verteilt. Die Oberfläche wird sich klebrig anfühlen, trotzdem reibt man weiter und nimmt eine saubere Ecke des Tuchs, falls es zu stark kleben sollte.

4 Das Holz mit einem Lappen ganz fest halten: Er verhindert, dass Hautfett auf das Holz kommt. So lange wie möglich kräftig weiterreiben, damit eine polierte Oberfläche entsteht. Den gesamten Vorgang noch mindestens einmal wiederholen. Je größer die Zahl der Wachslagen, desto feiner und edler wird das Stück zuletzt aussehen.

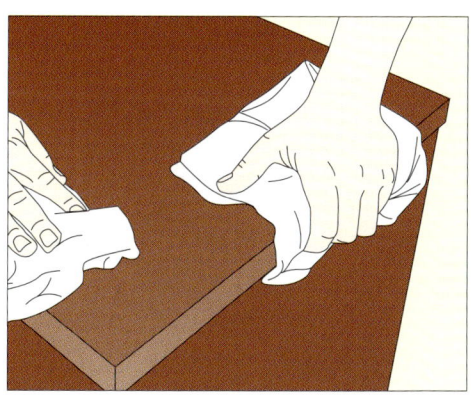

▲ Beim Polieren das Brett mit Tüchern halten.

DURCHPAUSEN UND SCHNEIDEN

GRUNDLEGENDE ZEICHEN- und Schneidetechniken sind für viele der in diesem Buch vorgestellten Projekte erforderlich. Anleitungen für detailliertes Arbeiten werden auf den Seiten 42–74 gegeben. Einfache Verfahren für leichte Projekte werden im Folgenden vorgestellt.

ZEICHENGERÄT

• LINEAL: Das Lineal sollte mindestens 45 cm lang, absolut gerade und aus festem Material sein. Ein Lineal mit Metallschiene ist gut geeignet, um die Klinge des Cutters daran entlangzuführen. Plastik- oder Holzkanten könnten von der Schneide beschädigt werden.

• ZEICHENWINKEL: Hilfreich für akkurate Ecken, obwohl man dafür auch andere rechteckige Gegenstände verwenden kann. Zeichengeräte aus durchsichtigem Plastik haben den Vorteil, dass man andere Linen darunter sehen kann.

• WASSERLÖSLICHER STIFT: Ideal für Holzmarkierungen, die dann wieder abgewaschen werden können.

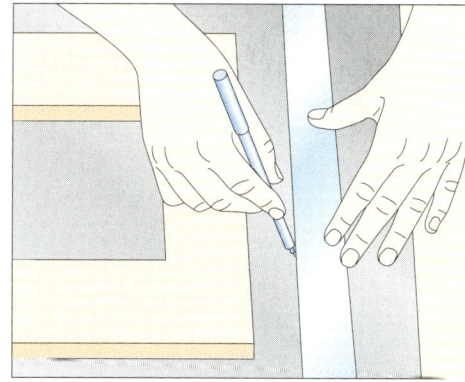

▲ Für gerade Linien ein Lineal verwenden.

EIN MUSTER PLANEN

1 Immer rechtzeitig mit der Planung beginnen. Soll ein Möbelstück verändert werden, alle Teile genau abmessen und auf einem Stück Packpapier vermerken, wo Befestigungen nötig sind. Soll das Möbel intensiv genutzt werden, muss man Veränderungen so anbringen, dass sie sich nicht zu schnell abnutzen und stabil bleiben. Wenn beispielsweise in einen alten Schrank neue Regalbretter eingebaut werden sollen, bedenke man die Größe der

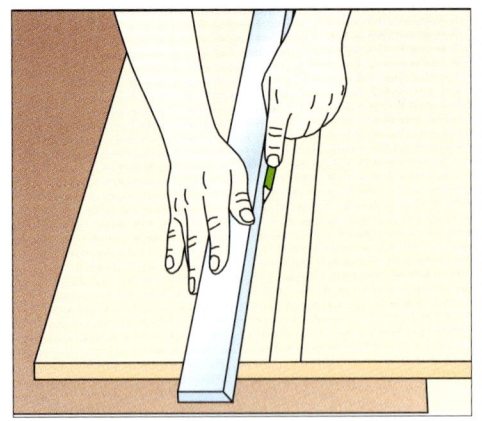

▲ Mit dem Lineal messen und markieren.

Gegenstände, die auf diesen Brettern stehen sollen. Die Bretter so planen, dass wenig Spiel bleibt, die Gegenstände jedoch leicht erreichbar sind. Prüfen, ob die Position von Scharnieren oder Schrauben sinnvoll ist oder ob Änderungen vorgenommen werden sollten.

2 Für große Teile, die ein Pendant brauchen, etwa hölzerne Voluten an einem Schrank, zeichnet man eine Vorlage auf Papier und überträgt sie in entsprechender Zahl auf das Holz.

DURCHPAUSEN

Beim Durchpausen oder Nachzeichnen von Vorlagen sorgfältig arbeiten. Das Transparentpapier auf der Vorlage gut befestigen, denn die geringste Verschiebung führt zu Ungenauigkeiten.

Ist die Vorlage, die man abzeichnen möchte, nicht gut zu sehen, klebt man sie entweder an eine Fensterscheibe oder arbeitet auf einem Lichttisch oder auf einem von unten beleuchteten Glastisch.

EIN MUSTER DURCHZEICHNEN

1 Ein Stück Transparentpapier auf der Vorlage befestigen und die Vorlage mit Bleistift nachzeichnen. Bei komplizierten Mustern Vorlage und Papier in eine gute Zeichenposition drehen.

2 Die vorgezeichneten Linien auf der Rückseite des Transparentpapiers mit einem weichen Bleistift (2B) nachziehen, dann das Papier, mit der weichen Bleistiftlinie nach unten, auf die gewählte Unterlage legen und erneut nachzeichnen. Die Bleistiftlinie sollte sich dabei auf der Unterlage abdrücken.

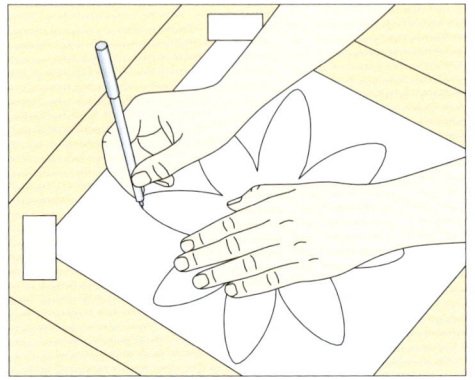

▲ Auf befestigtes Papier durchzeichnen.

SCHNEIDEWERKZEUGE

Wichtig sind scharfe Werkzeuge: Stumpfe Klingen reißen mehr, als dass sie schneiden. Für die Projekte dieses Buchs müssen unterschiedliche Materialen wie Papier, Karton, Holz und Gummi geschnitten werden.

• SÄGEN: Es gibt unterschiedliche Sägen für schwere Arbeiten und für Feinarbeiten. Um in Holz oder Kunststoff

feine Rundungen zu sägen, nimmt man die Laubsäge, für schwere, gerade Sägearbeiten die Bügelsäge oder den Fuchsschwanz. Bei Laubsägearbeit erst das überschüssige Holz wegsägen, dann die feinen Details ausarbeiten.

• SCHEREN: Scharfe Scheren verwenden; separat halten und nicht als Haushaltsschere benutzen, weil die Schneiden sonst stumpf werden. Man schneidet mit Scheren u. a. überschüssiges Papier weg, ehe man feine Konturen mit dem Cutter oder Skalpell ausschneidet.

• CUTTER ODER SKALPELL: Diese Schneidewerkzeuge sind besser als Scheren für sehr genaue Schnitte geeignet. Cutter sind gut zum Schneiden gerader Linien, besonders bei dicken Materialien wie Pappe. Ein Skalpell, das man wie einen Stift halten kann, ist ideal, um sehr feine Schnitte auszuführen oder gerundete Linien nachzufahren. Lange, gerade Schnitte führt man entlang einer Stahlschiene aus. Auch Teppichmesser sind

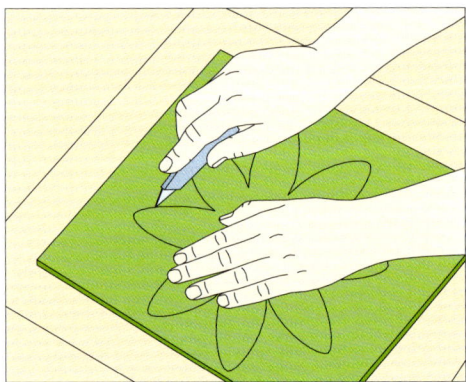

▲ Skalpell zum Ausschneiden nehmen.

grundsätzlich brauchbar. Da sie einen dickeren Griff haben, liegen sie aber nicht so gut in der Hand.

Sobald die Schneidekraft nachlässt, sollte man die Klinge wechseln. Versenkbare Klingen immer einziehen, wenn man das Schneidewerkzeug gerade nicht benutzt.

• SCHNEIDEUNTERLAGE: Zur Arbeit mit den scharfen Klingen des Cutters oder Skalpells braucht man eine dicke Unterlage aus Karton, besser aber eine spezielle Schneidematte. Im Karton bleiben die Schnitte sichtbar; in den Schneidematten dagegen schließen sie sich wieder, sodass sie jahrelang halten.

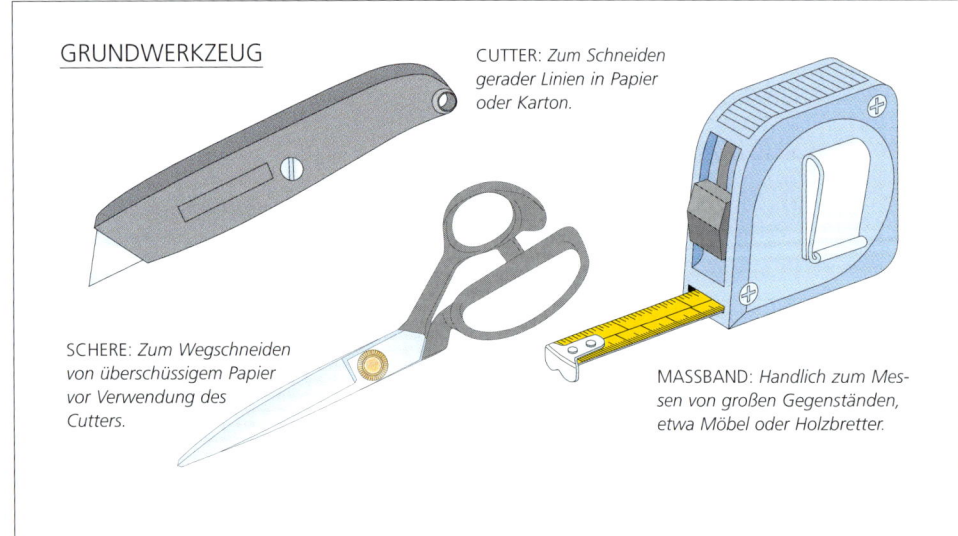

GRUNDWERKZEUG

CUTTER: *Zum Schneiden gerader Linien in Papier oder Karton.*

SCHERE: *Zum Wegschneiden von überschüssigem Papier vor Verwendung des Cutters.*

MASSBAND: *Handlich zum Messen von großen Gegenständen, etwa Möbel oder Holzbretter.*

❖ VORBEHANDLUNG VON OBERFLÄCHEN ❖

OBERFLÄCHE	REINIGUNG	SCHLEIFEN	GRUNDIERUNG
SPANPLATTE			
• HOLZFURNIER	Mit feuchtem, nicht nassem, fusselfreiem Tuch abwischen.	Feinkörniges Schleifpapier.	Falls nötig Acrylholzgrundierung, Dispersionsfarbe oder Ölgrundierung auftragen.
• KUNSTSTOFF-BESCHICHTET	Mit Seifenlauge auf fusselfreiem Tuch abwaschen, trocknen lassen.	Siliziumkarbidpapier.	Spezialgrundierung verwenden.
HARTFASERPLATTE			
• GESTRICHEN	Mit Seifenlauge auf fusselfreiem Tuch abwaschen, trocknen lassen.	Feinkörniges Schleifpapier.	Auf Ölfarbe Ölgrundierung, auf wasserlöslicher Farbe wasserlösliche Grundierung verwenden.
METALL			
• ROHMETALL	Rost vollständig mit Drahtbürste entfernen. Mit Stahlwolle und Terpentinersatz abwischen.	Siliziumkarbidpapier.	Metallgrundierung oder Rostschutzmittel, dann Acrylgrundierung für wasserlösliche Farbe.
• BESCHICHTET	Mit Seifenlauge abwaschen und eventuell Beschichtung mit Abbeizmittel lösen.	Siliziumkarbidpapier.	Wie oben.
MITTELDICHTE FASERPLATTE (MDF)			
• GESTRICHEN	Mit Seifenlauge auf fusselfreiem Tuch abwaschen, trocknen lassen.	Feinkörniges Schleifpapier.	Auf Ölfarbe Ölgrundierung, auf wasserlöslicher Farbe wasserlösliche Grundierung verwenden.
• UNGESTRICHEN	Mit feuchtem, nicht nassem, fusselfreiem Tuch oder mit Staubbindetuch abwischen.	Feinkörniges Schleifpapier.	Holzgrundierung, Dispersionsfarbe oder Ölgrundierung. Zwei dünne Aufträge sind empfehlenswert.
KUNSTSTOFFE	Mit Seifenlauge oder Terpentinersatz abwischen.	Siliziumkarbidpapier.	Spezialgrundierung verwenden.
SPERRHOLZ			
• LACKIERT	Mit harter Bürste abbürsten, dann mit Seifenlauge auf fusselfreiem Tuch abwaschen.	Feinkörniges Schleifpapier.	Holzgrundierung und Voranstrich auf Ölbasis soweit notwendig.
• UNGESTRICHEN	Mit feuchtem, nicht nassem, fusselfreiem Tuch abwischen.	Feinkörniges Schleifpapier.	Holzgrundierung und Voranstrich.
HOLZ			
• GESTRICHEN	Mit Seifenlauge auf fusselfreiem Tuch abwaschen, trocknen lassen.	Farbe mit Spachtel und Abbeizmittel entfernen, dann grob-, mittel- und feinkörniges Schleifpapier verwenden.	Holzgrundierung und Voranstrich auf Ölbasis soweit notwendig.
• UNGESTRICHEN	Mit feuchtem, nicht nassem, fusselfreiem Tuch abwischen.	Feinkörniges Schleifpapier.	Holzgrundierung und Voranstrich.
• VERSIEGELT	Mit Seifenlauge auf fusselfreiem Tuch abwaschen, trocknen lassen.	Farbe mit Spachtel und Abbeizmittel entfernen, dann grob-, mittel- und feinkörniges Schleifpapier verwenden.	Holzgrundierung und Voranstrich soweit notwendig.
• LACKIERT	Mit harter Bürste abbürsten, dann mit Seifenlauge auf fusselfreiem Tuch abwaschen.	Wie oben.	Wie oben.
• GEWACHST	Brennspiritus.	Wie oben.	Wie oben.

SCHON MIT EINFACHEN FARBEFFEK-
TEN KÖNNEN SELBST UNGEÜBTE
ERSTAUNLICHE INNENDEKORATI-
ONEN HERSTELLEN. ALLES, WAS SIE
DAZU BRAUCHEN, IST FARBE, EIN
PAAR WERKZEUGE UND VIEL GE-
DULD. DIESES KAPITEL INFORMIERT
SIE ÜBER DIE VERSCHIEDENEN FAR-
BEN UND IHRE VERWENDUNG UND
ES LEHRT SIE DIE ANWENDUNG DER
EINFACHEN FARBEFFEKTE, DIE SIE
DANN IN ALLEN VARIANTEN WIEDER
UND WIEDER ANWENDEN KÖNNEN.
WENN SIE DIESE GRUNDTECHNIKEN
ERST EINMAL BEHERRSCHEN, KÖN-
NEN SIE SICH AN SCHWIERIGERE
PROJEKTE WAGEN.

Farbeffekte I

Farben und Farbgebung

EHE MAN MIT FARBEN bestimmte Effekte erzielen kann, muss man sich für eine Farbe entscheiden. Die Palette der angebotenen Farben und Malerutensilien wird ständig größer, dementsprechend schwierig kann die Wahl der passenden Produkte sein. Trotzdem sind einige Produkte für bestimmte Techniken besser geeignet als andere. Auch die Mischung unterschiedlicher Farbtypen ist problematisch. So sollte man Ölfarben und wasserlösliche Farben grundsätzlich getrennt halten. Man muss also das angestrebte Ziel zunächst genau festlegen. Obwohl viele Farben für bestimmte Zwecke entwickelt wurden, kann man sie häufig doch auch anders einsetzen und damit oft verblüffend gute Ergebnisse erzielen.

▲ Das Farbangebot ist sehr groß.

FARBWAHL

DAS HANDELSANGEBOT AN FARBEN, Lacken und anderen Farbprodukten ist verwirrend vielfältig. Hier werden die wichtigsten Farbtypen vorgestellt. Auf den Seiten 26–29 gibt eine große Tabelle einen raschen Überblick über diese Farben und ihre Verwendung.

GRUNDIERUNGEN

Gewöhnlich verwendet man Grundierung auf Ölbasis für rohes Holz, um damit die Oberfläche abzusperren und das Holz für den späteren Farbauftrag vorzubereiten. Ihr Ölgehalt macht diese Lacke ideal für poröse Hölzer, doch trocknen sie meist nur langsam.

Für Metalle verwendet man meist einen Rostschutz als Erstanstrich. Zuvor muss man den Rost gründlich entfernen, damit die Korrosion nicht voranschreitet (siehe Seiten 16–17). Der Erstanstrich versiegelt nicht nur die Oberfläche des Materials, er sorgt auch dafür, dass spätere Farbschichten gut haften und rasch trocknen.

Hartfaserplatten und mitteldichte Faserplatten (MDF) kann man grundieren, indem man sie zweimal mit der verdünnten Farbe streicht, die auch für den eigentlichen Anstrich verwendet werden soll. Matte oder seidenmatte Ölfarbe ist dafür gut geeignet; durch Verdünnen sollte sie die Konsistenz von flüssiger Sahne erreichen.

Im Baumarkt bekommt man Auskunft, welche Grundierung für die gewählte Oberfläche passend ist, denn für Kunststoffe, Fliesen und anderes gibt es Spezialgrundierungen. Das verdünnte Medium immer zweimal auftragen, um einen glatten Anstrich zu erzielen.

FARBEN AUF WASSERBASIS

Auch als Dispersionsfarbe bekannt, sind diese relativ preiswerten Farben in Matt und Seidenmatt im Angebot. Üblicherweise verwendet man sie zum Streichen von Wänden, doch kann man auch Möbel damit streichen. Für kleine Gegenstände reichen 250 ml. Mit Wasser verdünnt, kann man eine leichte Tünche daraus machen, doch kann man Dispersionsfarben auch mit speziellem Lasurmittel mischen oder mit Farben und Pigmentpulvern tönen. Wer eine wasserlösliche Farbe aufträgt, bedeckt den Untergrund mit einem Schutzfilm aus Kunststoff und Wasser: Das Wasser verdunstet, und die abdichtende Kunststoffhaut bleibt zurück. Während des Streichens sollte man die Fenster geschlossen halten, doch nach der Arbeit sollte man sie öffnen.

ÖLFARBEN

Ölfarben und -lacke gibt es matt, seidenmatt, glänzend und hochglänzend trocknend. Hochglanzfarben wirken neu und sauber – ein unerwünschter Effekt, wenn man ein Stück antikisieren möchte. Deshalb wird gern auf matte oder seidenmatte Farbe zurückgegriffen, sowohl zur Grundierung als auch für den endgültigen Anstrich.

Ölfarben ergeben einen strapazierfähigeren Anstrich als wasserlösliche Farben. Besonders für helle Lasuren sind sie verwendbar, bei denen Lasurmittel und zusätzlicher Lack eine zu starke Vergilbung erzeugen würden. Der einzige Nachteil der Ölfarben ist ihre lange Trocknungszeit: Zwischen dem Auftrag der verschiedenen Schichten müssen mindestens 24 Stunden liegen.

▲ Den Farbtyp mit Bedacht wählen.

TRADITIONELLE FARBEN

Diese Farben sind eine Abart der üblichen Dispersionsfarben. Statt der künstlichen enthalten sie natürliche Pigmente und Kreide. Nach dem Trocknen sind diese Farben völlig matt und deutlich heller als die nasse Farbe in der Dose.

Die meisten dieser Farben enthalten moderne Bindemittel. Obwohl sie also aussehen und sich anfühlen wie Farben, die man in der Vergangenheit verwendete, sind sie haltbarer. Doch sie verkratzen leicht, müssen also mit Wachs oder Lack geschützt werden. Das wiederum lässt die Farbe nachdunkeln und nimmt ihr das kalkig matte Aussehen.

Traditionelle Farben sind teurer als übliche Dispersionsfarben. Doch sind sie den Mehrpreis wert, denn die Tönung dieser Farben ist sehr weich und zart. Für einzelne Möbelstücke oder kleine Accessoires sind sie daher ideal. Man kann sie mit Wasser verdünnen und in der gleichen Weise mit Abtönpasten mischen wie Dispersionsfarbe.

NÜTZLICHE TIPPS:
Farben für Industrie und Gewerbe

• Manche Farbenhersteller haben eine gesonderte Palette für industrielle Zwecke und für den Bedarf von Malern und Anstreichern. Diese Farben sind manchmal intensiver in der Tönung und trocknen schneller; auch die Zahl der angebotenen Farbtöne ist manchmal größer. Wenn man sie bekommen kann, verdünnt man sie und trägt zwei oder drei Schichten auf. Da sie sich gut verdünnen lassen und rasch trocknen, lohnt sich der Zeitaufwand für den zusätzlichen Anstrich. Leider werden die für Industrie und Gewerbe bestimmten Farben nach anderen Rezepten zusammengestellt als die für den Hausgebrauch, weshalb sie sich nicht gut miteinander mischen lassen.

LASUR

Lasur ist ein wichtiges Medium, das für Farbeffekte beliebig gefärbt werden kann. Einfach gesagt macht es die Farbe sehr beweglich. Die mit der Farbe vermischte Lasur wird mit dem Pinsel oder dem Roller aufgetragen; solange sie noch feucht ist, kann man sie dann mit Bürsten, Lappen, Kunststoff o. Ä. bearbeiten. Für genauere Informationen siehe Seiten 34–35.

▲ Künstlerfarben gibt es intensiv getönt.

KÜNSTLERACRYLFARBEN

Diese Farben trocknen sehr schnell und sind haltbar. Die intensiven Farben sind ideal für viele Oberflächendekorationen und eignen sich auch zum Schablonieren, Drucken und Ausmalen von feinen Details. Man kann auch Acryllasur damit einfärben, doch sollte die Farbe dafür zunächst mit Wasser verdünnt werden, damit sich keine Klumpen bilden.

Acrylfarben sind eine ideale Grundierung, die auch abgeschliffen werden kann, um einen antik mattierten Effekt zu erzielen. Um große Flächen damit zu bemalen oder wie getüncht erscheinen zu lassen, kann man sie mit Wasser verdünnen. Acrylfarben werden in Tuben und Gläsern angeboten. Inzwischen gibt es sie auch für besondere Zwecke, etwa zum Gebrauch auf Leinwand. Da getrocknete Acrylfarben den Pinsel beschädigen können, sollte man die Pinsel sofort nach Gebrauch sehr gründlich reinigen.

KÜNSTLERÖLFARBEN

Üblicherweise für die Kunstmalerei verwendet, kann man mit ihnen auch normale Ölfarben oder -lasuren kolorieren. Allerdings trocknen sie sehr langsam und verzögern den Trocknungsprozess aller Medien, mit denen sie vermischt wurden. Die Pinsel müssen mit Terpentinersatz ausgewaschen werden, bevor man sie mit Wasser und Reinigungsmitteln säubern kann.

Künstlerölfarben können für beinahe jede Oberflächengestaltung verwendet werden, auch zum Schablonieren und für Bauernmalerei. Allerdings ziehen viele Hobbykünstler schneller trocknende Farben wie Acrylfarben vor. Wer jedoch einen besonderen Effekt, zum

Beispiel die Bemalung eines lackierten Schranks, klar und einfach halten will, ist mit Ölfarbe oft am besten beraten. Zur Verkürzung der Trocknungszeit kann man der Farbe Sikkativ (Trocknungsbeschleuniger) beimengen.

SPRÜHFARBEN

In Spraydosen abgefüllte Farben, die man einfach auf die Oberfläche sprüht, gibt es in allen Farben und Arten. Wasserlösliche Acrylfarbe, speziell für die Innendekoration entwickelt, ist für nahezu alle Oberflächen geeignet, etwa für Holz, Metall, Gips, Kunststoff und

▲ Sprühfarben sind leicht anzuwenden.

Glas. Man kann sie zum Schablonieren kleiner Gegenstände nehmen, aber auch als Grundfarbe für große Flächen wie Türblätter und Schränke. Vor allem für Kindermöbel und Spielzeug ist wasserlösliche Farbe gut geeignet, da sie nicht giftig ist. Für Metall und Glas gibt es auch spezielle Emailfarben und Polyurethanlacke. Man sprüht mehrere dünne Schichten auf, sodass die Farbe nicht zu dick wird und nicht tropft.

GOUACHE

Obwohl relativ teuer, sind diese Farben sehr widerstandsfähig und ideal zum Färben wasserlöslicher Lasuren oder zum direkten Auftrag.

SIKKATIV

Trocknungsbeschleuniger können allen Farben beigemischt werden, um den Trocknungsprozess zu verkürzen. Wegen ihrer Zusatzstoffe sind sie jedoch umstritten. Bei wasserlöslichen Farben sind sie kaum nötig, doch sind sie nahezu unverzichtbar bei der Verarbeitung von Öllasuren, die mit Künstlerölfarben getönt wurden.

Farben und ihre Verwendung

Produkt	Eigenschaft und trockenes Aussehen	Verdünner	Verwendung für	Auftragen	Zahl der Schichten
Grundierung	Vorbereitung von Rohholz. Verhindert, dass das Holz quillt.	Wasser oder Terpentin (nach Herstellerhinweis).	Rohes Holz.	Pinsel oder kleiner Roller.	1
Voranstrich	Matt; Voranstrich und Absperrung.	Wasser oder Terpentin (nach Herstellerhinweis).	Wände, Holzflächen.	Pinsel.	1
Vinylfarbe matt	Kein Glanz; allgemein verwendbare Deckung.	Wasser.	Wände, frischer Verputz.	Großer Pinsel oder Roller.	2
Vinylfarbe seidenmatt	Satinglanz; allgemein verwendbare Deckung.	Wasser.	Grundlage für Lasurarbeiten an Innen- und Außenwänden.	Großer Pinsel oder Roller.	2
Seidenglanzlack auf Ölbasis	Satinglanz; allgemein verwendbare Deckung.	Terpentinersatz oder Terpentin.	Wände, Holzflächen, Metall.	Großer Pinsel oder Roller.	2
Hochglanzlack	Hoher Glanz, haltbar.	Wasser oder Terpentin (nach Herstellerhinweis).	Holzflächen, Türen.	Pinsel guter Qualität.	2
Holzbeize	Farbe ohne Lack für rohes Holz.	Wasser oder Terpentin (nach Herstellerhinweis).	Rohes oder unlackiertes Holz.	Fusselfreier Lappen oder Pinsel.	1 oder 2
Polyurethanlack	Holz- und Anstrichschutz auf Ölbasis; Glanz nach Wahl.	Wasser oder Terpentin (nach Herstellerhinweis).	Holz und zum Schutz von Anstrichen.	Pinsel guter Qualität.	Bis zu 8
Acryllack	Rasch trocknender Holz- und Anstrichschutz; Glanz nach Wahl. Vergilbt nicht.	Wasser.	Holz und zum Schutz von Anstrichen.	Bürste oder Roller.	Bis zu 8
Wachs	Schutz und Glanz für Holz.	Nicht bekannt.	Rohes oder gebeiztes Holz.	Fusselfreier Lappen.	3
Öllasur	Transparent.	Terpentinersatz oder Terpentin.	Mit Künstlerölfarben mischen, um farbige Lasuren zu erhalten.	Pinsel oder Roller.	1 oder 2

Abwaschbar?	m² pro Liter (eine Schicht)	Bemerkungen	Trocknungszeit vor nächstem Auftrag	Trocknungszeit der letzten Schicht	Voran- strich
Nicht bekannt.	12	Auf wässrige Konsistenz verdünnen; nach dem Trocknen abschleifen.	2–4 Std.	Nicht bekannt.	Nicht bekannt.
Nicht bekannt.	12	Gut umrühren; nach dem Trocknen abschleifen.	Auf Ölbasis 8 Std.; auf Wasserbasis 2 Std.	Nicht bekannt.	Nicht bekannt.
Nein.	10	Nicht umrühren; Frost vermeiden.	1–2 Std.	8 Std.	Nein, erste Schicht ver- dünnen.
Ja, kein Seifen- wasser; nicht schrubben.	10	Dunkle Farben erfordern 3 und mehr Schichten.	1–2 Std.	8 Std.	Vinylfarbe matt.
Ja, mit Haus- haltsreiniger; kein Salmiak.	15	Vor und während Benut- zung gut umrühren.	8 Std.	24 Std.	Grundier- lack oder Grundierung.
Ja, mit Haus- haltsreiniger; kein Salmiak.	12	Langsam mit gutem Borsten- pinsel auftragen; auf Ölbasis strapazierfähiger.	4–8 Std.	24 Std.	Grundie- rung.
Nein.	8	Großzügig mit Pinsel oder Tuch auftragen. Beize gibt keinen Schutz; nach dem Trocknen Wachs auftragen.	1–3 Std.	1–3 Std.	Nein.
Ja, mit Seifen- wasser.	10	Verdünnt verwenden und mehrere Schichten auftragen. Kann ggf. gilben.	4 Std.	24 Std.	Nein.
Ja, aber nicht schrubben.	10	Gleichmäßiger Auftrag ist schwierig; nicht so strapazier- fähig wie Polyurethan, aber schneller trocknend und kristallklar.	1 Std.	8 Std.	Nein.
Ja, mit mehr Wachs oder Seifenwasser.	8	Wie Schuhputzmittel auftra- gen; einzelne Schichten mit Lappen abreiben; für frisches Holz ist Bienenwachs ideal.	3 Std.	Nicht bekannt.	Holbeize nach Wunsch.
Nein.	Je nach Konsistenz.	30 Minuten lang gut streich- fähig; billige Farbstreckung.	6 Std.	Nicht bekannt.	Seidenglanz- lack auf Öl- basis.

Farben und ihre Verwendung (Fortsetzung)

Produkt	Eigenschaft und trockenes Aussehen	Verdünner	Verwendung für	Auftragen	Zahl der Schichten
Kunsthandwerkerfarbe	Intensive Farben für Details und kleine Flächen.	Unterschiedlich (nach Herstellerhinweis).	Kleine kunsthandwerkliche Projekte.	Weicher Pinsel.	1 oder 2
Öl- und Pastellfarbe	Kompakte, intensive, reine Farben.	Öl oder Terpentin.	Detailmalerei und Zeichnung auf Wänden, Möbeln oder Papier.	Nicht bekannt.	Nicht bekannt.
Pigmentpulver	Fein gemahlene, stark färbende organische Stoffe.	Wasser.	Tönung von Farbe zum Farbtünchen.	Pinsel oder Roller.	1
Autosprühlack	Hoher oder matter Glanz, gute Haltbarkeit.	Zelluloseverdünner.	Schablonieren und Abdeckung von Oberflächen.	Aus der Dose sprühen.	1 oder 2
Glasfarbe	Transparent oder matt.	Azeton.	Bemalen von Glas aller Art. Transparente Details.	Weicher Künstlerpinsel.	1
Schultafellack	Schwarz und Grün. Flächen mit Kreide beschriftbar.	Brennspiritus.	Schultafeln, schwarze oder grüne Oberflächen.	Pinsel.	1 oder 2
Weißleim (PVAC-Leim)	Allgemein anwendbare Absperrung.	Wasser.	Wände oder Holzflächen; zum Absperren und Bekleben.	Pinsel.	1
Küchen- und Badezimmerfarbe	Feuchtigkeitsresistente Farbe.	Wasser.	Räume mit hoher Luftfeuchtigkeit wie Küchen und Badezimmer.	Pinsel oder Roller.	Mindestens 2.
Melamingrundierung	Grundierung für glatte Kunststoffoberflächen.	Wasser.	Vorbereitung von glatten Kunststoffen zum Steichen.	Pinsel.	2
Fliesengrundierung	Grundierung für Fliesen und Kacheln.	Terpentinersatz (Pinsel nach Gebrauch am besten wegwerfen).	Vorbereitung von Fliesen zum Streichen.	Pinsel oder kleiner Roller.	2
Texturwandfarbe	Schwere, putzähnliche Wand- und Deckenfarbe.	Wasser.	Verputzte Wände.	Verschiedene Werkzeuge zur Gestaltung.	1

Abwaschbar?	m² pro Liter (eine Schicht)	Bemerkungen	Trocknungszeit vor nächstem Auftrag	Trocknungszeit der letzten Schicht	Voranstrich
Ja, nicht schrubben.	Nicht bekannt.	Bessere Qualität als Plakatfarbe; in kleinen Mengen erhältlich.	½ Std.	Nicht bekannt.	Nicht bekannt.
Nein.	Nicht bekannt.	Vor dem Lackieren mindestens 3 Wochen trocknen lassen.	Nicht bekannt.	Nicht bekannt.	Nicht bekannt.
Ja.	Nicht bekannt.	Kann mit allen Bindemitteln auf Wasser-, Öl- oder Kunststoffbasis gemischt werden.	Nicht bekannt.	Nicht bekannt.	Nicht bekannt.
Ja.	Nicht bekannt.	Extrem widerstandsfähig; beim Auftrag Mund-Nasen-Schutz tragen.	1 Std.	10 Std.	Spraygrundierung.
Ja, nicht schrubben.	Nicht bekannt.	Pinselstriche immer sichtbar; lebhafte Farbpalette.	1 Std.	4 Std.	Nein.
Ja, doch nur mit Wasser.	10	Schnell trocknend; leicht auszubessern.	1 Std.	4 Std.	Nein.
Ja, mit Seifenwasser.	12	1 : 1 mit Wasser verdünnen, mit Flachpinsel auftragen.	1–2 Std.	Nicht bekannt.	Nein.
Ja.	8	Meist seidenmatte Acrylfarbe oder entsprechende Dispersionsfarbe.	2 Std.	8 Std.	Dispersionsfarbe.
Nicht bekannt.	5	Oberfläche vor dem Streichen mit Schleifpapier anrauen.	2 Std.	16 Std.	Nicht bekannt.
Nicht bekannt.	5	Nicht zu stark verdünnen.	16 Std.	24 Std.	Auf Ammoniakbasis, gut belüften.
Nein.	Etwa 10 je nach Textur.	Brauchbar, um Risse und Unebenheiten im Putz zu kaschieren.	5 Std.	Nicht bekannt.	Bei zügiger Arbeit nicht nötig.

MALWERKZEUGE

BEI EINEM BESUCH IM BAUMARKT oder einem Geschäft für Künstlerbedarf stellt man fest, dass es eine Unmenge von Werkzeugen gibt. Die richtigen zu finden kann schwierig und teuer sein. Tatsächlich sind viele Geräte sehr anpassungsfähig; Pinsel, die gut gereinigt und gepflegt werden, halten viele Jahre.

PINSEL

Es gibt eine Vielzahl unterschiedlicher Pinsel. Selbst Standardpinsel zum Streichen großer Flächen gibt es in unterschiedlicher Qualität und Größe. Billige Pinsel zahlen sich selten aus, denn sie verlieren leicht ihre Borsten und ruinieren so die gestrichene Fläche.

• KÜNSTLERPINSEL: Grundsätzlich unterscheidet man Rund- und Flachpinsel. Außerdem gibt es Spezialpinsel wie beispielsweise Fächerpinsel. Rundpinsel mit fein zulaufender Spitze sind ideal zum Ausmalen von feinen Mustern und Details, müssen aber sorgfältig gepflegt werden. Flachpinsel nimmt man vorzugsweise für pastösere Farben wie Ölfarben und unverdünnte Acrylfarben. Alle Pinsel gibt es bis Stärke 12.

• QUASTENPINSEL: Sie wirken fülliger als normale Rund- oder Flachpinsel mit abgerundetem Schnitt. Die vielseitigen Pinsel können zum Auftragen schmaler Farbstriche verwendet werden, zum Verstreichen von Leim, Wachs und Goldcreme sowie zum Aufnehmen überschüssiger Farbe und zum Aufreiben von Blattmetall.

• STUPFPINSEL: Mit diesen runden Pinseln mit harten, dichten, gerade abgeschnittenen Borsten, die es in verschiedenen Größen gibt, führt man die Stupfen oder Tüpfeln genannte Technik aus. Man kann mit dieser Technik zwei Farben in winzigen Pünktchen ineinander setzen oder auf unifarbenem Grund eine feine Struktur erzeugen. Für große Flächen verwendet man handtellergroße Bürsten. Stupfpinsel sind auch für bestimmte Arten des Schablonierens brauchbar.

• DEKORIERPINSEL MIT SCHWERTARTIGER HAARSETZUNG: Diese Pinsel haben besonders lange, leicht schräg abgeflachte Haare, mit denen man Linien unterschiedlicher Breite malen kann, indem man den Druck auf den Pinsel verändert. Sie nehmen viel Farbe auf.

• WEICHHAARIGER STAUBPINSEL: Aus Eichhorn- oder Kamelhaar gemacht, wird dieser runde Pinsel vor allem zum Auftragen von Goldpulver oder zum Entfernen von überschüssigem Blattgold beim Vergolden verwendet.

• ZUGPINSEL: Dieser Pinsel, der wie ein flacher Malerpinsel zum Streichen aussieht, unterscheidet sich von diesem durch längere, härtere und gröbere Borsten. Er wird durch feuchte Lasur gezogen, um Holzmaserung zu imitieren.

• FLACHPINSEL: Die schmaleren Flachpinsel sind zum Streichen und Lackieren von kleinen Flächen, Ecken und Kanten geeignet. Ein breiterer Flachpinsel, mit dem man zügig größere Flächen streichen und lackieren kann, wird deshalb auch Flächenstreicher genannt.

• NATURSCHWÄMME: Für bestimmte Effekte sind Naturschwämme ideal. Wegen ihrer unregelmäßigen Oberflächen saugen sie Feuchtigkeit ungleichmäßig auf, was zu interessanten Musterungen führt. Naturschwämme nach Gebrauch gründlich auswaschen.

Flachpinsel   Künstler-   Rund-   Quastenpinsel   Stupfpinsel   Dekorierpinsel   Weichhaar-
                pinsel   pinsel   staubpinsel

- KÜCHENPAPIER: Sehr nützlich zum Auftragen von Schellack und Polituren, zum Einreiben von Farbe und Wachs und natürlich zum Ab- und Wegwischen.

- PALETTMESSER: Mit diesem Gerät aus biegsamem Stahl wird die Malerpalette gereinigt, Farbe angemischt und auch aufgetragen.

- MALSPACHTEL: Sie dienen vor allem dem Farbauftrag, können aber auch als kleine Palette benutzt werden.

Man gibt wenig Farbe darauf, die man mit dem Pinsel anschließend rasch vermalt. Auf diese Weise kann man die restliche Farbe zugedeckt halten und verhindern, dass sie zu schnell austrocknet.

- FARBROLLER: Gut geeignet für große Wand- oder Möbelflächen, garantieren sie einen schnellen, gleichmäßigen Farbauftrag. Es gibt sie in verschiedenen Ausführungen.

FARBE AUFTRAGEN

Am schnellsten geht dies mit dem Farbroller. Verdünnt man die Farbe bis zur Konsistenz von flüssiger Sahne, kann man sie auch mit der so genannten Decken- oder Streichbürste auftragen, wie man sie zum Einkleistern von Tapeten verwendet. Die Farbe wird dadurch ohne sichtbare Pinselstriche auf die Wand aufgebracht. Je nach Farbe können drei Anstriche nötig sein; meist aber genügen zwei Farbschichten, wenn man eine gute Wandfarbe verwendet.

Beim Verstreichen von Ölfarbe nimmt man verdünnte Farbe und streicht zunächst alle Ecken und Kanten, dann die Flächen, indem man die Farbe erst in einer Richtung aufträgt; anschließend verstreicht man sie quer, ohne neue Farbe aufzunehmen, und verstreicht sie zuletzt in Gegenrichtung zum ersten Auftrag.

Die Farbe sollte nie zu dick aufgetragen werden, denn sonst bildet sich eine Haut, die bereits trocknet, während die Farbe darunter noch feucht ist; später schält sie sich dann ab. Man sollte die getrocknete Farbe zwischen den Aufstrichen mit feinkörnigem Schleifpapier bearbeiten.

FARBEN WÄHLEN UND MISCHEN

DIE VIELZAHL DER HEUTZUTAGE erhältlichen Farbmedien und Farbtöne kann die Wahl sehr schwer machen. Damit man Farben selbst richtig mischen kann, muss man ihre Eigenarten verstehen.

GRUNDFARBEN

Die drei Grundfarben Blau, Rot und Gelb sind die Basis aller anderen Farben. Indem man diese Grundfarben 1:1 miteinander mischt, erhält man die so genannten Sekundärfarben, das heißt, zum Beispiel ergeben Blau und Gelb zusammen Grün. Je nach dem Anteil der beiden Grundfarben kann man viele verschiedene Grüntöne mischen. Das Gleiche gilt für die anderen Grundfarben. Beträgt das Verhältnis der zwei Farben zueinander 2:1, so erhält man eine Intermediärfarbe. Eine Tertiär- oder Drittfarbe wird gemischt, wenn man alle drei Grundfarben in unterschiedlichen Prozentanteilen zusammenbringt. Ein Farbkreis hilft bei der Ausarbeitung der Mischung. Die Felder zwischen den Grundfarben zeigen die Sekundärfarben.

KOMPLEMENTÄRFARBEN

Farben, die einen Gegensatz zu bilden scheinen, liegen sich auf dem Farbkreis gegenüber. Das heißt, Rot ist die Komplementärfarbe von Grün, Blau von Orange und Violett von Gelb. Diese Farben wirken nebeneinander gesetzt sehr vital und noch leuchtender als in anderen Kombinationen.

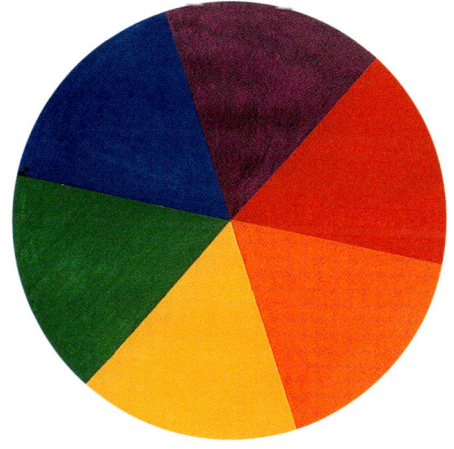

▲ Ein Farbkreis hilft bei der Mischung.

FARBEN WÄHLEN

Ultramarinblau

Preußischblau

Coelinblau

Chromgrün

Chromoxidgrün

Umbra natur

Umbra gebrannt

Lichter Ocker

Siena natur

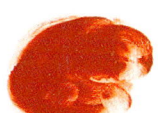
Siena gebrannt

Roter Ocker

Venezianischrot

Kadmiumrot

Umbra gebrannt

Alizarinkrapplack

▲ Acrylfarben für Künstler.

NÜTZLICHE TIPPS: Schattierung und Abtönen

- Man schattiert eine Farbe, indem man ihr Umbra natur beimischt, was die Farbe sofort dunkler erscheinen lässt. Man kann so jede Farbe wie von der Zeit gedunkelt (antikisiert) erscheinen lassen.

- Gibt man Weiß an eine Farbe, tönt man ihre Leuchtkraft ab und macht sie opak, also undurchsichtig.

Mischt man Komplementärfarben zu gleichen Teilen, erhält man einen dunkelgrauen bis erdigen Ton; gibt man aber jeweils nur eine Kleinigkeit zu, so wird die Farbe gedämpft, ohne total abzustumpfen.

FARBMISCHUNG

Es gibt keinerlei Regeln dafür, welche Farben man mischen sollte und welche nicht. Viele gewagte Kombinationen ergeben verblüffend interessante Schattierungen – man muss einfach experimentieren und das Auge schulen. Nach einiger Zeit wird man im Voraus sagen können, wie eine Farbe reagieren wird, wenn man ihr ein anderes Pigment hinzufügt.

NATÜRLICHE PIGMENTE

Pigmente sind zu Pulver gemahlene natürliche organische oder mineralische Stoffe, die stark färben. Erdpigmente, die aus fein zerriebener Erde bestehen,

▲ Pigment und Medium langsam mischen.

haben weiche, warme Farbtöne, in denen man sich wohl fühlt. Sie sind die ältesten bekannten Malfarben; schon die Steinzeitmenschen haben mit ihnen ihre Höhlenmalereien angefertigt. Gibt man ein wenig Weiß zu, erhält man warme Pastelltöne. Grün und Blau sind kühlere Farben aus dem Spektrum der natürlichen Pigmente.

PIGMENTE MIT FARBEN UND FARBMEDIEN MISCHEN

Einem beliebigen Farbmedium Pigmentpulver in unterschiedlichen Mengen unterzumischen ist eine preiswerte Möglichkeit, um viele unterschiedliche Farbabstufungen einer Farbe herzustellen. Das Pigmentpulver kann beispielsweise weißer Dispersionsfarbe zugesetzt

▲ Kleine Mengen Pigmentpulver nehmen.

werden, doch sollte man dabei vorsichtig vorgehen und sehr gründlich rühren, um die Farbe nicht zu stark zu tönen. In dem Gefäß, in dem man die Farbe anrührt, kann sie ganz anders wirken als auf einer Fläche.

Statt der Pigmente kann man Künstleracrylfarben oder Beizen zum Färben des Mediums verwenden. Zwischen Medium und Pigmenten oder Färbemitteln gibt es nur wenige Unverträglichkeiten – man kann also frei experimentieren. Lediglich eine Regel gilt: Man sollte keine Produkte auf Wasserbasis mit Produkten auf Ölbasis vermischen, zum Beispiel keine Ölfarbe mit Plakatfarbe. Bei Verwendung von Pigmentpulver sollte man kein Pulver einatmen, da manche Pigmente giftig sind.

Wünscht man intensive Farben, kann man Pigmente mit einem Medium aus Weißleim und Wasser oder mit einem Acrylmedium mischen. Das ergibt, je nach Verdünnung, dickflüssige Farben zur Ausmalung von Details oder Tünche zum Streichen von Wänden. Verwendet man Acryllasur für einen Struktureffekt, muss man nur wenig Pigment zugeben; Zugabe von Wasser ist nicht nötig.

▲ Acrylfarbe mit Farbmedium mischen.

PROBLEME BEIM STREICHEN

FALSCHER FARBTON

Ist man mit dem endgültigen Farbton unzufrieden, muss man das Zimmer neu streichen. Ist die Farbe lediglich zu blass, könnte man eine dunklere Lasur auftragen und eine schlichte Technik wie das Farbtünchen (siehe Seiten 36–37) oder das Tupfen mit dem Lappen (siehe Seite 37) in Betracht ziehen. Die Grundfarbe bleibt durch die aufgetragene Lasur sichtbar, erscheint aber insgesamt dunkler.

Ist die Farbe zu dunkel, kann man ein oder zwei hellere Lasuren mit dem Schwamm darüber tupfen. Die Grundfarbe bleibt durch die aufgetragene Lasur hindurch sichtbar, erscheint aber insgesamt heller und leicht gescheckt. Möchte man dafür zwei oder mehr Farben verwenden, nimmt man die hellste Farbe zuerst.

UNERWÜNSCHTER GLANZ

Ist die gewählte Farbe entweder nicht glänzend genug oder zu glänzend, kauft man eine Dispersionslasur in gewünschter Glanzstärke, also matt, seidenmatt oder hochglänzend, und gibt eine einzige Schicht auf die gestrichene Oberfläche. Dispersionslasur sieht wie Milch aus, wird nach dem Trocknen aber durchsichtig.

FARBE ERSCHEINT WÄCHSERN

Mangelnde Sorgfalt bei der Vorbereitung kann dazu führen, dass Ölfarbe nicht trocknet oder sich wächsern anfühlt. Holzoberflächen müssen mit Grundiermittel abgesperrt werden, damit die Anstrichfarbe haftet.

Hat man nicht grundiert, kann man die Ölfarbe mit viel Terpentinersatz und Stahlwolle abwischen, grundieren und es dann mit neuem Anstrich wieder versuchen.

Ein anderer Grund für das Problem kann ein zu dicker Farbauftrag sein. Dann trocknet zwar die Oberfläche, die Farbe darunter bleibt jedoch feucht. In diesem Fall sollte man den Anstrich eine Woche unberührt lassen. Ist die Farbe noch immer nicht getrocknet, muss man sie abschaben, das Holz wie beschrieben abwaschen und neu beginnen.

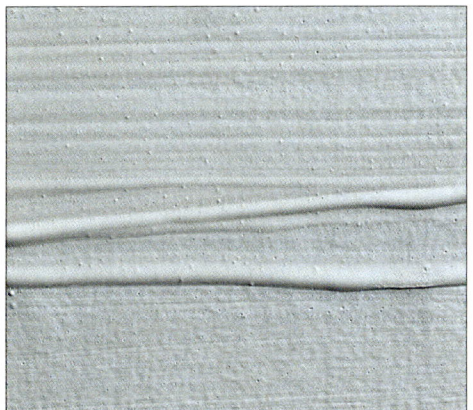

▲ Wellen.

▲ Risse.

▲ Abschälen.

WELLEN

Horizontale Wellen treten dann auf, wenn die Farbe zu dick aufgetragen wurde oder die erste Schicht nicht trocken war, ehe die nächste aufgetragen wurde.

Die Wellen sollte man zunächst vollkommen trocknen lassen, dann den Farbüberschuss mit Schleifpapier (falls möglich nass) abschleifen, bis die Oberfläche völlig glatt ist. Danach die abgeschliffenen Stellen erneut überstreichen.

VERSCHÜTTETE FARBE

Auf dem Teppich verschüttete Farbe ist der Albtraum jedes Weißbinders und Hobbyanstreichers. Sind es nur einige Spritzer, sollte man die Farbe vollkommen trocknen lassen und dann mit Schleifpapier abreiben.

Wasserlösliche Farben können auch mit viel Wasser und Lappen abgerieben werden. Größere Ölfarbenflecken müssen mit Terpentinersatz gelöst und dann mit Seifenwasser nachgereinigt werden.

DURCHSCHEINENDE ALTE FLECKEN

Alte, längst trockene Flecken können durch den neuen Anstrich durchscheinen. Abhilfe hängt von der Art der Flecken ab.

Wasserflecken sollte man mit Isolierspray besprühen, gut trocknen lassen und dann überstreichen. Bei anderen Flecken Fachpersonal in einem Baumarkt befragen.

PINSELSTRICHE SICHTBAR

Die Pinselborsten hinterlassen sichtbare Streifen, wenn die Farbe zu dick ist. Man schleift deshalb die Fläche mit Schleifpapier mittlerer Körnung ab und überstreicht danach mit verdünnter Farbe.

RISSE

Sie entstehen, wenn man auf eine noch nicht trockene Farb- oder Lackschicht eine neue aufträgt. (Bei manchen Medien kann die Trocknung Tage, ja sogar Wochen dauern.)

Es können auch zwei verschiedene Lackarten miteinander reagieren und auf diese Weise Risse verursachen. Um Risse zu verhindern, sollte man jede Schicht gründlich trocknen lassen, dann erst die nächste auftragen. Allerdings sind Risse bei antikisierenden Anstrichen geradezu erwünscht. Auf den Seiten 54–55 wird beschrieben, wie man sie künstlich erzeugt.

FARBE REICHT NICHT

Wenn man rechtzeitig merkt, dass die Farbe nicht ausreicht, kann man die noch vorhandene mit dem passenden Verdünner etwas strecken. Auch kann man jeden Tropfen Farbe aus Pinseln und Rollern verwenden, die man mit dem passenden Lösungsmittel ausgewaschen hat. Eventuell kann man ein wenig Farbe nachkaufen.

Hat man den Farbton selbst gemischt, kann man eine Stelle, vor der später Möbel stehen werden, ungestrichen lassen oder die Farbe so ähnlich wie möglich nachmischen.

ABSCHÄLEN

Farbe schält sich ab oder haftet nicht, wenn der Untergrund fettig oder schmutzig ist oder die verwendete Farbe nicht annimmt. Das passiert vor allem dann, wenn man Ölfarbe mit Dispersionsfarbe überstreicht. Der Anstrich muss entfernt, der Untergrund gründlich gereinigt werden. Dann muss man mit neuer – passender – Farbe erneut streichen.

FARBE WIRD KREIDIG

Vorbeugung ist viel besser als Reparatur dieses Schadens. Hochglänzende oder seidenmatte Oberflächen können trocken und pulverig werden, den Glanz verlieren und kreidigen Rückstand hinterlassen, wenn man mit der Hand darüber fährt. Ursache ist meist eine schlechte Farbe. Farben guter Qualität sind das beste Gegenmittel. Ist die Farbe kreidig geworden, reinigt man die Wand und überstreicht sie dann mit einer Farbe besserer Qualität.

LÄUFER ODER TRÄNEN

Trägt man die Farbe auf senkrechte Flächen zu dick auf, läuft sie und bildet »Tränen«. Man vermeidet den Anstrichfehler, indem man den Pinsel ganz ausstreicht, ehe man neue Farbe aufnimmt, und die Farbe gleichmäßig senkrecht und waagrecht verschlichtet. Tränen sollte man wie Wellen (siehe oben) ausbessern.

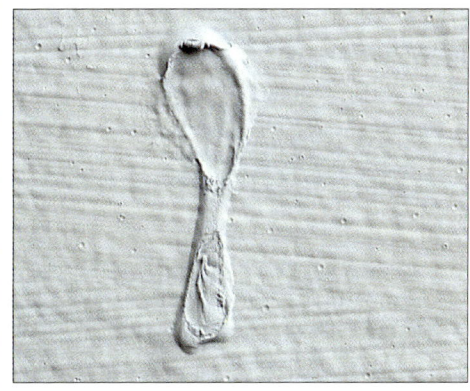

▲ Träne.

Farb- und Lasureffekte

DIE WELT DER dekorativen Farbeffekte hat sich in den vergangenen Jahren dramatisch verändert. Plötzlich sah man interessante Musterungen auf den Wänden öffentlicher Gebäude, die offensichtlich mit Farbe erzeugt worden waren und nicht von Tapeten stammten. Dabei ist die Kunst, mit Farben täuschende Effekte zu erzielen, alles andere als neu.

In früheren Jahrhunderten, als echter Marmor teuer war, ließen sich Fürsten Marmorböden und -säulen malen. In den Nachkriegsjahren, als Tapeten rar waren, strich man die Wände direkt, doch viele Farben enthielten schädliche Chemikalien. Heute gibt es absolut ungefährliche Anstriche und Farben; dementsprechend konnten sich die Farbeffekte eine Nische in der Welt der Dekoration erobern.

UTENSILIEN UND VORBEREITUNG

FÜR DEN AMATEURMALER gibt es keine Probleme, solange er eine besondere Zutat hat – Lasurmittel. Dieses unter verschiedenen Fantasienamen angebotene Medium ist eine milchige Substanz auf Öl-, Wasser- oder Acrylbasis, die die Farbe mobil macht, sodass man sie auf einer glatten, leicht glänzenden Oberfläche frei bewegen kann.

Man mischt der gewählten Farbe also ein Lasurmittel bei, das die Farbe glitschig macht. Damit überpinselt man zum Beispiel eine mit Vinyl gestrichene Wand und bearbeitet die Farbe mit einer Bürste oder einem Schwamm. Dann lässt man die Farbe trocknen.

VORBEREITUNG DER OBERFLÄCHE

Alle Farbeffekte außer dem Farbtünchen brauchen eine glatte, zumindest leicht glänzende Oberfläche. Das eingefärbte Lasurmittel gleitet auf diesem Untergrund und kann so lange darauf bewegt werden, bis der gewünschte Effekt erzielt ist. Matte Oberflächen saugen einen Teil der Farben auf. Dadurch entstehen Flecken an den Stellen, wo man die Farbe zunächst mit Pinsel oder Tuch aufgebracht hat, und man kann sie nur schwer oder gar nicht verteilen. Selbst das Farbtünchen gelingt auf einer glatten, leicht glänzenden Oberfläche besser. Der Voranstrich muss also gut sein und sollte aus mindestens zwei Schichten bestehen.

Alle Fehlstellen im glänzenden Untergrund saugen die Lasurfarbe auf und erscheinen später als Fleck.

Unebenheiten muss man vor dem Streichen ausfüllen und glätten, denn die Lasurfarbe bleibt in allen Ritzen, Vertiefungen, Rissen und Unebenheiten hängen und erscheint dann dunkler. Farbeffekte sind nicht dazu gedacht, schlampig verputzte Wände zu kaschieren – es sei denn, man möchte gerade diese Unregelmäßigkeiten betonen.

LASURMITTEL

Das Lasurmittel und die Farbe, die man für den Grundanstrich verwendete, müssen miteinander verträglich sein. Ist die Grundfarbe eine wasserlösliche Farbe, so kann man ein Lasurmittel auf Acryl- oder Ölbasis verwenden. Wurde für den Grundanstrich aber eine Ölfarbe verwendet, muss man für ein gutes Endergebnis auch eine Lasur auf Ölbasis verwenden, wie sie als transparente Öllasur im Handel ist: Lasurmittel auf Acryl- oder Wasserbasis haften nicht auf einem Ölfarbenanstrich. Es ist etwa so, als wollte man einen Joghurtbecher mit Farben aus dem Kindermalkasten bemalen.

Man tönt das Lasurmittel entweder mit Künstlerfarben aus der Tube oder mit Abtönpasten und Volltonfarben aus dem Baumarkt. Für Öllasuren nimmt man kleinste Töpfchen Ölfarbe. Zu den Mengenverhältnissen siehe »Lasur und Farbe mischen« auf Seite 35. Lasurmittel können nur mit den dazu passenden Produkten gefärbt und getönt werden: Wasserbasis zu Wasserbasis, Ölbasis zu

▲ Hat man die Lasur aufgetragen, kann man allerhand dekorative Muster einziehen.

▲ Verschiedene Malerpinsel.

Ölbasis. Wandfarben dunkeln beim Trocknen etwas nach. Glasurmittel hingegen trocknen etwas heller. Vorsicht vor Künstlerfarben, die als »Schulqualität« deklariert sind: Sie sind billiger, bleichen aber ziemlich bald aus.

PINSEL, ROLLER UND CO.

Man sollte die Lasur, die man durch Manipulation zum endgültigen Effekt verändern möchte, vorher mit einem Roller auf die Oberfläche auftragen. Einfacher ist der Gebrauch eines normalen Malerpinsels. Man muss in kleinen Abschnitten arbeiten, damit die Lasur nicht trocknet, bevor man sie bearbeit; man trägt die Lasur also nur auf kleine Flächen auf. Außerdem nehmen Roller bis zu einem halben Liter Flüssigkeit auf, ehe sie zum Farbauftrag verwendet werden können, sodass man mehr Farbe benötigt.

Für interessantere Effekte kann man alle möglichen Hilfsmittel verwenden, seien es alte Baumwolllappen oder zerknüllte Papiertüten. Man kann wunderbar experimentieren, denn solange die Lasur nicht getrocknet ist, kann sie von der benutzten Fläche wieder abgewischt werden. Man kann also ein paar Proben machen und sich für die beste Variante entscheiden.

SCHNELL ARBEITEN

Hat man das gewünschte Muster einmal gefunden und will nun eine große Fläche behandeln, muss man rasch arbeiten, denn die Lasur beginnt innerhalb einiger Minuten zu trocknen und Überlappungen zwischen nassen und trockenen Flächen zeichnen sich als dunkle Stellen ab. Man muss also mit der einen Fläche fertig sein und die nächste vorbereiten, ehe die Lasur anzieht. Außer dem Effekt der Marmorierung sind Farbeffekte also schnell und einfach aufzutragen.

Wenn zwei Leute gleichzeitig an einer Wand arbeiten, beschleunigt das den Prozess: Der eine trägt die Lasur auf, der andere kümmert sich um die Effekte. Allerdings ist davon abzuraten, sich in der Arbeit abzuwechseln, denn die unterschiedliche Technik in der Aufbringung der Effekte wird unweigerlich zu sehen sein.

ARBEITEN AN PROBLEMZONEN

Manche großflächige Farbeffekte erfordern ausladende Bewegungen, die an problematischen Stellen nicht ausgeführt werden können, etwa neben oder hinter einem Heizkörper. Man sollte alles, was hinderlich sein könnte, abmontieren und aus dem Weg räumen. Beispielsweise kann man die Abdeckung von Elektroschaltern und Steckdosen abnehmen.

Sollte das nicht möglich sein, übermalt man sie einfach mit und wischt sie dann sofort ab. Da sie aus Plastik sind, bleibt die Lasur ohnehin kaum darauf haften. Die Farbe darauf trocknen zu lassen ist keine gute Idee: Wegen der schlechten Haftkraft wird sie bald abblättern.

Hinter einen Heizkörper zu kommen ist immer sehr schwierig. Man kann versuchen, sein Arbeitsgerät an einem langen Stock hinter das Hindernis zu bringen.

Manchmal kann man an einem fertigen Farbeffekt noch die Pinselstriche sehen, mit denen die Lasur zunächst aufgetragen wurde. Beim Farbtünchen ist das erwünscht, bei anderen Techniken nicht. Stupft man die frisch aufgetragene Lasur zunächst rasch mit einer großen Stupfbürste ab, kann man die Pinselspuren vertreiben.

Man kann dafür auch den Pinsel nehmen, mit dem man die Lasur aufgetragen hat.

KAMPF DEM VERGILBEN

Lasuren altern rascher als normale Dispersionsfarben, und an Stellen, an denen sie kein Licht bekommen, etwa hinter Schränken und Bildern, dunkeln sie stark nach. Werden sie dem Licht ausgesetzt, hellen sie mit der Zeit wieder auf.

Viele Lasuren vergilben im Laufe der Zeit ein wenig, besonders solche mit Blau in der Farbmischung. Und auf einem Heizkörper altert die Lasur wegen der Hitze rascher als an der Wand.

LASUR UND FARBE MISCHEN

2 l Lasur sind mehr als genug, um die Wände eines 16 m² großen Raumes mit einer der hier vorgestellten Techniken zu bearbeiten. Man gibt das Lasurmittel in einen Farbeimer und fügt langsam unter Rühren die Farbe seiner Wahl hinzu. Man testet die Lasur auf Papier und gibt mehr Lasur zu, bis die Mischung sich gut streichen lässt und glänzend und leicht transparent aussieht. Die getönte Lasur sollte die Konsistenz von flüssiger Sahne haben. Mit Wasser oder Terpentinersatz, je nach Lasurbasis, lässt sich die Mischung verdünnen. Normalerweise benötigt man 0,5 l Abtönpaste oder eine 35-ml-Tube Künstlerfarbe, um eine satte Farbe zu erzielen. Künstlerölfarbe ist gewöhnlich besonders intensiv, sodass man folglich weniger von ihr benötigt. Man sollte stets gründlich rühren und mischen, bis die Lasur glatt ist.

▲ Milchige Lasur mit Farbe mischen.

Eventuelle Klumpen in diesem Stadium eliminieren, etwa mit einem Schneebesen; allerdings sollte man ihn dann nicht mehr in der Küche verwenden.

VERWENDUNG VON LASUREN AUF ÖLBASIS

Hat man Lasuren auf Ölbasis für eine Technik verwendet, für die man Lappen oder Tücher braucht, muss man diese nach Gebrauch flach ausbreiten und vollkommen trocknen lassen, ehe man sie wegwirft: Die Lasur heizt sich in zerknüllten Lappen auf und kann sich selbst entzünden! Dies kann besonders bei heißem Wetter geschehen. Man sollte also immer die Lappen zum Trocknen aufhängen, möglichst an einem kühlen Ort, wo sie ausgebreitet trocknen können. Man darf sie keinesfalls zerknüllt liegen lassen.

NÜTZLICHE TIPPS:
Spuren auf Öl- oder Wasserbasis?

Vorteile der Lasuren auf Wasserbasis:
• Pinsel lassen sich leicht mit Seifenwasser reinigen.
• Sie riechen nicht.
• Sie sind billiger.
• Sie trocknen sehr schnell.
• Sie glänzen nicht so stark.
• Nasse Lappen können sich nicht entzünden.

Vorteile der Lasuren auf Ölbasis:
• Sie trocknen langsam, man kann sich also Zeit lassen bei der Arbeit.
• Der Glanz ist unvergleichlich.
• Getrocknet sind sie sehr widerstandsfähig.
• Sie riechen fantastisch (vorausgesetzt, man mag den Geruch von Leinöl).

IN ABSCHNITTEN ARBEITEN

Man sollte die Ränder der Abschnitte, an denen man arbeitet, immer feucht halten, damit es keine Überlappungen mit »Trockenmarken« gibt. Man kann beispielsweise in breiten diagonalen Blöcken vorgehen: Dabei arbeitet man in 1 m großen Abschnitten und merkt sich, welcher Abschnitt der älteste ist (auch wenn es sich nur um Minuten dreht). Dann bearbeitet man das erste Segment zur Linken an der Oberkante der Wand und geht dann zum nächsten Segment rechts davon über; danach geht man weiter nach unten und bearbeitet ein Feld unterhalb des ersten. Dann geht man wieder ganz nach

oben. Hierauf folgen die Felder nahe dem Abschnitt in der zweiten Reihe: eines zur Rechten, eines genau darunter. Fährt man in dieser Weise fort, bedeckt man die Wand Stück um Stück mit diagonal versetzten Quadraten, ohne dass eine Kante zu lange unbearbeitet bleibt, um trocken werden zu können.

KLEINE GEGENSTÄNDE

Alle Farbeffekte kann man auch im Kleinen auf Schachteln oder Kleinmöbeln anwenden.

Man muss dann nicht in Abschnitten arbeiten, sondern kann sich jeweils eine ganze Seite vornehmen. Man verwendet kleinere Tücher und Lappen als für große Wände.

REPARATUREN

Muss man eine Stelle ausbessern, so bestreicht man die kleinstmögliche Fläche mit Lasur, denn jede Überlappung zeigt sich als Fleck oder dunkle Linie. Am besten überarbeitet man die ganze Wand.

FARBTÜNCHEN

DIESE WANDDEKORATION ERSCHEINT entweder wirbelig oder zeigt deutliche Pinselspuren. Wie der Name schon sagt, handelt es sich um das Tünchen einer vorgestrichenen Wand mit Farblasur. Mit einem großen, 8–10 cm breiten Flachpinsel trägt man die Lasur in ausladenden, in alle Richtungen vorwärts und rückwärts geführten Pinselstrichen auf. An ein paar Stellen lässt man die Grundfarbe durchscheinen.

Man sollte die Lasur immer nur dünn auftragen. Den Pinsel nicht zu stark

▲ Farbtünche in Salbei auf gelber Wand.

füllen. Nur so eben die Borstenspitzen in die Lasur tauchen. Arbeitet man auf mattem Grund, wird man immer die Stellen sehen, wo der Pinsel mit einer neuen Lasur aufgesetzt wurde und wo die Farbe aus dem Pinsel ausgestrichen war.

Auf seidenmattem oder glänzendem Untergrund kann man die Lasur gleichmäßiger verstreichen.

Man arbeitet in langen Zügen, wobei man den Arm aus der Schulter heraus führt. Auf diese Weise streicht man bis über die Decke, damit das Strichmuster auf der ganzen Wand bis an die Deckenlinie gleichmäßig erscheint und in Deckennähe nicht in kleine Striche übergeht. (Soll die Decke ungestrichen bleiben, muss man mit breitem Kreppband abdecken.)

Möchte man mit dem Tuch tünchen, taucht man es in die Farblasur und wringt es gut aus. Dann trägt man die Lasur in kreisenden Bewegungen auf,

▲ Farbtünchen mit dem Pinsel.

▲ Farbtünchen mit dem Tuch.

als würde man die Wand mit Seifenwasser abwaschen. Auf mattem Grund sieht die Wand dann wie gescheckt aus. Auf stärker glänzendem Grund kann man die Lasur besser verreiben, bis sanftere, gleichmäßige Wirbel entstehen.

Ein weiterer Vorteil des glatten Untergrunds liegt darin, dass man das Tuch nicht eintauchen und auswringen muss. Es genügt, das leicht zerknüllte Tuch ganz leicht in die Lasur zu stippen und sofort mit dem Farbauftrag auf der Wand zu beginnen. Der erste dicke Farbklecks kann mühelos verrieben werden.

Farbtünchen ist ein einfacher Farbeffekt, der vor allem für Küchen gut geeignet ist. Da man auch Schichten aufbauen kann, lassen sich durch Aufbringung verschiedener Schattierungen südländische Akzente imitieren.

Farbtünchen mit dem Tuch ist als Technik auch gut geeignet, um Patina und Schattierungen um die Ecken und Kanten anderer, bereits völlig getrockneter Farbeffekte zu legen. Man sollte einfach die Lasur aufreiben, ohne zu viele Eindrücke vom Tuch zu hinterlassen.

▲ Tupfen mit dem Lappen.

TUPFEN MIT DEM LAPPEN

DIESER HÄUFIG GEWÄHLTE FARBEFFEKT hinterlässt ein deutlicheres Muster als das Farbtünchen mit dem Tuch. Meist wird fälschlich angenommen, die Lasur werde mit einem zerknüllten Tuch auf die Wand getupft, da es bei Farbeffekten keine Regeln gibt. Echtes Tupfen ist allerdings genau das Gegenteil. Die getönte Lasur wird mit einem zerknüllten, trockenen Tuch von der Wand abgetupft. Der scheinbar winzige Unterschied zwischen Auf- und Abtupfen ist im sichtbaren Effekt allerdings ge-

waltig. Man streicht Lasur auf die Wand und stupft mit den Spitzen der Pinselborsten die Streichlinien weg. Dann nimmt man einen zusammengeknüllten Baumwolllappen ohne lose hängende Fäden und tupft damit die lasierte Fläche ab. Die Lasur wird vom Untergrund abgetragen, sodass die Grundfarbe durchscheint. Die Hand sollte immer wieder ein wenig gedreht werden, damit kein gleichmäßiges Muster entsteht.

Für diese Technik werden meist Abstufungen einer Farbe verwendet, etwa eine dunkelgelbe Lasur auf hellgelbem Grund. Das Tupfen mit dem Lappen ist eine ideale Technik für Anfänger.

ROLLEN MIT DEM LAPPEN

ROLLEN MIT DEM LAPPEN ist eine Weiterentwicklung des Tupfens. Das erzeugte Muster ist gleichmäßiger und zeigt den Ansatz zu einem sich wiederholenden Muster. Auch hier entfernt man zunächst die Pinselstriche durch Stupfen mit dem Pinsel, doch ist das nicht unbedingt notwendig. Man trägt

▲ Rollen mit dem Lappen.

die Lasur dünn auf ein 1 m² großes Feld auf, doch sollte sie dabei nicht verlaufen. Dann dreht man ein großes Baumwolltuch so, als wollte man es auswringen, und achtet darauf, dass keine losen Fäden heraushängen. Diese »Wurst« rollt man dann unter festem Druck über die lasierte Fläche. Die Lasur bleibt dabei teilweise im Tuch hängen. Man kann entweder gerade von oben nach unten rollen, sodass sich das wiederkehrende Muster deutlich zeigt, oder das Tuch wahllos über die

▲ Tupfen mit dem Lappen in sanften Erdtönen erzeugt mediterranes Flair.

▲ Rollen mit dem Lappen und Schablonieren vertragen sich gut.

lasierte Fläche rollen. Man sollte sofort die nächste Fläche lasieren und mit dem Tuch überrollen und nicht aufhören, ehe die Zimmerecke erreicht ist. Man braucht eine Menge sauberer Tücher für diese Technik und sollte sie fertig gerollt bereitliegen haben. Man wechselt das Tuch, wenn es keine Lasur mehr aufnimmt.

SACKEN

SACKEN IST KEINE ELEGANTE Bezeichnung für einen Farbeffekt, aber das Ergebnis ist umso eleganter. Man spricht von »Sacken«, weil man einen Plastiksack oder Einkaufstüten aus Plastik dafür braucht. Da man die Pinselstriche vorher nicht glätten muss, geht alles schnell und einfach. Man streicht die Lasur wiederum in Feldern von etwa 1 m² auf die Wand. Man sollte einen Plastiksack (Einkaufstüte nach links drehen, damit die Farben eventueller Aufdrucke nicht abfärben) in der Hand zerknüllen und damit die nasse Lasur abtupfen. Stets rasch arbeiten und sofort das nächste Feld bearbeiten.

Die Technik ist sehr einfach und das Ergebnis ist umwerfend. Wenn man

eine Lasur auf Ölbasis verwendet, dann ist das Ergebnis sogar noch besser, vor allem wenn man die Lasur so dick wie Marmelade anrührt: Man erzeugt so einen Effekt, der an Rauputz erinnert. Dazu nimmt man reine Öllasur und Künstlerölfarben aus der Tube. Es empfiehlt sich, der Öllasur 1 Teelöffel Sikkativ beizugeben, da die Trocknung sonst mindestens eine Woche dauert. Doch alle Mühe lohnt sich, denn die Wandstruktur bekommt mit diesen Materialien einen herrlichen Glanz. Leuchtende Farben, wie etwa Tiefrot, ergeben erstaunliche Effekte.

Normale Einkaufstüten aus dem Supermarkt hinterlassen eine saubere, dichte Struktur. Das von festeren Sä-

▲ Sacken mit Plastiktüte.

cken erzeugte Muster erinnert eher an das Rollen mit dem Lappen, wirkt aber wilder. Machen Sie ein paar Versuche, ehe Sie mit der Zimmerwand beginnen. Für ein ganzes Zimmer braucht man mehrere Tüten gleicher Art.

ZUGTECHNIK

DER GLEICHFÖRMIGSTE Farbeffekt ist so beliebt, dass er auch als Muster auf Tapeten zu haben ist.

Ein einziger kleiner Versuch wird Sie davon überzeugen, dass Sie keine teure Tapete brauchen, denn die Zugtechnik ist sehr einfach und macht obendrein viel Spaß.

Die Lasur muss für diese Technik relativ dünn sein, keinesfalls dicker als Kaffeesahne. Eine dunkle Lasur auf hellem Grund ist wirkungsvoller als umgekehrt. Ein Zugpinsel sollte 8 cm breit und höchstens 1 cm dick sein. Die groben, harten Borsten sollten 10 cm

▲ Pinselhaltung bei der Zugtechnik.

lang sein. Finger weg von Pinseln mit noch längeren, weichen Borsten: Die langen Pinselhaare machen einen verrückt, noch ehe man mit der ersten Bahn fertig ist. Dann ist der normale flache Malerpinsel (Flächenstreicher) noch besser, auch wenn damit die Arbeit langsamer vorangeht.

Zum Glück muss man sich bei dieser Technik sowieso nicht so beeilen wie bei den anderen. Die Gleichförmigkeit des Musters, das ja ohnehin aus feinsten Streifen besteht, überspielt die Dunkelmarken pefekt, die beim Überlappen alter und neuer Lasurschichten entstehen.

Man arbeitet in etwa 15 cm breiten Streifen, die man von der Decke bis zum Boden in Lasur auf die Wand streicht. Dann zieht man entlang einem Senkblei mit dem Zugpinsel die feinen Linien ein, wobei man mit möglichst ruhiger Hand den Pinsel so führt, wie es die Abbildung auf Seite 38 zeigt. Die Borsten werden flach gegen die Wand gedrückt, der Pinselstiel zeigt schräg zum Boden, während man – falls möglich ohne zwischendurch abzusetzen – den Pinsel in einem Zug von von oben nach unten über die Lasur zieht.

Wenn man den Pinsel zwischendurch ab- und wieder neu ansetzt, wird das unweigerlich als Bruchstelle sichtbar. Allerdings kann man den Pinsel zweimal über die ganze Fläche ziehen. Bei sehr hohen Wänden muss man ständig die Leiter rauf und runter. Sind die Wände nicht sehr hoch, findet sich vielleicht ein besonders großer Helfer, der nur für den Ansatz an der Decke auf die Leiter muss.

Deshalb sollte man überlegen, ob man diese Technik für einen hohen Raum wirklich wählen will oder ob man sie nicht mit einer anderen Technik verbindet (siehe beispielsweise Seite 133). Außerdem kann man die Zugtechnik auch in waagrechter Richtung ausführen.

Damit die Pinselborsten nicht mit Lasur verkleben, muss der Pinsel zwischendurch immer wieder gereinigt werden. Wenn sich keine hauchfeinen Streifen ergeben, dann ist die Lasur zu dick.

▲ In Zugtechnik gestalteter Bilderrahmen.

STUPFEN

EIN ZEITLOSER KLASSIKER unter den Effekten, der viel Übung, Geduld und Energie erfordert, soll er wirklich gelingen. Gestupfte Wände sehen edel aus, und man hat den Eindruck, als ob sie leicht von der Hand gingen. Dieser Eindruck täuscht jedoch.

Es ist verzeihlich, wenn ein Betrachter nicht bemerkt, dass die Technik überhaupt angewendet wurde, denn die winzigen Pünktchen, die die harten Bürstenhaare hinterlassen, sind kaum zu sehen. Auch für diese Technik ist die Öllasur besser, denn sie trocknet langsam, sodass man genügend Zeit für die aufwändige Arbeit hat, ohne dass sich Flecken und Marken bilden. Außerdem tritt die feine Struktur besser hervor.

Für das klassische Stupfen braucht man eine nicht zu dünne Lasur, etwa

▲ Stupfen mit der Bürste.

wie Kaffeesahne, aber nicht dünner. Man streicht sie so gleichmäßig wie möglich auf 1 m² große Felder. Sofort danach greift man zum Stupfpinsel oder zur Stupfbürste und drückt die harten Borstenspitzen in tupfender Bewegung in die Lasur. Je größer die Borstenfläche ist, desto schneller und leichter geht es.

Sobald die Borsten keine Lasur mehr wegnehmen, muss man sie reinigen. Ist man mit einem Feld fertig, prüft man, ob unbehandelte Stellen zu sehen sind. Diese tupft man sofort nach, dann streicht man das nächste Feld vor und bearbeitet zunächst die Stellen, an denen sich das neue und das alte Feld berühren.

Das Stupfen erzeugt im Allgemeinen einen leicht wolkigen Effekt. Möchte man diesen Effekt deutlicher hervortre-

ten lassen, kann man statt Pinsel oder Bürste andere Stupfinstrumente verwenden.

Man geht im Prinzip genauso vor, achtet aber weniger auf Genauigkeit, wechselt vielleicht auch zwischendurch die Instrumente, mit denen man stupft. Da eine sehr rasch und nicht sehr exakt gestupfte Fläche wie ein Stück Himmel aussehen kann, bietet sich die Technik ganz besonders für blaue Wände an. Man grundiert mit Weiß und hält die Lasur in einem satten Himmelblau. Um diesen Effekt noch zu verstärken, kann man mithilfe der Schwammtechnik (siehe Seite 53) noch ein paar sehr echt wirkende Wolken auf die gestupften Wände setzen.

FROTTAGE

DAS FRANZÖSISCHE VERB »FROTTAGER« bedeutet ein- oder abreiben, frottieren, und es beschreibt die hier angewendete Technik genau, denn es wird dabei eine mit Lasur bestrichene Fläche mit einem Blatt Papier abgerieben.

Der Farbeffekt erscheint als forsches Zufallsmuster, das kompromissloser zu sein scheint als die vorgenannten, besonders wenn man in Lagen arbeitet, die vom Hellen zum Dunklen hin abgestuft sind. Frottage kann für schattige, dunkle Ecken verwendet werden oder für Flächen, die besonders hervorstechen sollen. Da bei dieser Technik große Flächen bearbeitet werden, ist sie für kleine Objekte nicht geeignet. Aber eine Tischplatte oder ein großes Tablett kann man durchaus mit dieser Technik behandeln.

Da Frottage die Grundlage für einen weiteren Effekt bildet, der wie rissiger Putz aussieht, lohnt es sich, diese Technik gut zu beherrschen, vor allem auch für einen weiteren Farbeffekt, den Trompe-l'œil. Dieser französische Ausdruck bedeutet »Augentäuschung«; es geht um die Vortäuschung realer Gegenstände mit malerischen Mitteln (siehe Seiten 52–53).

Auch für die Technik der Frottage muss der Untergrund glatt und glänzend sein. Darauf trägt man die Lasur in sehr großen, unordentlichen Feldern auf. Keine Angst vor zu großen Flächen: Die Frottage ist eine schnelle Technik, die auf einen Schlag große Flächen abdeckt. Allerdings muss man Flächen, die man auf der Leiter stehend bearbeitet, in ihrer ganzen Ausdehnung von seinem Standort aus mit beiden Händen gefahrlos erreichen können. Vorsicht also, solange man nahe der Zimmerdecke auf der Leiter stehend arbeitet.

Wenn die Fläche mit Lasur bestrichen ist, legt man sofort ein abgerissenes großes Stück Zeitungspapier flach auf die Lasur und drückt es mit beiden Händen locker tätschelnd an. Dann zieht man es sofort vorsichtig wieder ab, damit es nicht reißt, und drückt es gleich daneben auf die gleiche Weise wieder in die Lasur. So fährt man fort, bis die ganze Wand bedeckt ist. Ein Stück Zeitungspapier reicht eine Weile, doch braucht man für eine ganze Wand einen kleinen Vorrat.

Während der Arbeit wird sich stellenweise Druckerschwärze lösen und attraktive Schattierungen und Verwischungen auf der Wand hinterlassen. Bei sehr billiger Druckerschwärze wird man sogar einen lesbaren Abdruck auf der Wand wiederfinden.

Zeitungen, hinter denen kluge Köpfe stecken, hinterlassen weniger Spuren als die Revolverblätter. Wer überhaupt keine Druckerschwärze auf der Wand haben möchte, nimmt Tütenpapier oder Fett abstoßendes Einwickelpapier und reißt alle Kanten ab, damit sich keine gerade geschnittenen Kanten abdrücken.

Die Frottage ist eine Technik, die fast zwingend eine Farbschichtung in Schattierungen erfordert. Man lässt den ziemlich hellen Grundanstrich vollkommen trocknen, dann trägt man eine

▲ Frottage mit Packpapier.

Lasur in etwas dunklerer Abstufung darüber auf, wobei man hier und da Stellen der Grundschicht unbearbeitet lässt. Danach trägt man eine zweite und wahlweise sogar eine dritte Lasurschicht auf, zumal in den Ecken: Das verleiht dem Anstrich ein antikes Flair. Man könnte zum Beispiel ein zartes Schlüsselblumengelb als Grundierung wählen und dann drei Lagen Frottage darüber geben: zunächst lichten Ocker, dann Venezianischrot und zum Abschluss Siena gebrannt.

Wie eine Tapete mit großem Muster wirkt auch Frottage am besten auf großen Wänden in großen Räumen. In einem kleinen Zimmer kann die Wirkung verpuffen, die Frottage kann hier sogar stören.

(Zur Weiterentwicklung der Frottagetechnik siehe das auf Seite 49 beschriebene Verfahren, mit dem man falschen Putz imitiert.)

Mit Ausnahme der Schwammtechnik bilden die hier vorgestellten Techniken die Grundlage aller einfachen Farbeffekte. Schwammtechnik und Sprenkeln erfordern keine Lasur und werden deshalb im Kasten auf Seite 41 vorgestellt.

Sobald man die einfachen Effekte erst einmal beherrscht, kann man sich den schwierigeren Techniken zuwenden, die im nächsten Kapitel vorgestellt werden. Schließlich wird man in der Lage sein, falsche Steinwände und Marmorierungen zu gestalten.

FARBABTÖNUNGEN

ZWEITONEFFEKT

Jede der oben beschriebenen Techniken kann man als Zweitonvariante ausführen, bei der man zwei verschiedenfarbige Lasuren aufträgt. Dabei muss man beachten, dass sich die Farben an den Stellen mischen, an denen sich der Auftrag überschneidet.

Verwendet man beispielsweise Blau und Gelb, so wird die fertige Wand auch einige grüne Stellen aufweisen. Sollen die Farben unvermischt bleiben, trägt man die erste Lasur auf und lässt für die zweite Lasur, die man erst dann aufträgt, wenn die erste getrocknet ist, große Zwischenräume.

▲ Erst mit dem Lappen gelbe Lasur auftupfen.

▲ Dann zum Abtönen Cremelasur auftragen.

SCHATTIEREN

Ist die erste Lasurschicht getrocknet, kann man in den Zimmerecken eine etwas dunklere Lasur auftragen und so einen abgetönten, leicht antik wirkenden Effekt erzeugen.

Man fügt der schon verwendeten Lasur noch etwas klare Lasur zu und verreibt diese Mischung dann über der schon aufgetragenen Lasurschicht in den Zimmerecken, eventuell auch entlang der den Decken- und Bodenkanten.

Besonders gut eignet sich diese Technik für das Tünchen mit dem Tuch, wie es auf den Seiten 36–37 beschrieben wird. Mit Umbra natur kann man die meisten Farben so abtönen, dass sie wie natürlich gealtert wirken; bei hellem Gelb sollte man lichten Ocker wählen. Das Endergebnis ist verblüffend und zeigt die Aufmerksamkeit, die man den Details gewidmet hat.

FARBEN VERSCHMELZEN

Solange man bereit ist, schnell zu arbeiten, kann man zwei und mehr Farben verwenden, um den Effekt einer abgestuften Verschmelzung zu erzielen, etwa wie die Farben des Sonnenuntergangs, die unten hell und oben sehr kräftig sind. Dazu arbeitet man wie beschrieben in senkrechten oder waagrechten Bahnen, die man entsprechend farblich abstuft.

Doch hüte man sich davor, zunächst alle Bahnen der einen Farbe fertig zu stellen und dann erst die andere Farbe aufzutragen. Damit die Farben einen fließenden Übergang bilden, sollten die Übergänge feucht sein und tatsächlich verschmelzen und nicht hart nebeneinander stehen.

Eine Lasur auf Ölbasis, die nicht so schnell trocknet, ist für den Effekt besser geeignet. Die Streifen bis zu 30 cm überlappen zu lassen erspart einem die Mühe, allzu viele Schattierungen anmischen zu müssen.

Da es auf Geschwindigkeit ankommt, sollten möglichst zwei Leute gleichzeitig arbeiten.

FARBEN VERTREIBEN

Zu lernen, wie man eine Farbe vertreibt, ist für alle wichtig, die ihre Band-

▲ Beim Verschmelzen rasch arbeiten.

breite an Techniken vervollständigen wollen. Diese Technik ist unverzichtbar, wenn man marmoriert oder Holzmaserungen und Stein imitiert.

Man muss ein wenig üben, doch die Mühe lohnt sich. Mit dieser Technik kann man Pinselstrichlinien entfernen und dem Anstrich ein sehr professionelles Aussehen geben. Eine getünchte Wand, die deutliche rohe Pinselspuren zeigt, kann man, während die Lasur noch feucht ist, so vertreiben oder schlichten, dass ein zarter wolkiger Effekt entsteht.

Leider ist das wichtigste Werkzeug, der Schlichtpinsel – ein Flachpinsel aus Dachshaar –, nicht billig. Man be-

▲ Dachshaarpinsel zum Schlichten.

kommt ihn in Geschäften für Künstlerbedarf und in vielen Baumärkten. Rechnen Sie damit, dass er fünfmal so teuer sein wird wie ein normaler Pinsel gleicher Größe.

Wie andere teure Pinsel halten auch Dachshaarpinsel bei guter Pflege sehr lange. Ein 8 cm breiter Schlichtpinsel ist für die meisten Techniken ausreichend. Notfalls kann man einen Schweinsborstenpinsel verwenden, doch das Ergebnis wirkt weniger echt.

Die Borsten des Schlichtpinsels sind lang, weich und biegsam. Führt man sie mit leichten, lockeren, kurzen Bewegungen sanft über die feuchte Lasur auf Öl- oder Wasserbasis, verwischen sich die harten Pinselstriche des ursprünglichen Auftrags und verschwimmen harmonisch mit dem Untergrund. Man berührt den Untergrund leicht in der einen, dann in der anderen Richtung, als wollte man ihn kitzeln. So fährt man fort, bis keine Pinselstriche mehr sichtbar sind.

Auf diese Weise alle Pinselspuren zu entfernen erfordert Übung, Zeit und Geduld. Nur an gut sichtbaren Wandstellen wird man sich dieser Mühe unterziehen. Sie lohnt sich aber in jedem Fall für Möbel und kleine Objekte.

DEN GLANZ MILDERN

Ist der Farbeffekt erst einmal fertig, möchte man dem Anstrich vielleicht den allzu starken Glanz nehmen. Grundsätzlich sind die Anstriche widerstandsfähig genug, um ohne Schutzlack auszukommen, doch kann man durch Auftrag eines Dispersionslacks, der auch zum Überstreichen von Tapeten verwendet werden kann, den Glanz mildern. Es gibt diesen Lack in Matt,

Seidenmatt und Hochglanz. Er wird mit dem Pinsel oder sehr langsam, damit der Lack nicht schäumt, mit dem Roller aufgetragen. Der feuchte Lack wirkt wie Milch, wird aber beim Trocknen klar.

Da die meisten Farbeffekte wegen der Lasur glänzen, kann man ihnen auf diese Weise ein mattes Aussehen geben. Lediglich in feuchten Räumen wie Küchen und Bädern ist der Dispersionslack nicht zu empfehlen.

Da viele Lacke als Holzanstriche gedacht sind, enthalten sie meist ein wenig gelbe Beize. Man sollte also einen Lack erstehen, der keinerlei Farbe enthält. Acryllacke sind besonders gut geeignet, können aber nicht auf Öllasuren aufgetragen werden. Im Zweifelsfall teste man den Lack erst an einer kleinen, verborgenen Stelle.

NÜTZLICHE TIPPS:
Farbeffekte, die keine Lasur erfordern

• Bei einigen Farbeffekten ist es nicht nötig, dass die aufgetragene Farbe eine Zeit lang beweglich bleibt, da die Farbe an der Stelle bleibt und trocknet, an der sie aufgebracht wurde.

• Schwammtechnik: Man sollte den Naturschwamm in warmes Wasser tauchen und ausdrücken. Man kann zwar jede Farbe verwenden, doch eignet sich Dispersionsfarbe besonders gut.
Man sollte ein wenig Farbe auf einen Teller geben, den Schwamm hineinstippen und dann die vorgestrichene Wand damit betupfen. Nur die unregelmäßigen Strukturen des Schwamms sollten die Wand leicht berühren – drücken Sie keinesfalls den ganzen Schwamm fest an die Wand! Man kann Abstufungen einer Farbe verwenden oder verschiedene Farben für den Untergrund und zum Auftupfen.

• Sprenkeln: Statt eines Schwamms verwendet man eine Stupfbürste und taucht sie mit den harten Borsten in die Farbe. Dann drückt man sie kurz an die Wand, um winzige Pünktchen zu setzen, oder zieht sie gerade oder in Wellenlinien über die Wand, um andere Muster zu schaffen. Muster in mehreren Farben wirken besonders gut.
Man kann auch einen Rundpinsel mit möglichst dünner Farbe tränken. Der getränkte Pinsel wird dann mit seinem Stiel gegen einen quer zur Wand gehaltenen Stab geklopft, sodass winzige Farbtröpfchen aus dem Pinsel gegen die Wand spritzen. Auch hier erzeugen zwei oder drei Farben interessante Muster.

Sobald Sie die Grundtechniken beherrschen, können Sie sich an schwierigere Aufgaben heranwagen. Dieses Kapitel zeigt, wie man verblüffende Effekte erzielt, indem man die Strukturen von Materialien wie wertvollem Stein, gemasertem Holz oder bestimmten Metallen imitiert. Ausserdem werden andere interessante Techniken vorgestellt, zum Beispiel die Verwendung von Schablonen und Druckstempeln.

Farbeffekte II

Metall und Stein kopieren

FARBEFFEKTE KÖNNEN einer Oberfläche das Aussehen von edlem Metall oder Stein geben, sie also beispielsweise wie mit Grünspan überzogen oder wie aus Lapislazuli oder Marmor gemacht erscheinen lassen. Viele dieser Materialien wirken sehr edel und sind im Original entsprechend teuer. Schon in früheren Jahrhunderten versuchte man deshalb, diese teuren Materialien mit Farben nachzuahmen. Die hier vorgestellten Techniken setzen auch Sie in die Lage, den gewünschten Effekt zu erzielen. Das Imitat sollte aber zum gewählten Objekt passen. Schildpatt, Malachit, Grünspan, Porphyr und Lapislazuli eignen sich für kleine Gegenstände, dagegen sind Granit, Marmor oder andere Steinimitationen eher für größere Flächen geeignet.

GRÜNSPAN

DIE IMITATION VON GRÜNSPAN gehört zu den beliebtesten Farbeffekten. Für Gegenstände, die wie aus Metall gemacht aussehen sollen, ist dieser Effekt sehr gut geeignet: Wenn man Kupfer und Bronze den Witterungseinflüssen aussetzt, korrodieren sie und bekommen eine grünlich graue Patina, die Grünspan genannt wird. Mit Farbe ist diese Patina leicht zu imitieren, und entsprechend einfach ist es, einen Gegenstand aus Holz oder anderem Material wie aus Kupfer oder Bronze erscheinen zu lassen. Für einen möglichst echten Effekt sollte man der Farbmischung Bimsmehl (Tripel oder englische Erde) beigeben. Bimsmehl ist nicht unbedingt nötig, doch in Geschäften für Künstlerbedarf bekommt man es – die Ausgabe lohnt sich.

Wenn man Grünspan imitiert, muss man beachten, dass die echte Patina sehr trocken, leicht puderig und insgesamt matt aussieht. Man verwendet die

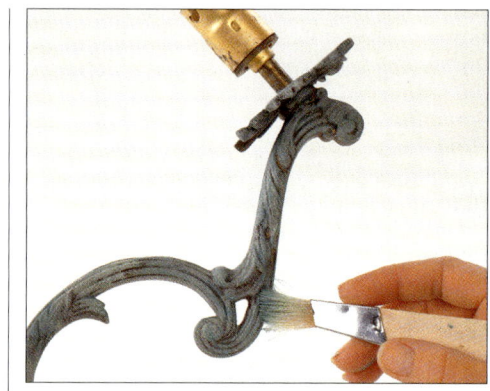

▲ Blaugrün in zwei Abstufungen auftragen.

Farben also so trocken wie möglich und gibt so viel Schlämmkreide hinein, wie sie nur aufnehmen kann. Zum eigentlichen Auftrag versieht man den Pinsel dick mit pulveriger Farbe.

Wenn man das Objekt zunächst mit Blattkupfer »vergoldet« (siehe Seiten 69–70), kann man diese Kupferfarbe stellenweise durchscheinen lassen, was den Anschein vermittelt, als wäre das Objekt tatsächlich aus Kupfer. Man kann aber auch auf den fertigen Grünspan zum Schluss mit etwas Gold ein paar glänzende Akzente setzen.

Man verwendet zwei Schattierungen von Grünspanfarbe oder eine Mischung aus verschiedenen grünen und blauen Acrylfarben, die mit Schlämmkreide und Umbra natur zu einer pastösen Masse vermischt werden. In getrennten Marmeladengläsern rührt man verschiedene Schattierungen der Farbmischung an.

Die Grüntöne werden willkürlich verteilt auf das gesamte Objekt getupft, wobei sich die Schattierungen stellenweise überlappen und dadurch vermi-

▲ Grünspan auf der Oberfläche lässt ein Objekt sehr alt und edel wirken.

▲ Mit etwas Gold Akzente setzen.

schen sollten. Möchte man einen ganz besonderen Effekt erzielen, so verteilt man mit einem trockenen Pinsel etwas Bimsmehl auf der noch leicht feuchten Farbe. Das Pulver bleibt an der feuchten Farbe haften und verleiht dem Objekt eine einmalige Patina.

Zum Schutz des Grünspaneffekts verwendet man einen stumpfen Klarlack, denn der Gegenstand soll ja keinesfalls glänzen.

SCHILDPATT

DIE IMITATION VON SCHILDPATT ist ideal für den Anfänger, denn es sind keine schwierigen Detailarbeiten nötig. Außerdem bekommt man echtes Schildpatt heute nur noch so selten zu sehen, dass kaum jemand den Versuch wirklich gut beurteilen kann.

Als Grundlage dient immer ein helles Gelb, das zwischen den später aufgetragenen Farben hindurchschimmert. Für diese braucht man drei Abstufungen von Braun. Dazu mischt man etwas Lasurmittel mit jeweils einem guten Schuss Künstlerfarbe in Siena natur, Umbra natur und – wenn man ihn

▲ Schildpatt mit Hochglanzlack schützen.

bekommen kann – transparentem lichtem Ocker, der dem Schildpatt sein typisches Aussehen verleiht.

Diese Technik erfordert eine konzentrierte, farbintensive Mischung. Außerdem sollte man einen Schlichtpinsel (möglichst aus Dachshaar) haben, um die aufgetragene Farblasur effektvoll verwischen zu können. Um den echten Schildpatteffekt zu erzielen, trägt man die verschiedenen Farbtöne mit normalen runden Künstlerpinseln in beliebiger Verteilung als kommaförmige Flecken auf, wobei man die Grundfarbe hier und da durchscheinen lässt. Mit dem Schlichtpinsel verwischt man dann die Konturen.

Am besten arbeitet man sich in diagonalen Linien über die Oberfläche des Objekts. Man stelle sich dabei das Muster eines Kreuzworträtsels mit seinen schwarzen Feldern vor. Diese dunklen Felder sollten durch die drei Brauntöne leicht diagonal verschoben ersetzt werden. Solange die Lasur noch feucht und beweglich ist, wird sie mit dem Schlichtpinsel vorsichtig verwischt, indem man den Pinsel ganz leicht in verschiedene Richtungen über den Gegenstand führt. Die zunächst sehr scharf abgegrenzten Farbflecken verlieren dann ihre Konturen. Zwischendurch muss man den Schlichtpinsel abwischen, damit er in gewünschter Weise funktioniert. Je ungleichmäßiger man die ursprünglichen Farbflecken verteilt hat, desto natürlicher wirkt der spätere Schildpatteffekt.

Damit der Schildpatteffekt gut zur Geltung kommt, überzieht man das fertige, vollkommen getrocknete Objekt mit vier oder fünf Schichten von verdünntem Glanzlack. Man verdünnt den Lack, weil er sich dann leichter und gleichmäßiger auftragen lässt.

MALACHIT

AUCH WENN DAS ERGEBNIS nicht so aussieht, handelt es sich doch um eine einfache Technik, die, anders als andere Steinimitationen, kein zeitraubendes Schlichten der Konturen erfordert. Als Grundfarbe dient ein helles Türkis oder Seegrün. Im Verhältnis von 1 Teelöffel Farbe auf 1 Esslöffel Lasurmittel mischt

▲ Ein Malachitimitat fällt auf.

man Künstlerfarbe in einem kräftigen Blaugrün (Chromgrün) in entsprechender Menge an. Einem Teil der Mischung setzt man außerdem etwas Umbra natur oder Siena gebrannt bei.

Mit der malachitgrünen Lasur betupft man jeweils eine gesamte Fläche des zu behandelnden Objekts – nicht streichen, damit keine sichtbaren Pinselstriche entstehen. Zwischendurch verwendet man immer mal wieder ein wenig von der mit Umbra natur oder Siena gebrannt versetzten Lasur.

Mit der Kante von einem Stück Wellpappe fährt man nun über die lasierte Fläche, als zöge man einen Pinsel darüber. Man arbeitet langsam und versucht, möglichst breite, sichtbare Kreise zu erzeugen. Die durch das Reißen ungleichen Kanten der Pappe hinterlassen ein Rillenmuster, das dem typischen Erscheinungsbild des Malachits entspricht.

Bewegt man die Pappe außerdem ein wenig zittrig oder in kleinen Wellenlinien, verstärkt man den typischen Malachiteffekt. Kleine Tupfen der mit Umbra natur versetzten Lasur in der Mitte der Kreise dienen demselben Zweck.

Auch hier muss man das Endergebnis mit Hochglanzlack überziehen. Mehrere klare Lackschichten übereinander bieten nicht nur Schutz, sondern lassen das fertige Objekt auch sehr echt erscheinen.

GRANIT

BEI DER GROSSEN AUSWAHL an Granitfarben, die heutzutage erhältlich sind, kann man dem Betrachter eine bloß gestrichene Fläche problemlos als Granit vorgaukeln. Die einfachste Methode besteht darin, eine Granitfarbe mit dunkelgrünem, silberfarbenem und schwarzem Quarzgranulat zu vermischen. Diese Farbe streicht man auf eine blass getönte Grundierung.

Eine andere Methode besteht darin, den Untergrund nicht zu streichen, sondern in verschiedenen Farben zu stupfen, etwa in hellem Beige, Hellbraun und Fuchsrot; so ergibt sich eine bräunlich wirkende Grundierung. Auf diese setzt man dann weiße und danach fein verteilt burgunder- oder karamellfarbene Spritzer. Das sind lediglich Vorschläge: Die Farbwahl bleibt dem eigenen Geschmack überlassen.

Eine dritte Möglichkeit besteht darin, die für den Granitgrund gewählten Farben so aufzutragen, wie es für das Sprenkeln (siehe Seite 41) und für die

▲ Ein Kamin aus gemaltem Granitimitat.

▲ Farbe mit Glimmer streichen.

Grünspantechnik (siehe Seite 44) beschrieben wurde, also eine sehr dicke, an Kuchenteig erinnernde Farbe zu verwenden und diese mit nicht zu stark gefülltem Pinsel aufzubringen. Die Farbe sollte also nicht ganz so dick aufgetragen werden wie beim Grünspaneffekt. Wenn man es bekommen kann, gibt man ein klein wenig Bimsmehl auf den Anstrich. Ist dieser vollständig getrocknet, spritzt man mithilfe einer alten Zahnbürste winzige Farbpünktchen in drei Farbschattierungen darauf. Dazu taucht man die Borsten in die verdünnte Farbe, klopft am Rand des Farbgefäßes überschüssige Farbe ab und hält die Zahnbürste etwa 30 cm weit von der gestrichenen Fläche entfernt. Indem man mit dem Zeigefinger über die Borsten fährt, spritzt man winzige Farbtröpfchen auf die Fläche.

MARMORIEREN

DAS MARMORIEREN, das die meisten Hobbymaler unbedingt lernen wollen, ist eine eigene Kunstform. Hilfe von einem Experten und viel Übung sind erforderlich, wenn man die Technik wirklich so beherrschen möchte, dass man echt wirkende Ergebnisse erzielen kann. Wenn man sich aber mit einer Annäherung an das Original oder mit einem marmorähnlichen Effekt zufrieden gibt, kommt man bald ans Ziel. Denn dann braucht man nur Geduld und einen Schlichtpinsel (möglichst aus Dachshaar) zum Vertreiben der Konturen. Ohne diesen Pinsel sollte man gar nicht erst anfangen.

Ähnliches gilt für die Farben. Obwohl man Acrylfarben verwenden kann, kommt der echte Glanz polierten

Marmors nur zum Vorschein, wenn man mit Mitteln auf Ölbasis arbeitet, also mit Öllasur, die mit Künstlerölfarbe getönt wird. Ölfarben trocknen sehr langsam; ein Spritzer Sikkativ kann die Prozedur verkürzen.

FANTASIEMARMOR

Am besten beginnt man mit einem Fantasiemarmor, das heißt, man kreiert einen Marmoreffekt, ohne den tatsächlichen Stein wirklich naturgetreu nachahmen zu wollen. Dazu drückt man einige Zentimeter von zwei Farben (zum Beispiel von lichten Ocker und Siena natur) aus der Tube auf eine Palette oder ein Mischbrett. Mit einem Pinsel von maximal 2,5 cm Breite nimmt man ein wenig von der einen Farbe auf und stippt ihn in eine kleine Schale mit Öllasur. Auf der Palette vermischt man den Pinselinhalt, bis die Farbmischung absolut glatt ist und der Pinsel kaum noch Farbe enthält.

▲ Gemalte Fliesen aus Fantasiemarmor.

Nun malt man von dieser ersten Farbe einige krakelige, in gleicher Richtung verlaufende diagonale Linien auf die Grundierung. Die Farbe selbst muss dünn sein, und man muss sie sehr leicht auftragen. Der größte Teil des Hintergrunds bleibt unbemalt. Gelegentlich kann man die Linien in Form eines Y zusammenlaufen lassen. Die Prozedur sollte man sofort mit der zweiten Farbe mit einem neuen Pinsel wiederholen, ohne den Hintergrund völlig zu bedecken.

Sofort nach dem Auftrag der zweiten Farbe sollte man mit dem Dachshaarpinsel ganz leicht vorwärts und rückwärts über die aufgemalten Linien streichen: Die Farben bewegen sich und verwischen an den Kanten. Streicht man jetzt in die entgegengesetzte Richtung der Diagonale, in der man die Linien aufgetragen hat, so verbreitern sich die Krakellinien und einige gehen leicht ineinander über. Man streicht weiter in beiden Richtungen über die Linien, bis alle Pinselstriche restlos verschwunden sind und nur noch verwaschene Farbaufträge zu sehen sind.

Wünscht man ein naturgetreueres Aussehen, taucht man einen feinen Pinsel in Terpentinersatz und zieht ihn in Richtung der ursprünglichen Linien über die Oberfläche und setzt hier und da auch ein paar kleine Pünktchen auf die Farbe. Die Lasur löst sich und legt die Grundfarbe frei. Man kann auch ein zerknülltes Stückchen Stoff nehmen und die Oberfläche an einigen Stellen damit betupfen und die Stelle dann mit dem Dachshaarpinsel schlichten.

Ist man mit dem Marmorgrund zufrieden, lässt man die Arbeit vollkommen trocknen, ehe man weiterarbeitet. Fehler in der Äderung können weggewischt werden.

Diese Äderung malt man in einer der bereits verwendeten Farben auf, die man aber weniger stark verdünnt und mit dem feinsten verfügbaren Künstlerpinsel aufträgt. Die Pinselhaare sollten etwa 1 cm lang sein. Indem man den Pinsel hinten am Stiel ganz locker hält, folgt man dem Verlauf einiger der bereits eingearbeiteten breiten Linien. Auf diese Weise überzieht man die Farbfläche mit einem Geflecht zarter Adern.

Die Adern sollten niemals im rechten Winkel aufeinander stoßen, sondern sich in einer Art V-Form treffen. Sie sollten auch immer bis zu einer Endkante verlaufen, sodass keine Ader plötzlich wie aus dem Nichts auftaucht. Auch die Adern kann man mit dem Dachshaarpinsel schlichten. Ist das erste Aderngeflecht getrocknet, trägt man mit dünnsten Pinselstrichen und stark verdünnter Farbe ein hauchfeines zweites Geflecht auf. Mit mehreren Schichten aus verdünntem Hochglanzlack gibt man dem fertigen Stück den nötigen Glanz.

▲ Überzeugend imitierte Marmorsäule.

ECHTMARMORIMITAT

Kann man erst mal einen Marmoreffekt herstellen, dann lässt sich auch der bekannte weiße Marmor nachahmen, den man oft zu Tischplatten verarbeitet in Cafés sieht.

Man beginnt, indem man die Oberfläche mit etwas Lasur glitschig macht. Dabei geht man so vor, als wollte man ein Backblech mit Öl fetten. Dann stippt man, wie zuvor beschrieben, einen etwa 2,5 cm breiten Flachpinsel in einen Strang Ölfarbe in Paynesgrau, dann in Lasur und verstreicht nun die Pinselfüllung auf der Palette, bis kaum noch Farbe im Pinsel ist.

Statt die Farbe auf die Oberfläche zu streichen, stupft man sie sehr leicht in diagonal laufenden Strichellinien auf. Den größten Teil des Untergrunds soll-

te man unbehandelt lassen. Beim Farbauftrag so stupfen, dass keine Pinselspuren zu sehen sind.

Nun den ganzen Vorgang mit einer etwas dunkleren Schattierung (Paynesgrau mit einer Spur Umbra natur) wiederholen.

Danach die aufgetragene Lasur sofort mit dem Dachshaarpinsel schlichten. Die aufgetragene Lasur sollte mit dem Untergrund eine nahtlos verfließende Einheit bilden; die dunkleren Farben sollten deutlich sichtbar sein, ohne dass harte Konturen hervortreten. Der größte Teil des Untergrunds sollte weiß bleiben, denn das Geheimnis dieses Marmoreffekts ist der spärliche Farbauftrag.

Ein Hauch Farbe im Pinsel genügt vollkommen. Für die Äderung, die man wie oben beschrieben aufträgt, wird dann fast unverdünntes Paynesgrau verwendet, das stark hervortritt.

▲ Die Streifen mit Dachshaarpinsel schlichten.

Diese zwei Techniken – Aufmalen der Streifen oder zartes Stupfen mit einem Minimum von Farbe – bilden die Grundlage aller Marmoreffekte. Bald werden Sie echten Marmor, wie man ihn an Gebäuden und auf Fußböden sieht, erfolgreich imitieren können.

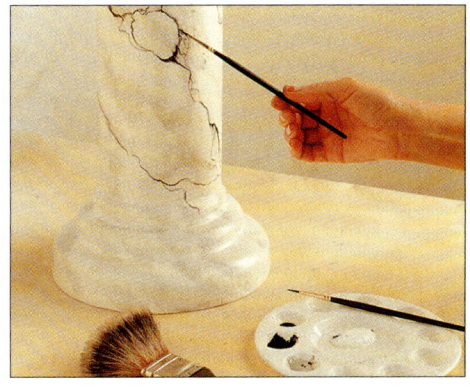

▲ Die Adern in Paynesgrau aufmalen.

SANDSTEINBLÖCKE

WER MARMOR IMITIEREN KANN, ist bestens vorbereitet, sich einer weiteren schwierigen Augentäuschung zu widmen: Eine Sandsteinmauer zu imitieren ist ein guter Ausgangspunkt für anspruchsvollere Themenmalereien, denn die Aufgabe ist eher arbeitsintensiv als wirklich schwierig.

Man benötigt eine sehr helle Grundierung, vorzugsweise aus matter Dispersionsfarbe. Dann zeichnet man mithilfe einer Wasserwaage und eines Senkbleis die versetzten Umrisse der Sandsteinblöcke auf die Wand. Je größer man die Blöcke plant, desto weniger Arbeit hat man.

Die typische Farbe der Sandsteinmauer mischt man aus grauer Lasur, der man kleine Mengen von schwarzer oder weißer Abtönung oder Künstleracrylfarben beimengt.

▲ Die Farbe mit dem Schwamm auftragen.

Vorsicht bei der Zugabe: Die Farben sind sehr intensiv!

Die Farbe wird mit dem Schwamm so auf die Wand aufgetragen, dass sie fleckig und stellenweise dunkler wirkt. Man füllt jeden vorgezeichneten Block einzeln aus, ohne die Trennlinien zu übermalen. Nun tönt man die Farbe

mit einem Spritzer Umbra natur ab und gibt eine zweite Farbschicht über die erste, wobei jeder Block eine leicht gefleckte Tönung erhält und manche Ecken dunkler erscheinen.

Auch jetzt darf man die Begrenzungslinien der einzelnen Blöcke nicht übermalen. Jeder Block wird für sich sorgfältig mit dem Schwamm mit Farbe ausgetupft.

Wenn die Farbe vollständig getrocknet ist, vollbringt man mit Ölkreide-

▲ Mit Ölkreide Schattierungen hineinmalen.

stiften aus dem Künstlerbedarfshandel ein kleines Wunder. Man fährt nämlich die obere und rechte Umrisslinie jedes Sandsteinblocks mit weißer Ölkreide nach, und zwar am besten mit der freien Hand, nicht mit dem Lineal – das wirkt natürlicher.

Im nächsten Arbeitsgang verreibt man die Linien leicht mit dem Finger, sodann akzentuiert man die linken und unteren Umrisslinien wie beschrieben mit einer dunkleren Ölkreide.

Mit zugespitzten Ölkreidestiften kann man zuletzt kleine Risse und ausgeschlagene Ecken hineinmalen. Die Kreide sollte man mit dem Pinsel leicht verwischen.

▲ Mit dunkel abgetönter Lasur erzielt man den Anschein einer alten Mauer.

▲ Feine Risse aufmalen.

FALSCHER PUTZ

HIERBEI HANDELT ES SICH um eine Weiterentwicklung der Frottage (siehe Seiten 39–40) und zugleich um eine tolle Methode, falsche Risse in einer gemalten Steinwand vorzutäuschen. Diese Technik erfordert mehr Zeit als die einfache Frottage, doch die Mühe lohnt sich.

Für die erste Farbschicht wendet man die für die Frottage beschriebene Technik an. Mit heller Terrakottafarbe erzeugt man einen kräftig roten Anstrich, mit gedämpftem Pink schafft man eine hellere Wirkung.

Nachdem der erste Auftrag völlig getrocknet ist, trägt man auf eine Fläche von etwa 1 m² eine dunklere Lasur auf und deckt die Fläche sofort mit einem abgerissenen Papierstück ab. Das Papier in Position drücken und mit einem Pinsel entlang der Risskante von oben nach unten in stupfenden Bewegungen vom Papier auf die Wand und wieder zurück wechseln.

Hat man das Ende des Papiers erreicht, zieht man es vorsichtig von der Wand und sieht nun, dass der Pinsel eine Linie im Mauerwerk hinterlassen hat, die einem Riss ähnelt. Das nächste Stück Papier legt man so an, dass man die Risslinie fortsetzen kann.

Um den Effekt zu verstärken, legt man mehrere Farbschichten auf. Zuletzt trägt man stumpfen Klarlack auf, damit der falsche Putz trocken und puderig aussieht.

PORPHYR UND ROTES LEDER

WIE GRANIT WIRD AUCH Porphyr durch winzige Farbspritzer erst lebendig. Echter Porphyr ist braunrot und man kann ihn sehr gut imitieren. Auch hier sind Ölfarben vorzuziehen, da man am Ende mehr Tiefe bekommt. Das bedeutet freilich, dass man zwischen den einzelnen Farbaufträgen länger warten muss.

Die Fläche wird mit Seidenglanzlack auf Ölbasis vorgestrichen. Dann taucht man ein Tuch in Öllasur, die mit Alizarinkrapplack getönt wurde, und trägt die Lasur in schwungvoll kreisenden Bewegungen auf.

▲ Porphyreffekt durch aufgespritzte Farbe.

Das Ergebnis ähnelt einer getünchten Fläche. Die restliche Lasur sollte man zudecken, damit sie nicht austrocknet, während die Farbe auf der Fläche trocknet.

Die restliche Lasur sollte man mit mehr Alizarinkrapplack tönen, bis sie farblich sehr intensiv und dick wie Gelee ist. In einem anderen Gefäß sollte man eine zweite Lasur in gleicher Weise anrühren und außerdem ein wenig Paynesgrau zugeben. Darüber hinaus kann man ein paar Tropfen Sikkativ zugeben, denn es könnte sonst mehrere Wochen dauern, bis die Ölfarben trocknen.

Für den nächsten Schritt verwendet man am besten zwei große Stupfpinsel, mit denen man die rote Lasur möglichst gleichmäßig auf die Fläche stupft. Dazwischen gibt man in ungleichmäßigen Flecken gelegentlich etwas von der mit Grau gemischten Lasur.

Man sollte auf harmonisch fließende Übergänge achten, damit die dunkleren Stellen nicht wie Schmutzflecken aussehen.

Verwendet man nur rote Lasur und bringt man sie mit der Frottagetechnik auf die Fläche (aufgerissene Obsttüten dafür verwenden), ergibt sich eine Struktur, die die Fläche wie rotes Leder aussehen lässt. Die Lasur muss auch dafür ziemlich dick sein.

Um den echten Porphyreffekt zu erzielen, lässt man die Fläche trocknen und bespritzt sie dann fein mit Weiß, Paynesgrau und Indischrot.

Weder beim Porphyr- noch beim Lederimitat ist Schlichten erforderlich, doch beide profitieren von einigen Schichten Hochglanz- oder Seidenglanzlack.

LAPISLAZULI

LAPISLAZULI IST EIN hoch geschätzter Halbedelstein, der einst fein zermahlen das Pigmentpulver für Ultramarin lieferte. Der Stein selbst hat kleine gelbgoldene Farbeinschlüsse und manchmal eine marmorähnliche Äderung.

Am besten wählt man Gold als Untergrund, das dann nach dem Auftrag der blauen Lasur durchschimmert und die echten Schwefelkieseinschlüsse des Lapislazuli imitiert.

Man besprüht den ganzen Gegenstand mit Goldspray und lässt die Farbe trocknen. Dann mischt man Künstler-

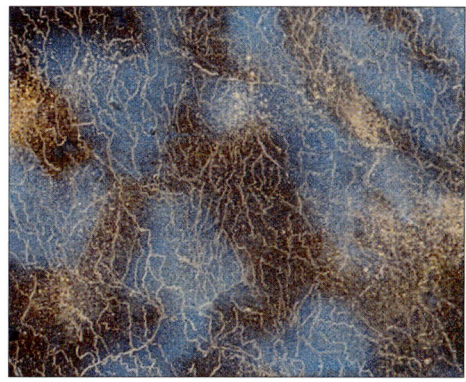

▲ Ultramarinblau für den Lapislazulieffekt.

ölfarbe in Ultramarinblau mit etwas Öllasur oder Leinöl und einem Tropfen Sikkativ. Mit dieser Lasur stupft man die gesamte Oberfläche. Gelegentlich benetzt man den Pinsel leicht mit etwas dunklerem Blau, etwa Preußischblau, und bestupft die Oberfläche weiter.

Das dunklere Blau verhindert einen eintönigen Effekt und entspricht dem natürlichen Erscheinungsbild des Lapislazuli. Ist die Oberfläche abgedeckt, prüft man, ob Pinselstriche zu sehen sind. Ist dies der Fall, stupft man darüber, bis sie weg sind. Mit dem Dachshaarpinsel verwischt man die Stupfspuren des Pinsels, indem man ihn in alle Richtungen leicht über die Oberfläche zieht. Solange die Farbe noch feucht ist, zieht man mit einem angespitzten Federkiel oder einem Schaschlikspieß hauchfeine Krakellinien über die Oberfläche, durch die das Gold des Untergrunds durchscheint.

Da Lapislazuli meist poliert verwendet wird, sollte man sein Objekt dementsprechend mit einigen Schichten Hochglanzlack behandeln.

Holzoberflächeneffekte

INNENARCHITEKTEN HABEN seit langem ein Faible für die Wärme und die natürliche Maserung von Hölzern. Haben Sie selbst nur wenig Holz in Ihren vier Wänden, so können Sie mit einfachen Techniken die Maserung von Mahagoni oder Eiche mit Farbe imitieren. Ist Ihr Haus aber voll von unterschiedlichen Hölzern und Holzmöbeln, dann können Sie mit Beizen und Pigmentpasten die verschiedenen Hölzer in ihrem Aussehen einander angleichen oder durch interessante Effekte für mehr Abwechslung sorgen. Holzbeizen sind in vielen Holzfarben im Angebot. Kalken ist ein traditionelles Mittel, um Hölzer vor Insektenschäden zu schützen. Heutzutage verwendet man Kalkwachs, um den Farbeffekt des Kalkens zu imitieren.

HOLZMASERUNGEN

EINFACHE MASERUNG

Wie das Marmorieren kann auch das Imitieren von Holzoberflächen je nach Absicht einfach oder aufwändig sein. In seiner einfachsten Form ist das Masern nichts anderes als eine Form der Zugtechnik (siehe Seiten 38–39). Man kann zum Beispiel eine erdbraune Lasur auf eine Terrakottabasis streichen und dabei gelegentlich ein wenig mit dem Zugpinsel wackeln. Schon das sieht einer Holzmaserung täuschend ähnlich. Vertreibt man die Pinselspuren nun noch mit einem Schlichtpinsel und setzt feine dunkelbraune Spritzer dazu, perfektioniert man die Illusion.

Hat man diesen Anstrich fertig gestellt, kann man Astknoten einarbeiten, indem man einzelne dicke Tropfen von dunkler Lasur auf die Fläche setzt und diese mit einem schmalen Zugpinsel kreisförmig umfährt. So erzeugt man den Eindruck eines aus dem Holz gewachsenen Astes.

MAHAGONI IMITIEREN

Für ein täuschend echtes Ergebnis muss man zunächst einen glatten Grundanstrich aus Seidenglanzlack auf Ölbasis aufbringen. Dann benötigt man aus dem Künstlerbedarfsgeschäft ein paar reine Pigmentkristalle in Van-Dyck-Braun oder Umbra natur. In einem flachen Gefäß vermischt man 1 Teelöffel dieses Pigments mit etwas Essig. Nicht alle, aber die meisten Kristalle sollten sich lösen. Nun stippt man die Borstenspitzen eines normalen Malerpinsels

▲ Eine Holzmaserung ist leicht zu imitieren.

oder eines Stupfpinsels in die Mischung und streicht sie aufwärts und abwärts über die Fläche, die man bearbeiten möchte. Nicht zu dick auftragen! Nun den Zugpinsel über die Fläche führen und dabei mit der Hand sanfte Schlingerbewegungen vollführen. Zuletzt kann man noch einen Dachshaarpinsel über die Maserung ziehen, um die Linien ein wenig zu verwischen. Man kann mit unterschiedlichen Pinseln experimentieren, um herauszufinden, welche das erwünschte Erscheinungsbild am besten erzeugen. Auch hier macht man Astknoten, indem man einen Tropfen auf die Fläche aufbringt und ihn kreisförmig umfährt.

Ist das Ergebnis zufrieden stellend, lässt man die Oberfläche ein paar Minuten trocknen und wiederholt die Prozedur mit einer Mischung aus Lasur auf Ölbasis und ein paar Tropfen Ölfarbe in Umbra natur. Diesmal bedeckt man nicht die gesamte Fläche mit der Lasur, sondern fährt nur einige Linien der schon vorhandenen dunklen Lasur

nach, um die Tiefenwirkung der Farbe zu verstärken. Wer wenig Übung hat, wird die ganze Oberfläche mehrmals abwischen und neu beginnen müssen, bevor der überzeugende Eindruck einer Holzmaserung entstanden ist.

EICHE IMITIEREN

Um den Anschein von Eichenholz zu erzielen, verwendet man eine hellgelbe Grundierung und Pigmentpulver in Siena natur. Man zieht die Maserungslinien wie bei der Mahagoniimitation. Solange die Lasur noch feucht ist, trägt man mit einem weichen Pinsel die zarten Linien ein, die quer zur Maserung verlaufen.

▲ Imitierter Eichenfußboden.

HOLZ BEIZEN

WENN MAN ECHTES HOLZ mit Beize behandelt, dann ist man nicht auf eine einzige Farbe beschränkt. Man kann experimentieren und mit verschiedenen Beizen Muster aufbringen, die an Intarsienarbeiten erinnern. Wichtig ist, dass die Beize nicht entlang der Maserung verfließt und sich so mit einer andersfarbigen vermischt. Wie ein Zaun verhindert, dass Vieh von einer Weide auf die andere wechselt, verhindert hier eine Rille im Holz, dass die Beize über die ihr bestimmte Fläche hinauswandert. Möchte man also unbehandeltes Holz mit verschiedenfarbigen Beizen dekorativ bemalen, muss man die Um-

▲ Beize direkt aus der Dose auftragen.

risslinien des Musters in das Holz einritzen. Zunächst malt man das Muster mit Bleistift auf das Holz. Erst wenn der gesamte Entwurf steht, ritzt man das Holz, denn spätere Korrekturen sind nicht mehr möglich.

Mit einem sehr guten Teppichmesser und vielen Klingen ritzt man das Muster tief in das Holz hinein. Ein Stahllineal mit Griff schützt die Hände vor der scharfen Klinge. Größte Sorgfalt ist geboten, wo sich verschiedene Farben in der Richtung der Maserung treffen.

Mit einem weichen Künstlerpinsel der Größe 6 oder 8 trägt man die Beize auf die vorgesehenen Felder von der Mitte her zum Rand hin auf. Ehe man die äußerste Kante ausmalt, wartet man einen Moment, denn die Beize wird von selbst bis an diese Linie verlaufen. Ein zu dicker Auftrag am Rand kann dazu führen, dass die Farbe die geritzte

▲ Mindestens drei Schichten Lack auftragen.

Begrenzung überschreitet. Passiert das, kann man sie eventuell mit der Messerklinge wegschaben. Dann vertieft man den Schnitt, der offensichtlich nicht tief genug war. Ist das Muster gemalt und getrocknet, nimmt man mit einem Lappen eventuell noch vorhandene Beize auf. Dann versiegelt man die gesamte Fläche mit mindestens drei Schichten Klarlack.

KALKEN

FÜR DAS KALKEN BENÖTIGTE MAN früher echten Kalk. Heutzutage verwendet man Pigmentpasten, denn man möchte nur den farblichen Effekt nachahmen. Der besonders für Küchenmöbel beliebte Effekt besteht darin, das Holz aufzuhellen und die üblicherweise harten Linien des rohen, dunklen Holzes etwas zu mildern. Kalken wirkt besonders gut auf tief gemaserten Harthöl-

▲ Pigmentpaste mit Stahlwolle auftragen.

zern wie Eiche. Weichere Nadelhölzer wie Kiefernholz sind nicht so gut geeignet, denn die Pigmentpaste findet keine Maserung, in die sie eindringen könnte. Im Handel gibt es weiße Pigmentpasten, doch kann man sie sich aus einer Mischung aus Wachs und Schlämmkreide auch selbst herstellen.

Zunächst muss man alle noch vorhandenen Farb- oder Lackreste mit Abbeizmitteln und/oder Schleifpapier vom Holz entfernen. Indem man mit einer harten Drahtbürste mit gehörigem Druck in Maserungsrichtung über das Holz fährt, öffnet man die Poren. Bei extrem hartem Druck kann man sogar neue Maserungen schaffen, in die die Paste besonders tief eindringt. Danach muss man den Holzstaub restlos entfernen. Nun trägt man die Pigmentpaste mit feiner Stahlwolle auf. Man arbeitet in Maserungsrichtung, dann kurz quer dazu und dann wieder in Maserungsrichtung. Die Paste füllt alle Unebenheiten. Zugleich gibt es eine Menge Überschuss, den man mit einem weichen Tuch abwischt. Bei manchen Marken entfernt man den Überschuss, solange die Paste noch feucht ist, bei anderen erst dann, wenn sie getrocknet ist. Man informiere sich anhand der Gebrauchsanweisung.

Gekalkte Hölzer sollte man nicht lackieren, denn der Lack löst die Pigmente aus dem Holz. Doch wenn man einige Tage nach dem Auftrag der Pigmentpaste das Stück mit klarer Wachspolitur bearbeitet, bekommt die Oberfläche einen feinen Glanz. Die Paste sollte völlig trocken sein, ehe man Wachspolitur aufträgt.

▲ Überschuss mit weichem Tuch entfernen.

Hilfreiche Tricks der Profis

Es gibt viele Tricks, die dem Hobby-maler die Arbeit erleichtern kön-nen. Trompe-l'œil beispielsweise gehört zu den schwierigsten Farbeffekten überhaupt, möchte man das erzielen, was der Name verspricht: das Auge zu täuschen. Die hier vorgestellten Tipps helfen dabei, täuschend echte Bilder auf Wände oder Möbel aufzubringen.

Das Antikisieren ist eine Methode, um nagelneue Stücke wie echte Antiquitäten aussehen zu lassen. Mit den zwei hier vorgestellten Methoden der Kra-kelierung kann man Holzflächen antik erscheinen lassen. Risse im Anstrich entstehen, wenn zwei miteinander unverträgliche Farbtypen übereinander gestrichen werden. Der feinere Krakelee-Effekt entsteht durch den Auftrag unterschiedlicher Lacke.

TROMPE-L'ŒIL

FANS DER FARBEFFEKTE fragen oft nach Büchern, die sich mit dem Thema Trompe-l'œil beschäftigen. Der franzö-sische Ausdruck bedeutet »Augentäu-schung« und bezeichnet eine Form der Wandmalerei, die etwas vortäuscht, was tatsächlich gar nicht vorhanden ist, etwa eine Tür oder eine Treppe.

Auch Gemälde, die einen Gegenstand so naturgetreu wiedergeben, als wäre er fotografiert, werden mit diesem Aus-druck bezeichnet. Staunend steht man vor dem Kunstwerk und fragt sich, wo ein Künstler bloß die Zeit und Geduld hernimmt, einen Gegenstand so detail-getreu abzubilden. Denn die meisten wollen eine schnelle Methode der Trompe-l'œil-Malerei erlernen.

▲ Das Bild, das man nachzeichnen möchte, als Dia auf die Fläche projizieren.

Wer schon einige der bereits vorge-stellten Farbeffekte, etwa die Imitation einer Maserung (siehe Seite 50) oder einer Steinwand (siehe Seite 48), er-folgreich ausgeführt hat, der kann auch eine Wand mit einer einfachen Trompe-l'œil-Technik verzieren.

NACH BILDERN MALEN

Hier werden Tricks für Anfänger vor-gestellt. Bühnenbildner, die beim Film oder Theater arbeiten, benutzen den einfachsten und besten Trick: Sie pro-jizieren ein Diapositiv des Motivs auf die Fläche, die sie bemalen wollen. In aller Ruhe kann man alle Linien und

Details nachzeichnen und von Zeit zu Zeit überprüfen. Eine Großaufnahme des Motivs ist hilfreich, wenn man in einem kleinen Raum arbeiten muss und den Projektor nicht beliebig be-wegen kann. Solange man arbeitet, darf man die Position des Projektors nicht verändern.

Auch ein Gemälde oder eine Zeich-nung aus freier Hand zu kopieren ist hilfreich, denn man kann sich an die Schattierungen und Detailausarbeitun-gen halten, die ein erfahrener Künstler vorgegeben hat. Ein Dia eines Gemäl-des aus einem Kunstmuseum ist eine optimale Vorlage, mit deren Hilfe man

▲ Das fertige Objekt ist ein Blickfang.

jeden Pinselstrich des Meisters auf die Wand übertragen kann. Besonders für Naturdarstellungen sind Gemälde als Vorlage besser geeignet als Fotografien.

HIMMEL UND WOLKEN MALEN

Hat man sich erst einmal mit der auf Seite 41 vorgestellten Schwammtechnik vertraut gemacht, kann man mit einem kleinen Naturschwamm auf die einfachste Weise einen echt wirkenden blauen Sommerhimmel gestalten. Als Hintergrund für Wandgemälde oder als Decke für Kinderzimmer bestens geeignet, kann ein klarer Himmel in kürzester Zeit auf eine matte Oberfläche aufgebracht werden.

Man beginnt mit dünner weißer Farbe und erhöht die Intensität der Farbgebung bei jeder neuen Farbschicht, die man mit einem Naturschwamm auftupft. Man taucht den Schwamm in Wasser und drückt ihn aus, um ihn weich zu machen. Dann stippt man ihn in die dünne weiße Farbe und drückt ihn auf Schmierpapier, damit er nicht zu viel Farbe enthält. Nun drückt man den Schwamm leicht auf die Wand, und zwar so, dass ein unten abgeflachter Kreis entsteht. Direkt daneben setzt man leicht überlappend einen weiteren abgeflachten Kreis. Als Nächstes setzt man ein ebenfalls leicht überlappendes, unten abgeflachtes Oval daneben.

Immer wenn man mit dem Schwamm neue Farbe aufnimmt oder Farbe sich überlappen lässt, gibt man der Farbe neue Tiefe. An manchen Stellen tupft man also etwas mehr Farbe auf als an anderen, sodass man bald die typischen Formen weißer Schäfchenwolken am Sommerhimmel sieht.

Betrachtet man sich die Wolken am Himmel, sieht man, dass sie unten

▲ Laubwerk mit einem Schwamm auftupfen.

meist etwas abgeflacht aussehen und nicht nur weiß sind, sondern oft einen leicht grauen Schatten aufweisen. Diesen Schatten erhält man, indem man der Farbe einen Tropfen Grau beimengt. Andererseits sind die Ränder der Wolken, wenn die Sonne hinter ihnen steht, manchmal extrem hell, was man mit ein wenig Gelb imitiert.

LANDSCHAFTEN MALEN

Um realistisch wirkende Landschaften zu gestalten, grundiert man zunächst die ganze Fläche als Himmel (siehe oben) und setzt erst dann die Details darauf. Die Basis jedes weiteren Abschnitts des Gemäldes füllt man zunächst mit heller Farbe. Für den landschaftlichen Hintergrund könnte man beispielsweise verschiedene helle Grüntöne verwenden. Schattierungen erzielt

▲ Den Hintergrund mit breitem Pinsel malen.

man, indem man den nächstdunkleren Farbton in verdünnter Form aufträgt. Stellen, die besonders hell hervortreten sollen, weil sie wie von der Sonne beschienen wirken sollen, übermalt man mit verdünntem Weiß.

Bemalt man eine Wand, sollte die Lichtquelle des Bildes mit den realen Gegebenheiten des Zimmers übereinstimmen, die Sonne sollte also durch echte Zimmerfenster einzufallen scheinen. Zunächst wird der Effekt fürchterlich aussehen, doch im Verlauf der Arbeit wird sich der Gesamteindruck positiv verändern.

Wie detailgetreu man arbeiten möchte, bleibt jedem selbst überlassen. Bäume sind ein guter Ausgangspunkt. Die Stämme und Äste malt man mit feinem Pinsel, das Laub tupft man mit einem Naturschwamm. Man kann Vorlagen abpausen, kopieren, vergrößern oder

▲ Mit feinem Pinsel Details einfügen.

der Malerei Struktur verleihen, indem man der Farbe zum Beispiel Sand beimischt. Für feine Linien kann man angespitzte Ölkreide und für die Umrisse Marker nehmen. Mit Goldstiften lässt sich einfacher arbeiten als mit Goldfarbe und mit weichen Bleistiften kann man schattieren. Schließlich bedenke man, dass impressionistische Gemälde ebenso bewundert werden wie realistische.

SCHATTIERUNGSTRICKS

Schattierungen baut man in stark verdünnten Farblagen auf und vertreibt sie mit einem Schlichtpinsel zur Hauptfläche des dargestellten Gegenstands hin.

Um herauszufinden, wo Schatten und Licht auf einem Bild erscheinen sollten, stellt man sich vor, dass es draußen heftig schneit und der Wind die Flocken schräg durchs Fenster bläst. Dort, wo der vorgestellte Schnee die Gegenstände des Gemäldes direkt treffen würde, setzt man die hellen Stellen mit verdünntem Weiß. Die Schatten gehören an die Stellen, an die der Schnee kaum oder gar nicht hinkommen würde.

▲ Eine ideale Landschaft für ein Kinderzimmer.

53

ANTIKISIEREN

ALTERUNG MIT LASUR

Jeder Farbeffekt kann so nachbehandelt werden, dass man den Eindruck bekommt, ein sehr altes Stück vor sich zu haben. Die einfachste Möglichkeit besteht darin, dem Objekt in wenigen Minuten das Aussehen eines Gegenstands zu geben, der jahrelang auf einem Dachboden Staub angesammelt hat. Zusätzlich kann man falsche Risse, Sprünge oder Holzwurmlöcher aufmalen oder einen Teil der Farbe wie abgeblättert erscheinen lassen.

Zunächst trägt man die Patina von Staub und Schmutz auf den Gegenstand oder die Wand auf. Man mischt Lasur auf Acryl- oder Ölbasis mit einer Farbe, die dunkler ist als die zu behandelnde Oberfläche, etwa mit lichtem Ocker für eine sehr helle oder Umbra natur für eine dunklere Fläche. Die Lasur sollte schwach, aber nicht zu dünn sein und die Konsistenz von Kaffeesahne aufweisen, die man erhält, indem man 0,5 l Lasur mit 1 Teelöffel entsprechender Künstlerfarbe mischt. Diese Lasur verreibt man mit einem Lappen auf den Ecken des Gegenstands oder der Wand und achtet darauf, dass sie vor allem in vorhandene Risse eindringt. Erst wenn das Tuch keine Farbe mehr zu enthalten scheint, arbeitet man zur Mitte hin. Keinesfalls darf man die Lasur auf der ganzen Fläche verteilen, denn dann verdunkelt man lediglich die ganze Far-

▲ Die Kanten mit Stahlwolle bearbeiten.

be, erzielt aber keinen Alterungseffekt. Man stellt sich vor, wo sich der Staub am dicksten ablagern würde, und bringt dort die Lasur auf. Es ist besser, die Patina in Schichten aufzubauen, als von vornherein eine sehr dunkel abgetönte Lasur zu verwenden.

Eine andere Methode, ein gestrichenes Stück zu antikisieren, besteht darin, einen Teil der Farbe mit feinkörnigem Schleifpapier oder Stahlwolle abzuschleifen. Zusätzlich kann man eine Alterungslasur wie beschrieben auftragen. Es mag herzlos erscheinen, frisch aufgetragene Farbe abzuschleifen, doch der Effekt ist eindrucksvoll, besonders bei Möbeln. Man verwende nur feinkörniges Schleifpapier.

Holzwurmlöcher malt man entweder als winzige Pünktchen mit dem Pinsel auf oder man bohrt sie mit einem sehr feinen Bohrer. Risse malt man mit dun-

kelbrauner Farbe mit einem feinen Pinsel von einer Ecke oder einer Kante ausgehend auf, an der sich natürlicherweise ein Riss gebildet haben könnte. Eine feine Schattierung mit Weiß oder einer helleren Farbe an Stellen, an denen die Sonne auf den Riss treffen könnte, verstärkt den Eindruck.

GETÖNTES WACHS

Im Handel ist eine große Auswahl an speziellen Wachsen zum Antikisieren

▲ Dunkel getöntes Wachs.

erhältlich. Man kann sie allein oder in Kombination mit den soeben beschriebenen Lasuren verwenden. Walnussfarbene Wachse sind sehr gut zum Antikisieren gestrichener Oberflächen geeignet, denn sie haben eine antik wirkende Farbe und verleihen dem Gegenstand auch einen sanften Mattglanz. Man beachte aber, dass die Wachse die gestrichene Oberfläche auch wie vergilbt wirken lassen können.

Bei gelackten Oberflächen beachte man, dass Wachs nur auf Mattlacken haftet. Seiden- oder Hochglanzlacke muss man erst mit feiner Stahlwolle aufrauen. Man trägt das Wachs mit einem Lappen oder mit Küchenpapier auf und lässt es etwa eine halbe Stunde einziehen, ehe man es mit einem Lappen zu gutem Glanz poliert.

KRAKELIERUNGEN

MAN UNTERSCHEIDET ZWEI Typen von Krakelierungen: Bei der einen Methode sieht die Farbe wie gesprungen aus und scheint abzublättern; bei der anderen Methode, dem klassischen Krakelee, ist die Farbe völlig intakt, lediglich der darüber gelegte Lack erscheint gesprun-

▲ Antikisierungslasur auf das Objekt auftragen.

gen und wie mit einem Netz feiner Risse überzogen. Ehe man sich für den einen oder anderen Effekt entscheidet, sollte man sich überlegen, wie das Objekt später aussehen soll. Ohnehin ist keiner der beiden Effekte für große Flächen wie Wände oder Türen geeignet, denn beide erfordern schnelles Arbeiten und sind nur schwer zu kontrollieren.

GESPRUNGENE FARBE

Hier weist die oberste Farbschicht Risse und Sprünge auf, wie zum Beispiel bei einem gestrichenen Gartenzaun, der im Freien Wind und Wetter ausgesetzt war.

Ehe die Farbe tatsächlich abblättert, wird sie entlang der Linien rissig, in denen beim ursprünglichen Auftrag der Pinsel geführt wurde. Die Technik, die man horizontal oder vertikal anwenden kann, eignet sich für Flächen, die nicht größer sind als 60 cm², oder für Streifen, die nicht breiter als 30 cm sind.

Man trägt eine Grundierung aus Dispersionsfarbe auf und lässt sie vollstän-

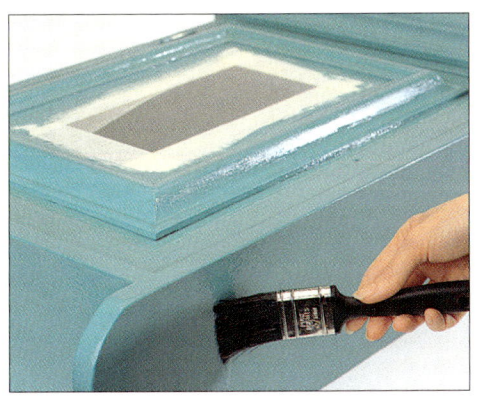

▲ Reißlack auf die Grundfarbe auftragen.

dig trocknen. Diese Farbe wird später durch die feinen Risse hindurch sichtbar sein. Dann trägt man mit einem Flachpinsel oder Roller eine satte Schicht Reißlack oder Peelingmedium

▲ Eine zweite Schicht Farbe aufbringen.

▲ Mit Reißlack erzielter Alterungseffekt.

auf, und zwar ausschließlich in der Richtung, in der man später die meisten Risse haben will. Der milchige Reißlack trocknet klar. Wenn er völlig getrocknet ist, trägt man die zweite Schicht Dispersionsfarbe auf, und zwar wiederum in der für die Risse gewünschten Richtung. Man sollte den Pinsel gut mit Farbe füllen und diese in jeweils einer Richtung in einem Zug aufstreichen. Aufgetragene Farbe nicht noch einmal übermalen! Sobald die Farbe zu trocknen und dabei zu schwinden beginnt, zeigen sich Risse auf der Oberfläche. Zum Schutz des Effekts sollte man zuletzt zwei Schichten Klarlack auftragen.

KRAKELEE

Wenn man einen nicht ofenfesten glasierten Porzellanteller unter den heißen Grill stellt, reißt die Glasur und bricht in ein typisches Netzwerk feiner Risse auf. Dieser Effekt wird bei Keramiken und Glasoberflächen gern künstlich erzeugt. Auch auf alten Ölgemälden zeigen sich diese Krakelees häufig.

Die Technik ist ideal für Gegenstände, die in kleinen Abschnitten bearbeitet werden können. Die benötigten Lacke, ein Grundlack auf Ölbasis und ein schnell trocknender Reißlack auf Wasserbasis, sind in Fertigsets im Angebot.

Auf die mit Seidenglanzlack auf Wasserbasis bemalte Oberfläche streicht

man eine dünne Schicht Krakelürenlack auf Ölbasis. Zugleich streicht man auf eine Probefläche ein wenig von diesem Lack, um zu testen, wann der Lack zum zweiten Aufstrich bereit ist. Wünscht man größere Risse, trägt man den zweiten Lack auf, solange sich der Grundlack noch klebrig anfühlt. Sollen sehr kleine Risse entstehen, lässt man den Grundlack auf Ölbasis austrocknen, ehe man den wasserlöslichen Reißlack aufträgt. Wenn das Stück vollkommen getrocknet ist und man die Risse erkennen kann, gibt man einen Tupfen Künstleracrylfarbe (Umbra natur) auf einen weichen Baumwolllappen, verteilt sie über der ganzen Oberfläche und wischt sie sofort danach wieder ab. Die Farbe bleibt in den Rissen haften und lässt sie so deutlicher hervortreten. Man kann auch Ölfarbe nehmen, die man mit Terpentinersatz abwischt. Zum Schluss sollte man zwei schützende Schichten Klarlack auftragen.

NÜTZLICHE TIPPS:
Krakelee schneller trocknen

• Trocknet der Grundlack auf Ölbasis zu langsam, kann man mit einem Fön nachhelfen, den man aber nur auf ein schwaches Gebläse einstellen sollte. Besser ist es, den Lack unter einer warmen Lampe oder in der Nähe eines Heizkörpers trocknen zu lassen. Diese Technik sollte man nicht an einem regnerischen oder feuchten Tag anwenden, denn dann werden die Risse nur sehr zögerlich auftreten.

▲ Krakelee ist ein beliebter Effekt.

Spezialfarben und Techniken

MANCHE OBERFLÄCHEN erfordern spezielle Farben und Maltechniken. Bevor man ein Projekt beginnt, muss man sich also unbedingt kundig machen, ob eine besondere Farbe nötig ist. Für die meisten Oberflächen wie Glas, Porzellan und Stoffe gibt es Spezialfarben, die auf diesen Oberflächen optimal haften. Malen aus freier Hand, wie zum Beispiel bestimmte Formen der Bauernmalerei, erfordert bestimmte Techniken, die aber leicht zu erlernen sind. Beherrscht man sie, kann man Gegenstände mit eindrucksvollen Mustern verzieren. Man beginnt mit kleinen Objekten, um schnell gute Ergebnisse zu erzielen. Diese Erfolge liefern dann das nötige Selbstvertrauen, um sich an größere Projekte zu wagen.

GLAS- UND PORZELLANFARBEN

DER HANDEL BIETET dem Hobbymaler eine große Auswahl an Glas- und Porzellanfarben. Die meisten dieser Farben haben eine Azetonbasis und sind widerstandfähig genug, um einen sanften Spülvorgang mit mildem Seifenwasser zu überstehen. Spülmaschinenfest sind die Farben allerdings nicht. Azeton ist die Grundsubstanz von Nagellackentferner; Glas- und Porzellanfarben sind also so etwas Ähnliches wie Nagellack. Mit Azeton kann man sie so weit verdünnen, bis sie so leicht und durchsichtig werden wie Wasserfarben. In diesem Zustand kann man sie auf Glas tropfen und ineinander verlaufen lassen. Die Farben trocknen sehr rasch und ein schlechter Anstrich kann nur verändert werden, indem man die ganze Farbe mit Azeton abwischt.

Möchte man bemalte Glasfenster gestalten, die wie Kirchenfenster aussehen sollen, braucht man Bleiimitat, das in Tuben mit langer Tülle verkauft wird, aus der man die Masse direkt auf das Fenster spritzen kann, um die Umrisse der Farbfelder abzugrenzen.

Damit keine Pinselspuren auf der bemalten Fläche zurückbleiben, verwendet man weiche Künstlerpinsel. Die Pinsel sollte man sofort nach Verwendung mit Azeton oder Nagellackentferner auswaschen.

Bemalte Keramik sieht sehr dekorativ aus, ist aber nicht für den täglichen Gebrauch geeignet: Möchte man das Porzellan oder die Keramik benutzen, muss man es nach dem Bemalen in einer Werkstatt in einem besonderen Ofen brennen lassen.

NÜTZLICHE TIPPS: Glas besprühen

• Glasfarbe fasziniert besonders, wenn man sie aufsprüht, denn sie wirkt dann wie ein feiner Farbnebel. Ein gelungenes Beispiel ist die »Duschwand mit Fischen« (siehe Seiten 193–195).

STOFFFARBEN

WENN MAN STOFFE BEMALT, muss man die jeweils geeigneten Farben und passenden Fixierungen auswählen, damit der Stoff auch waschbar ist, ohne dass die Farben ausbluten. Dennoch sollte man selbst bemalte Stoffe von der normalen Wäsche fern halten und nur mit der Hand waschen. Die meisten Stofffarben sind flüssig und werden vom Stoff aufgesogen, aber manche sind pastös und machen den Stoff nach dem Trocknen etwas hart.

▲ Glasfarben können aus langweiligen Gläsern bunte Unikate machen.

▲ Leuchtende Farben auf weißer Seide.

Am besten spannt man den Stoff, den man bemalen will, straff in einen Rahmen. Da die flüssigen Farben in den Stoff eindringen, kann es sein, dass sie sich über das Feld, das man ausmalen möchte, hinausbewegen. Deshalb zieht man mit einer Guttapercha genannten Masse zunächst Umrisslinien vor, die wie eine natürliche Barriere wirken. Guttapercha ist eine Art Flüssiggummi,

▲ Stofffarben sind überall erhältlich.

das es farblos und in vielen Farben in Pipettenfläschchen gibt, aus denen man die Guttapercha direkt auf den Stoff auftragen kann. Später kann man sie auswaschen, sodass eine glatte Oberfläche zurückbleibt.

Alle Stofffarben müssen nach dem Trocknen fixiert werden, entweder durch heißes Bügeln oder durch Wasserdampf im Druckkochtopf.

Einen ganz besonderen Effekt kann man mit Seidenmalfarben erzielen, wenn man auf die noch feuchte Farbe Körnchen von Haushaltssalz streut. Das Salz nimmt die Feuchtigkeit auf und die Farbe wirkt dann wie ein explodierendes Feuerwerk. Stoff kann bedruckt, als Batik eingefärbt oder aus freier Hand bemalt werden. Zum Bedrucken sind pastösere Farben nötig, die nicht so leicht verlaufen.

MALEN AUS FREIER HAND

ES GIBT EINE REIHE dekorativer Farbtechniken, die nicht mehr erfordern als ein paar kleine Künstlerpinsel und eine Palette voller Farben. Eine kleine Verzierung aus freier Hand lässt sich schneller auftragen, als erst eine Schablone oder einen Druckstempel herzustellen.

Einige der Tricks aus dem Kapitel über Trompe-l'œil (siehe Seiten 52–53) können auch hier von Nutzen sein. So kann man projizierte Dias oder Kohlepapier verwenden, um ein Muster zu übertragen. Auch Transparentpapier kann man verwenden.

Zum Einstieg kann man ein Muster mithilfe einer Schablone auf die Oberfläche bringen und dieses Muster dann aus der freien Hand ausmalen, schattieren, konturieren oder aufhellen. Man verwendet die Schablone als Leitfaden, als male man nach Zahlen.

Natürlich muss man nicht mit Pinsel und Farbe arbeiten. Man kann ebenso gut Ölkreiden, Stifte aller Art und Sprühfarben verwenden. Weiß man genau, wie das Ergebnis aussehen soll, hat aber keine Ahnung, wie der Effekt zu erzielen ist, holt man sich Rat in einem Künstlerbedarfsgeschäft, welche

Farben und Produkte für das Projekt am besten geeignet sind.

Es empfiehlt sich, zunächst nur mit einer kleinen Farbpalette zu arbeiten – aus Rot, Blau, Gelb, Weiß und Umbra natur lassen sich alle erforderlichen Farben mischen. Lediglich ein kräftiges Grün könnte die Palette ergänzen, falls das aus Blau und Gelb gemischte Grün nicht leuchtend genug ist. Schwarz wird nur selten benötigt, und zwar ausschließlich. Umbra natur macht jede Farbe dunkler. Künstlerfarben aus der Tube reichen lange und sind preiswert. Meist braucht man nur kleine Farbtupfen auf der Palette, um einen kleinen bis mittelgroßen Gegenstand mit einem Motiv zu bemalen. Künstlerfarben mit dem Etikett »Schulqualität« sollte man meiden, denn sie bleichen rasch aus.

Bei den Pinseln sind mitteldicke, runde Künstlerpinsel mit weichen Haaren die richtige Wahl. Feucht bilden sie eine feine Spitze. Kurze Haare sind leichter zu handhaben, lange hingegen halten mehr Farbe. Für lange Pinselstriche, etwa für Äste eines Baums oder für Blumenstängel, ist ein Langhaarpinsel fast unverzichtbar: Die langen Haare gewährleisten einen gleichmäßigen langen Farbfluss, ohne dass man absetzen und neue Farbe aufnehmen muss.

Statt einer Palette kann man einen ganz normalen flachen Porzellanteller verwenden. Wenn man ihn mit Klarsichtfolie abdeckt, dann spart man sich das spätere Abspülen der Farbe.

Die Pinsel sollte man immer feucht halten und sofort nach Beendigung der Arbeit gründlich auswaschen. Pinsel niemals mit den Haaren nach unten im Wasser stehen lassen oder die Farbe darin antrocknen lassen, denn beides schadet den empfindlichen Haaren.

▲ Umrisse durch Transparentpapier übertragen.

▲ Die Details mit freier Hand ausmalen.

▲ Ein mit Bauernmalerei verzierter Kessel.

BAUERNMALEREI

IM EUROPÄISCHEN KULTURKREIS hat sich im Laufe der Zeit eine besondere Form der Freihandmalerei herausgebildet, die vor allem Blumenmotive verwendet und die man umfassend als Bauernmalerei bezeichnen könnte. Egal ob Haushaltsgegenstände, Kleinmöbel oder auch Schränke, Betten, Truhen und Kommoden – alles wurde gestrichen und dann mit Blumenmotiven in einer bestimmten Technik ausgeschmückt, die auf diesen Seiten vorgestellt wird. Wenn man als Hintergrund eine dunkle Farbe wählt, kommen die in leuchtenden Farben aufgemalten Motive besonders gut zur Geltung.

DIE STRICHFÜHRUNG

1. ROSENBLÜTENBLÄTTER
Rosenblüten malt man in dieser Reihenfolge: erst zwei Innenblätter, dann, von links nach rechts, drei große äußere Blütenblätter, denen am unteren Rand noch drei kleine Blätter folgen. Wenn die Farbe trocken ist, mit Gelb drei Staubfäden einfügen. Den Pinsel senkrecht halten und so auf den Untergrund drücken, dass die Haare zur Hälfte flach aufliegen. In schwungvoller Kurve einen leichten Bogen zeichnen, dabei den Pinsel anheben, bis nur noch die Spitze die Fläche berührt.

2. DEKORATIVE WELLENLINIEN
Den Pinsel senkrecht aufsetzen, sodass nur die Haarspitzen den Untergrund berühren. Dann von links nach rechts eine schwungvolle Kurve beschreiben, dabei den Pinsel aufdrücken und sofort wieder anheben.

3. GÄNSEBLÜMCHENBLÄTTER
Das erste Viertel des Pinsels auf die Oberfläche drücken, nach rechts wegziehen und dabei anheben. Verwendet man den Strich als waagrechte Verzierung, kann man jeweils mit der Pinselspitze einen Punkt dazwischensetzen.

4. DÜNNE STRICHE FÜR STAUBFÄDEN
Die Pinselspitze auf die Oberfläche drücken, schwungvoll nach links (oder zur spitz auslaufenden Seite hin) wegziehen und dabei anheben.

5. KLEINE ROSENBLÜTENBLÄTTER
Die Pinselführung ist die gleiche wie bei den Rosenblütenblättern (1), doch setzt man weniger Pinselfläche auf und zieht kleinere Bögen.

6. BLÄTTER
Man beginnt und endet auf der Pinselspitze. Dazwischen malt man mit verstärktem Druck eine von oben nach unten verlaufende schwungvolle Kurve mit linksseitiger, dann, nach neuem Ansatz, mit rechtsseitiger Ausbuchtung. Zuletzt die Mitte ausfüllen.

7. LANGE UND GEBOGENE LINIEN
Sie werden im Prinzip wie die unter Punkt 4 beschriebenen Linien für Staubfäden gemalt, nur dass man sie mit wenig Druck von oben nach unten zieht.

Grundsätzlich gilt: Den Farbauftrag sollte man immer von der breiteren Seite beginnend schwungvoll zum feinen Ende hin führen.

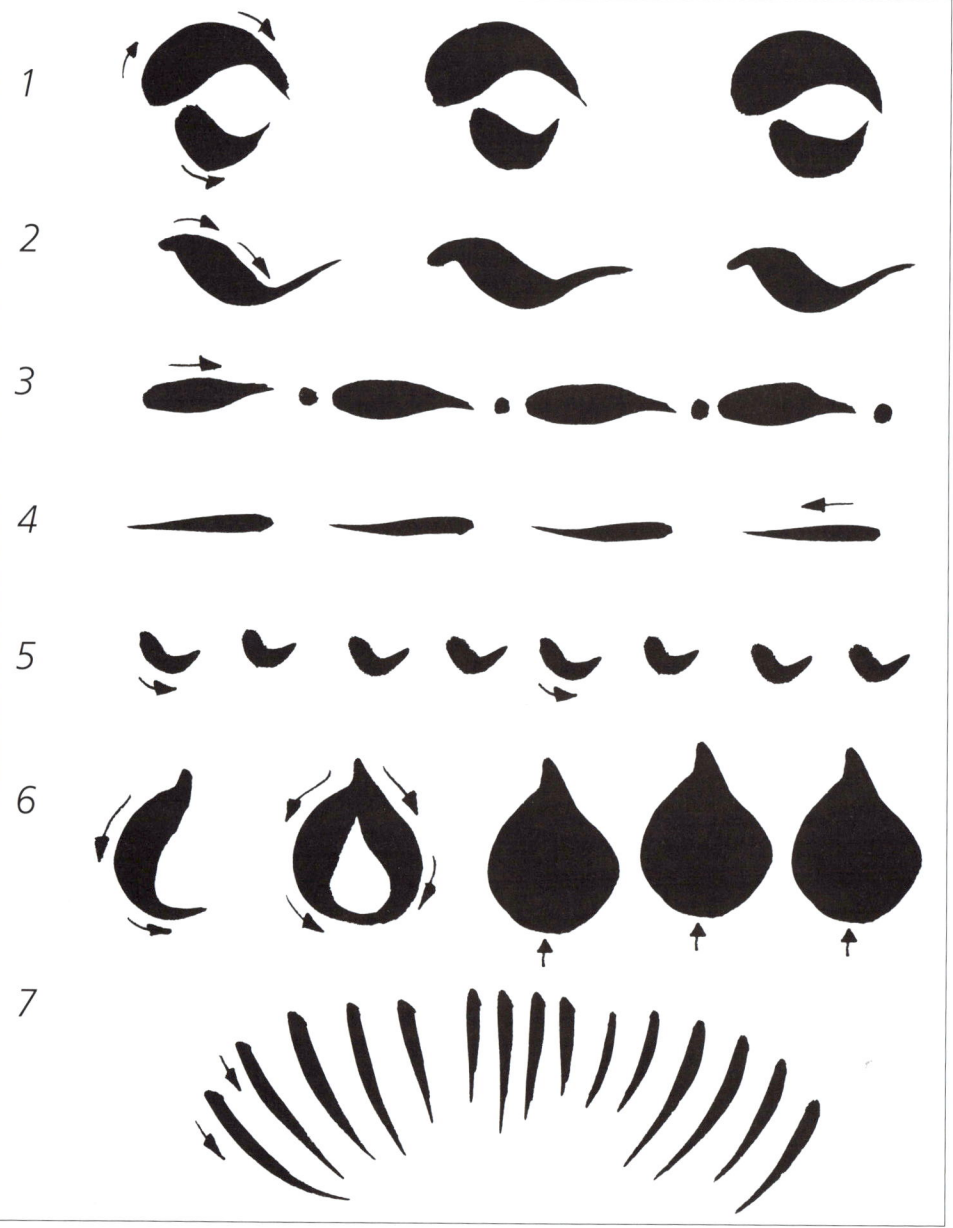

▲ Die Pinselführung bei der Bauernmalerei.

FARBEN UND FORMEN

ROSEN

• GELBE ROSE: Man beginnt mit einem Kreis in Orange, auf den man dunkelrote Schatten setzt. Mit sauberem Pinsel malt man gelbe Blütenblätter und Staubfäden dazu.

• WEISSE ROSE: Man beginnt mit einem Kreis in Hellrot, auf den man rote Schatten setzt. Mit sauberem Pinsel malt man weiße Blütenblätter und gelbe Staubfäden dazu.

• ROTE ROSEN: Man beginnt mit einem Kreis in Braunrot, auf den man schwarze Schatten setzt. Mit sauberem Pinsel malt man rote Blütenblätter und gelbe Staubfäden dazu.

▲ Orangeroter Kreis und dunkelrote Schatten.

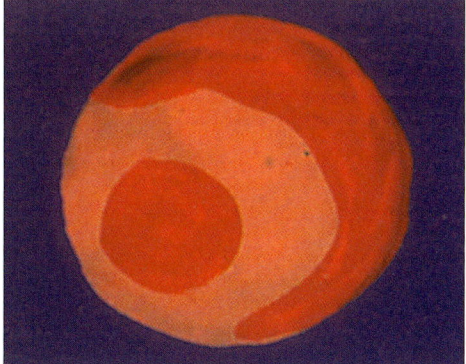

▲ Hellroter Kreis und rote Schatten.

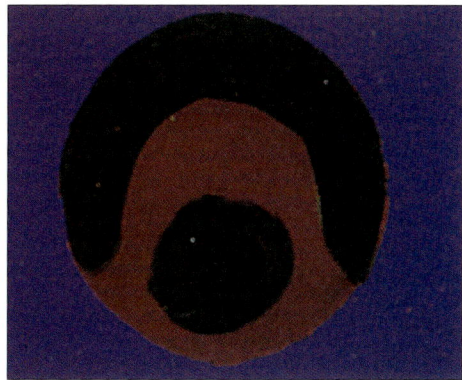

▲ Braunroter Kreis und schwarze Schatten.

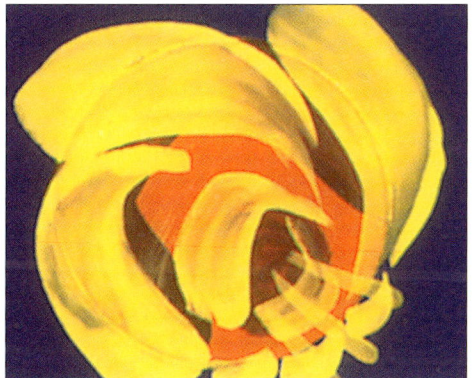

▲ Gelbe Blütenblätter hinzufügen.

▲ Weiße Blütenblätter und gelbe Staubfäden.

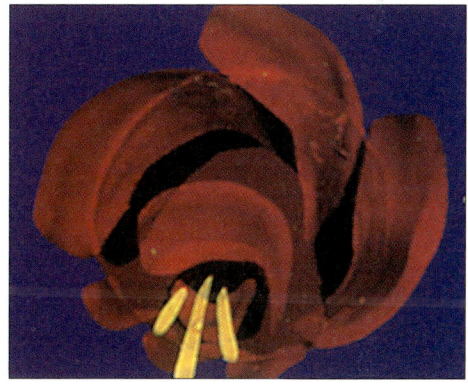

▲ Rote Blütenblätter und gelbe Staubfäden.

GÄNSEBLÜMCHEN

Man beginnt mit einem Kreis weißer Blütenblätter. Ist die Farbe getrocknet, setzt man in die Mitte einen gelben Kreis. Ist dieser trocken, setzt man in Rot auf die eine Seite des gelben Flecks einen schwungvollen Halbkreis.

BLÄTTER

Für die Blätter verwendet man ein abgetöntes Grün. Die Mitte füllt man mit einem mit Umbra weiter abgetönten Grün aus. Die Blattrippen kann man in Gelb oder auch in leuchtendem Grün einsetzen.

ANDERE BLÜTEN UND MOTIVE

MAN IST NATÜRLICH NICHT auf Rosen und Gänseblümchen beschränkt. In der gleichen Weise wie hier beschrieben kann man andere einfache Blüten gestalten, etwa kleine violette Veilchen, hellblaue Vergissmeinnicht oder verschiedenfarbige Stiefmütterchen. Man schaut sich die Blüten in der Natur an und gestaltet sie dann frei nach den hier vorgestellten Anweisungen. Ebenfalls hilfreich ist ein Blick auf echte Bauernmöbel und ihre Bemalung, zu der oft auch Menschen, Tiere und andere Motive gehören, die schon mehr künstlerisches Talent und mehr Übung erfordern. In jedem Fall empfiehlt es sich für den Anfänger, erst ein paar Probestücke anzufertigen.

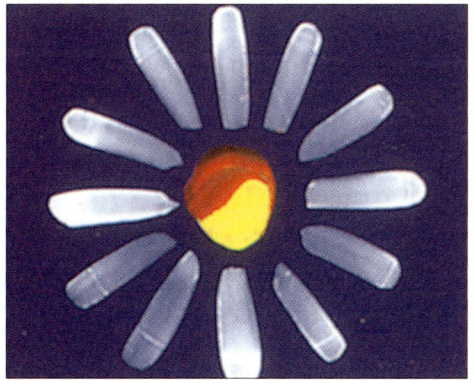

▲ Gelber Akzent auf roter Mitte.

▲ Grünes Blatt mit gelben Rippen.

Schablonieren

DIE ARBEIT MIT SCHABLONEN ist eine einfache dekorative Technik, die einem ganzen Zimmer, einem einzelnen Möbelstück oder einem anderen Gegenstand ein völlig neues Erscheinungsbild verleihen kann. Außerdem ist es eine billige Methode, um Farbeffekte zu erzielen, denn man braucht nur ein bisschen Farbe, ein paar Utensilien und viel Fantasie.

Die Anwendungsmöglichkeiten dieser Technik sind nahezu unbegrenzt: Mit Schablonen kann man winzige Kästchen und Schächtelchen ebenso verzieren wie Sofakissen, Lampenschirme, Fenster und Wände.

Anfänger sollten mit einfachen Motiven beginnen, um ein Gefühl für diese Technik zu entwickeln und um von Anfang an Erfolge zu erzielen.

SCHABLONEN ENTWERFEN

IN BAUMÄRKTEN und Bastelgeschäften gibt es Vorlagen und fertige Schablonen mit allen möglichen Motiven und Mustern in allen Größen. Bei einem individuellen Entwurf muss man sich seine Schablonen selbst gestalten. Vieles bietet sich als Vorlage an. Manche lassen sich von Mustern aus ihrem Zuhause inspirieren, die sich auf Polsterbezügen, Teppichen, Vorhängen o. Ä. befinden. Trifft das auch auf Sie zu, sollten Sie das Muster einfach abpausen.

Man konzentriert sich auf ein hervorstechendes Element, lässt alles Beiwerk beiseite und schaut, ob es für sich allein wirkungsvoll ist. Ein einzelnes Motiv ist meist einfacher zu handhaben als Schablonenmotive, die sich in langer Reihe wiederholen sollen. Für Motivketten eignen sich Blätter oder Schneckenmuster als Verbindungen.

Hat man ein Motiv entdeckt, legt man Transparentpapier darüber und zeichnet den Umriss mit einem weichen Bleistift genau nach. Bei den Innenlinien lässt man diejenigen weg, die beim späteren Schneiden der Schablone störend wären. Eventuell muss man das ganze Motiv zunächst schablonengerecht bearbeiten, denn man

▲ Das Motiv vorsichtig nachzeichnen.

muss bei der Arbeit immer beachten, dass Schablonen »negative Räume« sind, d. h., die ausgeschnittenen Felder bilden später das Muster. Der negative Raum muss also immer von geschlossenem positivem Raum umgeben sein, damit das Motiv eine Umrisslinie hat und optisch nicht zerfällt.

Manchmal muss man eigene Umrisslinien und Verbindungsstege schaffen. Eine Traube zum Beispiel erhält ihr Aussehen durch die äußere Form und die Innenform der einzelnen Weinbee-

NÜTZLICHE TIPPS: Seitenverkehrtes Motiv

• Hat man ein Motiv gefunden, das in Form und Größe für eine Schablone zwar ideal wäre, aber leider in die falsche Richtung weist, so überträgt man es auf Transparentpapier und dreht dann das Papier einfach um, sodass das Motiv spiegelverkehrt erscheint. Manche gekaufte Schablonen kann man beidseitig verwenden, doch sollte man sie nach Gebrauch sorgfältig reinigen, ehe man sie umgedreht anlegt, damit man die Fläche nicht mit Farbe verschmiert. Von selbst geschnittenen Schablonen sollte man mehrere für beide Positionen haben.

▲ Mit einem Passepartout sucht man nach einem Motiv für die Schablone.

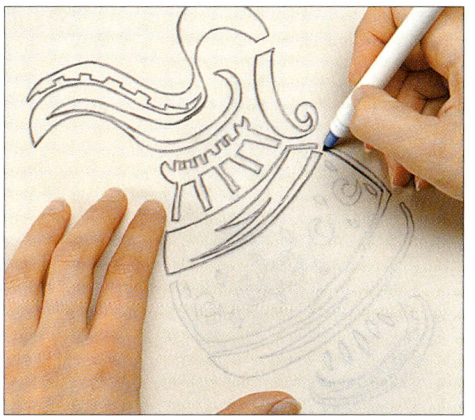

▲ Die auszuschneidenden Felder ummalen.

▲ Vergrößern mit einem Raster.

EINZELMOTIVE ZUSAMMENSTELLEN

Möchte man ein großes Motiv aus Einzelteilen zusammenstellen, so legt man die zunächst nur an den Umrisslinien ausgeschnittenen Elemente auf einer Unterlage zurecht, bis das Motiv gefällt.

Man fixiert es mit Fixogumm oder ablösbarem Sprühkleber. Dann legt man Transparentpapier auf die Collage und zeichnet das gesamte Motiv mit einem weichen Bleistift oder einem Faserschreiber nach. Schon dabei berücksichtigt man die nötigen Stege und Verbindungsbrücken. Gelegentlich wird man das Transparentpapier hochheben, um zu prüfen, ob keine Linien vergessen sind und wie das Muster ohne die Unterlage wirkt. Gefällt es einem nicht, kann man die Teile wieder ablösen und neu arrangieren, um andere Zusammenstellungen auszuprobieren.

Um die Symmetrie des Entwurfs zu prüfen und Fehlstellen oder mangelnde

ren. Diese müssen einzeln ausgeschnitten werden, doch müssen alle Ausschnitte mit feinen Stegen verbunden sein, damit später jede einzelne Weinbeere von der anderen unterscheidbar bleibt. Diese Stege sollten mindestens 5 mm dick sein: Sind sie schmaler, könnten sie brechen oder die Farbe darunter könnte verlaufen und das Bild verwischen. Aus diesem Grund ist ein klares Motiv mit wenigen Stegen einfacher zu handhaben als komplizierte, detailreiche Muster.

VERKLEINERN UND VERGRÖSSERN

Manche Motive muss man vergrößern, andere verkleinern. Dafür gibt es verschiedene Möglichkeiten.

• FOTOKOPIEREN: Bei vielen modernen Fotokopiergeräten kann man beim Kopieren zugleich die Größe verändern. Das auf Transparentpapier übertragene Motiv oder das Original wird einfach in der entsprechenden Größenangleichung fotokopiert. Sinnvollerweise fertigt man mehrere Kopien an, auch eine in Originalgröße.

• RASTER: Eine etwas mühevollere, aber brauchbare Methode. Ist das Original beispielsweise 20 cm hoch, wünscht man es aber in 40 cm Größe, so überzieht man es mit einem Quadratraster von 1 × 1 cm großen Kästchen. Dann zeichnet man sich ein Raster von 2 × 2 cm großen Kästchen und überträgt das Motiv Kästchen um Kästchen aus der freien Hand auf die doppelte Größe. Normales Karopapier oder Millimeterpapier ist eine gute Ausgangsbasis für die Raster, die dann sehr genau ausfallen. Die Linien des neuen

Rasters zieht man mit dünnem Faserschreiber nach, das Motiv überträgt man mit Bleistift, sodass man Fehler wegradieren kann, ohne das Raster zu beschädigen.

Zum Verkleinern verfährt man umgekehrt: Man überzieht das Original mit einem großen Raster und überträgt auf ein kleineres.

• STORCHSCHNABEL: Dieses auch Pantograf genannte Profigerät besteht aus vier Schenkeln, die ein bewegliches Parallelogramm bilden. Die Arbeit mit diesem Gerät ist nicht ganz leicht und erfordert etwas Übung, doch das Ergebnis kann sehr genau ausfallen. Während man mit einem am Gerät befestigten Stift das Original Linie um Linie nachfährt, zeichnet ein zweiter, an einem passenden Punkt durch das Gerät gesteckter Stift das Original kleiner oder größer auf ein anderes Blatt. Für den einmaligen Gebrauch wird man sich das Gerät nicht zulegen, doch für häufige Verwendung ist es nützlich. Viele Hobbymaler behaupten auch, der Gebrauch des Storchschnabels habe ihre Hand-Augen-Koordination verbessert.

▲ Das Motiv aus Einzelteilen zusammenstellen.

Übergänge zu finden, hält man den auf das Transparentpapier übertragenen Entwurf mit der Zeichnung nach außen gegen das Licht oder die Fensterscheibe.

▲ Vergrößern mit dem Storchschnabel.

▲ Das Motiv auf Transparentpapier übertragen.

SCHABLONEN HERSTELLEN

SCHABLONENPAPIER

Als Nächstes muss man entscheiden, aus welchem Material man die Schablone herstellen möchte. Die Wahl des Papiers entscheidet auch, wie schnell sich die Schablone herstellen und wie gut und wie lange sich damit arbeiten lässt.

• GEÖLTER MANILAKARTON: Eine traditionelle Wahl zur Herstellung von Schablonen, denn der durch Leinöl oder Schellack wasserfest gemachte Karton ist fest und doch leicht zu schneiden. Allerdings gibt es ihn meist nur in den Größen DIN A2 und DIN A3, was für größere Motive oder viele Wiederholungen ungünstig ist. Da das Papier undurchsichtig ist, muss man das Motiv unter Umständen erst auf Transparentpapier und von dort im Abdruckverfahren auf den Karton übertragen.

▲ Manilakarton lässt sich gut schneiden.

• AZETATFOLIE: Ein sehr haltbares Schablonenmaterial, das oft auch für kommerziell hergestellte und verwendete Schablonen benutzt wird. Da die Folie transparent ist, kann man Motive direkt mit einem Folienschreiber darauf übertragen und auch die korrekte Positio-

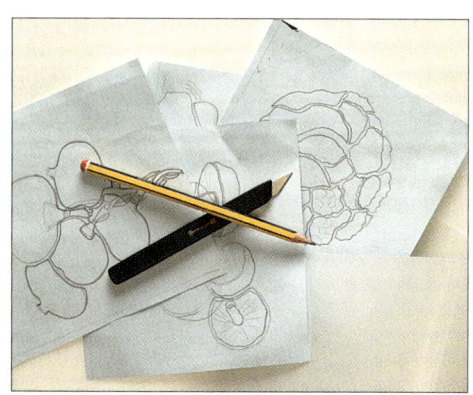

▲ Azetatfolie für haltbare Schablonen.

▲ Transparentpapier lässt sich gut schneiden.

nierung vor dem Farbauftrag überprüfen. Andererseits kann man mit dem Cutter leicht abrutschen und Fehlschnitte setzen, da die Folie sehr glatt ist. Das Schneidemesser immer vorsichtig handhaben und mit gleichmäßigem Druck schneiden.

• TRANSPARENTPAPIER: Ein Material, das die guten Eigenschaften der beiden vorgenannten vereinigt: Es ist haltbar, durchsichtig und lässt sich leicht schneiden. Außerdem kann man es direkt durch den Fotokopierer laufen lassen, was die Übertragung bei gleichzeitiger Größenveränderung von Motiven sehr vereinfacht.

MOTIVÜBERTRAGUNG

Wenn möglich fotokopiert man den endgültigen Entwurf auf ein Blatt Transparentpapier. Damit erhält man zugleich eine Sicherungskopie. Aus den durchsichtigen Papieren kann man das Design direkt ausschneiden, aber bei Manilakarton muss man das Motiv erst darauf übertragen. Dafür gibt es verschiedene Möglichkeiten.

• RASTERÜBERTRAGUNG: Genau wie beim Verkleinern oder Vergrößern (siehe Seite 61) legt man ein Quadratraster über das Original und den Manilakarton. Man wählt gleich große Quadrate und überträgt das Motiv von Hand, und zwar Kästchen für Kästchen – eine unsichere und obendrein mühsame Methode, die ein gewisses zeichnerisches Talent voraussetzt.

Man arbeitet zunächst mit Bleistift und zieht dann die Linien vor dem Ausschneiden mit einem Faserschreiber nach.

▲ Dem Muster mit Nadelstichen folgen.

• STECHPAUSEN: Diese von den Freskomalern der Renaissance häufig verwendete Methode ist zwar arbeitsintensiv, aber ziemlich akkurat. Man legt das Motiv auf eine weiche Unterlage (Zeitungspapier, Stoff) und perforiert mit einer Nadel alle Umrisslinien. Der Abstand zwischen den Löchern sollte nicht zu klein und nicht zu groß sein: Ist die Perforation zu weit, kann man das Design später nicht gut erkennen.

Spezielle Nadeln zum Stechpausen sind besser geeignet als kurze Stecknadeln, die man schlecht halten kann. Am einfachsten geht es mit der Nähmaschine. Bei großer Stichlänge näht man mit dicker Nadel ohne Faden einfach alle Umrisslinien nach.

• HOLZKOHLE: Die fertige Stechpause legt man auf den Manilakarton und fixiert sie, zum Beispiel mit Büroklammern. Mit einem Wattebausch reibt man Holzkohle durch die perforierten Linien auf den Karton. Die Pünktchen werden dann zu Linien verbunden. Die Methode ist ideal, wenn man viele Schablonen herstellen möchte, denn die Perforation lässt sich immer wieder durchreiben.

▲ Kohlepulver durch die Löcher reiben.

▲ Durchpausen mit Kohlepapier.

• KOPIER- ODER KOHLEPAPIER: Eine der einfachsten Methoden besteht darin, zwischen das Papier mit dem Motiv und der Unterlage, auf die es übertragen werden soll, ein Blatt Kohle- oder Schneiderkopierpapier zu legen und das Muster durchzupausen. Da der Manilakarton geölt ist, kann es passieren, dass die Linien nicht gut zu sehen sind. Weil man außerdem zur Kontrolle immer wieder nachschauen muss, ob man keine Linien vergessen hat, sollte man das Motiv samt Kohlepapier mit einer Büroklammer am Untergrund befestigen, damit man keine falschen Anschlüsse bekommt.

SCHABLONEN SCHNEIDEN

Präzise Schnitte sind das A und O einer guten Schablonierarbeit. Das sollte man bei der Auswahl der Motive bedenken, denn je feiner die Konturen, desto schwieriger der Schnitt. Das beste Schneidewerkzeug ist ein Skalpell, das man wie einen Stift halten kann. Als Unterlage braucht man einen dicken Karton oder eine Schneidematte, um die Tischplatte zu schonen. Eine gute Schneidematte verhindert auch, dass die Klinge zu rasch stumpf wird. Auch Scheren können gute Dienste leisten, doch die Feinarbeiten sollte man immer mit dem Skalpell ausführen.

Bei komplizierten Motiven beginnt man mit den kleinen Details, denn sie lassen sich leichter ausschneiden, wenn noch viel Fläche vorhanden ist. Sind erst einmal große Flächen ausgeschnitten, können bei der Arbeit an Details die Stege leicht reißen.

Es ist sehr viel einfacher, zum eigenen Körper hin zu schneiden, dennoch sollte man das Messer nicht zu flach ansetzen. Man hält die Schablone beim Schneiden mit der freien Hand fest; dabei sollten die Finger nicht in der Schnittlinie liegen, damit man sich nicht schneidet, falls die Klinge abrutscht. Während der Arbeit dreht man die Schablone samt Unterlage, sodass man immer von der gleichen Position aus schneiden kann. Bei langen Linien kann man zwischendurch absetzen.

Erst wenn man das gesamte Muster ausgeschnitten hat, schneidet man den Karton oder das Papier darum herum weg, damit die Schablone eine handhabbare Größe bekommt. Soll das Muster mitten auf eine kleine Fläche passen, ist es gut, der Schablone die genau passende Größe zu geben. Soll mit der Schablone ein fortlaufendes, sich wiederholendes Muster aufgebracht werden, müssen die Abschlusskanten vollkommen gerade sein, damit man die Schablone immer wieder exakt ansetzen kann. Die Mittellinien auf der Schablone zu markieren ist ebenfalls hilfreich, wenn man sie immer wieder neu positionieren muss. Dazu malt man ein Quadrat um das Motiv herum und verbindet die gegenüberliegenden Ecken durch zwei Diagonalen. Im Schnittpunkt der beiden Linien liegt die exakte Mitte der Schablone. Eine horizontale und eine vertikale Linie durch den Mittelpunkt bezeichnet die Mittelpunkte der Außenkanten. Das ist entscheidend, wenn man mit zwei Schablonen arbeitet.

NÜTZLICHE TIPPS: Gebrochene Stege

• Abgerissene oder versehentlich durchtrennte Stege repariert man mit einem Stück Klebefilm, das man entlang den Konturen der Schablone nachschneidet.

▲ Gebrochene Stege mit Klebefilm reparieren.

OBERFLÄCHEN VORBEHANDELN

KACHELN

Will man glasierte Kacheln oder unglasierte Terrakottafliesen schablonieren, braucht man Spezialfarben, die auf diesen Oberflächen haften. Die Flächen müssen sauber und fettfrei sein. Man befestigt die Schablone und bringt die Farbe mit dem Pinsel, dem Roller oder einem Schwamm auf, ggf. auch mit einer Sprühdose.

▲ Kacheln mit dem Roller schablonieren.

GESTRICHENE FLÄCHEN

Oberflächen, die mit matter, seidenmatter oder seidenglänzender Dispersionsfarbe, mit Öllasur, Acryllasur und Lacken gestrichen sind, aber auch Rau- und Glasfasertapeten lassen sich mit Schablonen bemalen. Die Farbe richtet sich nach dem Grundanstrich.

STOFFE

Mit speziellen Stofffarben kann man auch Stoffe schablonieren. Man folgt dabei den Anweisungen des Farbenherstellers. Damit die Farbe nicht verläuft, sollte man den Stoff vorher eventuell grundieren. Man spannt den Stoff möglichst straff und legt während der Arbeit Löschpapier darunter.

▲ Gestrichene Fläche schablonieren.

▲ Stoffe mit speziellen Stofffarben schablonieren (siehe Seiten 56–57).

ROHES HOLZ

Unbearbeitetes rohes Holz sollte man mit Schleifpapier glätten und mit einem Staubbindetuch abwischen. Die Schablone ist zu positionieren und zu befestigen, die ausgesparte Fläche sollte man mit verdünnter weißer Vorstrichfarbe grundieren. Lassen Sie das Ganze trocknen und tragen Sie dann die gewünschte Farbe durch die Schablone auf. Nach dem Trocknen kann man das Holz wachsen oder mit Klarlack streichen.

GLAS

Das Glas muss sauber und fettfrei sein. Man besprüht die Schablone mit einer dünnen Schicht Sprühkleber und befestigt sie, dann malt man die Leerflächen mit dem Pinsel mit Glasfarbe aus oder verwendet spezielle Sprühfarbe. Für Trinkgläser nimmt man ungiftige, Wasser abstoßende Glasfarbe. Möchte man Fenster, Türen und Spiegel mit Schablonen verzieren, stehen für verschiedene Effekte spezielle Farben zu Verfügung.

GEBEIZTES HOLZ

Wenn man Naturholz oder mitteldichte Faserplatten (MDF) vor dem Schablonieren mit Beize streicht, hat man die Auswahl zwischen vielen unterschied-

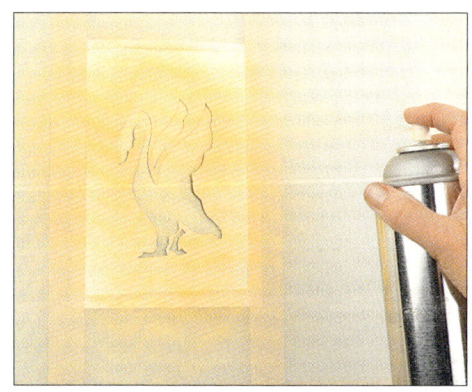

▲ Auf Glas mit Sprühfarbe schablonieren.

lichen Holztönen und anderen Farben. Hat man eine dunkle Grundfarbe gewählt, füllt man den Schablonenraum erst mit weißer Grundierung, dann mit der eigentlichen Farbe und schützt das Ganze zum Schluss mit Klarlack.

SCHABLONEN POSITIONIEREN

GENAUE MESSUNG

Nichts ist ärgerlicher als eine Schablone, die eigentlich in der Mitte einer Fläche sitzen sollte, aber ganz offensichtlich verrutscht ist.

Ebenso unbefriedigend sind ein schief sitzendes Motiv und ein ungenauer Anschluss. Um all das zu vermeiden, ist genaues Messen erforderlich. Zunächst muss die Schablone selbst absolut gerade Außenkanten haben, und die Mitten ihrer Ober- und Seitenkanten müssen klar sichtbar angezeichnet sein. Ebenso akkurat muss die Fläche vermessen sein, die man mit der Schablone verzieren möchte.

Die wichtigste Regel beim Schablonieren lautet: Immer von der Mitte her zum Rand hin arbeiten. Möchte man beispielsweise einen über die Wand laufenden Fries schablonieren, beginnt

▲ Schablone mit Wasserwaage positionieren.

man in der genau vermessenen Mitte der Wand und arbeitet von hier aus nach rechts und links.

Eventuelle kleine Abweichungen fallen an den Rändern weniger auf als in der Mitte.

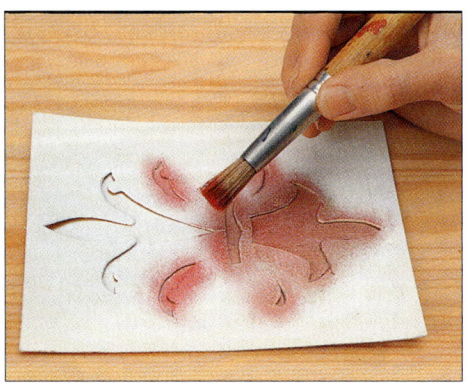

▲ Weiß grundieren, dann Farbe auftragen.

▲ Schablonierte Fläche mit Klarlack schützen.

▲ Markierungen für die Schablone anbringen.

SENKRECHTE LINIEN MARKIEREN

Muss man die Senkrechte ermitteln, in der die Schablone positioniert werden soll, weil man ein über die ganze Wand verteiltes Tapetenmuster schablonieren möchte, bedient man sich eines Senkbleis. Man markiert entlang der Schnur mit einem Lineal eine Linie und zeichnet sie mit einem Stück Kreide oder einem weichen Bleistift nach.

WAAGRECHTE LINIEN MARKIEREN

Man wählt die Höhe, in der zum Beispiel eine Bordüre waagrecht über die Wand laufen soll. Von der Decke, vom Fußboden oder vom Türrahmen her nimmt man das Maß an zwei nicht zu weit auseinander liegenden Punkten. Mithilfe eines Lineals und einer Wasserwaage verbindet man die Punkte durch eine Linie, die man nun von Wand zu Wand fortlaufen lassen kann.

DIE SCHABLONE FIXIEREN

Die Schablone muss fest auf dem Untergrund aufliegen, damit darunter keine Farbe verlaufen kann. Mit leicht ablösbaren Streifen von Malerband oder Malerkrepp kann man die Schablonen in der richtigen Position auf dem Untergrund befestigen. Stecknadeln oder Reißnägel sind keine gute Möglichkeit der Befestigung, denn sie hinterlassen Löcher. Empfehlenswert ist die Verwendung von ablösbarem Sprühkleber, den man aber sehr fein dosieren muss.

Muss die Schablone immer wieder neu angesetzt werden, wischt man den Kleber jedes Mal ab und sprüht neuen auf − keinesfalls mehrere Schichten übereinander aufsprühen! Auch beim Abnehmen der Schablone sollte man vorsichtig vorgehen, damit keine anhaftenden Stege reißen.

▲ Schablone mit Sprühkleber anheften.

▲ Dispersions- und Künstleracrylfarbe.

DIE FARBE AUFTRAGEN

FARBTYPEN

Besondere Schablonierfarben sind zwar im Handel, doch es kann preiswerter und kreativer sein, mit anderen Farben zu experimentieren.

• DISPERSIONSFARBEN: In einer großen Zahl von Farbtönen und auch in kleinen Probierdöschen zu haben, ist die wasserlösliche Dispersionsfarbe ausgesprochen unkompliziert in der Anwendung. Es gibt sie matt und seidenmatt. Verwendet man sie in Verbindung miteinander, kann man eindrucksvolle Effekte erzielen, etwa wenn man auf einen Grundanstrich aus matter Farbe ein schabloniertes Motiv in einer dunkleren Schattierung der gleichen Farbe in Seidenmatt setzt. Dieser Effekt imitiert schweren Brokat oder Damast. Oder man hebt in einer Reihe einzelne Motive in Seidenmatt hervor, was dem Gesamtdesign Tiefe und Bewegung verleiht, da das Licht von der leicht glänzenden Oberfläche reflektiert wird.

• KÜNSTLERACRYLFARBEN: Sie sind die flexibelsten und am leichtesten zu handhabenden Farben für Schablonierarbeiten. Man kann sie pur oder leicht verdünnt verwenden, allerdings besteht bei zu stark verdünnten Farben die Gefahr, dass sie unter die Schablone laufen.

• SPRÜHFARBEN: Ideal für alle Hobbybastler, denen der Handauftrag von Farben zu mühsam oder schwierig ist. Sprühfarben sind in Baumärkten, Dekoläden und Geschäften erhältlich, die Künstlerbedarf anbieten; es gibt sie in vielen verschiedenen Farben. Obwohl sie für die meisten porösen Oberflächen geeignet sind, sollte man für Schablonierarbeiten auf Glas, glasierten Kacheln oder Metall Autolack verwenden. Sprühfarben sollte man immer nur in dünnen Schichten wie einen feinen Nebel aufsprühen, damit sie nicht verlaufen und tropfen. Decken Sie die Umgebung, die keine Farbe abbekommen soll, großzügig mit Papier ab.

Auch Sprühfarben kann man mischen, indem man direkt nacheinander verschiedene Schichten aufsprüht, denn die Farben bilden winzige Pünktchen, die sich im geschichteten Auftrag überlagern und optisch mischen. Tragen Sie Sprühfarben nur in gut belüfteten Räu-

▲ Sprühfarben sind rasch aufgetragen.

men auf und tragen Sie dabei einen Mund-Nasen-Schutz.

Da sich Sprühfarben als feiner Nebel verteilen und weit streuen, muss man die Umgebung großzügig abdecken. Das macht die Verwendung von Sprüh-

▲ Bei Sprühfarben die Umgebung abdecken.

farben für Schablonen, die immer wieder neu platziert werden müssen, etwas mühsam. Auch die Tatsache, dass man für die erwünschte Farbintensität mehrere Schichten aufsprühen muss, kostet Zeit. Sprüht man gleich zu viel Farbe auf, kann sie verlaufen und das Motiv ruinieren – Gefahren, die bei Verwendung von Schwämmen oder Pinseln weniger bestehen.

• ALKYDHARZFARBEN: Sie weisen die Vorzüge der Ölfarben auf, trocknen aber so schnell wie Acrylfarben. Da sie eine butterartige Konsistenz haben, muss man sie mit Lösungsmitteln wie Terpentinersatz verdünnen, um sie zum Schablonieren verwenden zu können.

• ÖLFARBEN: Ölfarben sind zum Schablonieren zwar grundsätzlich geeignet, ihre Anwendung ist aber schwierig, vor allem weil sie so langsam trocknen. Man kann wunderschöne, transparent wirkende Effekte mit Ölfarben erzielen, wenn der Farbe etwas Lack oder Öllasur beigemischt wird. Die Pigmente der Ölfarben bleiben nach dem Farbauftrag mindestens noch vier Stunden instabil, sodass es leicht unerwünschte Verwischungen und Verschmierungen geben kann, wenn man die Schablone zu früh abnimmt.

FARBAUFTRAG MIT DEM SCHWAMM
Die Farbe kann auf unterschiedliche Weise aufgetragen werden. Entscheidet man sich bei wasserlöslichen Farben für einen Auftrag mit dem Schwamm, sollte man mit zwei Schwämmen arbeiten. Mit dem ersten nimmt man die Farbe aus dem Gefäß auf, indem man ihn sich mit Farbe voll saugen lässt. Dann drückt man ihn ein wenig aus und verwendet ihn nun als eine Art Stempelkissen, aus dem man den zweiten Schwamm füllt, mit dem man die Schablone austupft.

Ein klarer, nicht laufender Probeabdruck auf Papier bedeutet, dass der Schwamm zum Schablonieren bereit ist. In der Mitte des größten Schablonenausschnitts beginnend, tupft man nun die Farbe mit dem Schwamm auf, sodass er die Ränder der Ausschnitte erreicht. Größere Farbintensität erreicht man durch den Auftrag mehrerer Farbschichten.

Für Anfänger ist die Arbeit mit dem Schwamm empfehlenswert, denn es wird ein Eindruck davon vermittelt, wie eine mit dem Schwamm ausgetupfte Fläche wirkt.

Verschmierte Außenränder sind die Folge eines zu dicken Farbauftrags, deshalb beginnt man die Schablone immer von der Mitte her auszutupfen und arbeitet sich zum Rand hin vor. Erscheint der Farbauftrag zu schwach, besonders an den Rändern, trägt man eine zweite Schicht oder sogar mehrere Schichten auf, aber erst wenn die jeweils vorherige getrocknet ist.

▲ Farbe sacht mit dem Schwamm auftupfen.

Ehe man die Schablone auf die Wand oder den zu verzierenden Gegenstand setzt, macht man immer erst einen Probeabdruck auf einem Blatt Papier. Dabei kann man verschiedene Techniken ausprobieren: den Farbauftrag mit dem Schwamm, mit dem Pinsel oder mit Sprühfarben. Danach entscheidet man, welche Methode man für die endgültige Arbeit verwenden möchte. Vor allem aber sieht man, ob die Schablone noch korrigiert werden muss.

FARBAUFTRAG MIT DEM PINSEL
Man braucht einen speziellen Stupf- oder Ringpinsel mit nicht zu weichen Borsten. Die Borsten werden nur so eben mit der Spitze in die Farbe gestippt, dann streift man überschüssige Farbe auf einem Schwamm oder Tuch ab. Indem man den Pinsel im rechten Winkel zur Schablone hält (man verhindert so, dass eventuell abstehende Borsten unter die Schablone geraten und dort Schmierflecken verursachen könnten), stupft man von der Mitte her zu den Rändern hin die freien Flächen der Schablone aus. Man sollte eine

▲ Pinsel beim Auftrag rechtwinklig aufsetzen.

kleine Schale voll Wasser und saubere Schwämme oder Tücher bereitliegen haben, um eventuell verlaufende Farbe sofort wegwischen zu können.

Mit Schablonen-Sticks, Künstlerölfarben in Form dicker Stifte, kann man einen besonderen Effekt erzielen, der mit Ölfarben nicht zu erreichen ist. Der Stick wird auf der Palette gerieben, dann stupft man die Borsten eines harten Ringpinsels in die Farbe und füllt mit diesem Pinsel die Schablonenflächen aus, indem man die Borsten in

▲ Schablonieren mit Ölstick und Pinsel.

kleinen kreisenden Bewegungen über die Flächen führt. Es entsteht ein zart getöntes Abbild mit leichten Pinselspuren.

Schattierte Schablonenbilder entstehen, wenn man nach dem ersten Farbauftrag die Schablone erneut ansetzt, sie dabei aber um etwa 2 mm versetzt. Mit einer wahlweise helleren oder dunkleren Schattierung der Farbe, die man benutzt hat, arbeitet man die sichtbar unbehandelten Flächen entlang der Ränder der Schablone noch einmal nach. Durch den hauchfeinen Rand entsteht der Eindruck eines plastischen Bildes.

▲ Mit versetzter Schablone schattieren.

TON-IN-TON-SCHABLONIEREN

Eine Technik, mit der man eine Verzierung herstellt, die mehr geahnt als wirklich deutlich gesehen werden kann, ist die versteckte Schablonierung.

Eine gestrichene Grundfläche, etwa eine mit abgetönter Dispersionsfarbe gestrichene Wand, wird mit derselben Farbe in einer etwas dunkleren oder helleren Schattierung schabloniert (siehe Wandsockel auf Seite 208). Zum Schablonieren selbst kann man entweder einen Schwamm oder einen Ringpinsel nehmen.

▲ Ton-in-Ton-Schablonieren für zarte Muster.

UMGEKEHRTES SCHABLONIEREN

Diese sehr einfache Form des Schablonierens erfordert weniger Zeit für den Entwurf und die Ausführung als das übliche Schablonieren. Zunächst muss man auch hier Schablonen bzw. Abdeckmasken herstellen. Die Methode ist ideal für kleine Projekte, für die man die Schablone nur einmal benötigt. Man kann die Schablone zwar wieder verwenden, muss sie aber vorher gründlich reinigen, damit sie keine Schmierflecken hinterlässt. Azetatfolie ist das für diese Methode am besten geeignete Material, denn sie lässt sich am leichtesten reinigen.

▲ Die Maske positionieren.

Wird beim normalen Schablonieren der ausgeschnittene Raum innerhalb der Schablone mit Farbe gefüllt, so wird bei dieser Methode der Raum, den die Schablone abdeckt, beim Farbauftrag ausgespart. Die Grundfarbe des Objekts sollte also stets diejenige sein, in der die ausgesparte Fläche später erscheint.

Ist es eine Wand, muss man sie nicht komplett in dieser Farbe streichen, sondern nur an den Stellen, an der die Farbe später erscheinen soll. Auf dieser – absolut trockenen – Farbfläche positioniert man nun die Maske und fixiert sie mit Sprühkleber. Sie muss rundum gut haften, damit keine Farbe darunter verlaufen kann.

Anschließend streicht man die gesamte Fläche. Dabei kann man über die ganze Schablone fahren, sollte aber darauf achten, dass man keine feinen Ecken mit dem Pinsel oder der Rolle abhebt.

Solange die Farbe noch feucht ist, entfernt man die Schablonen vorsichtig. Falls nötig fährt man mit dem Skalpell darunter, um sie abzulösen, achtet aber darauf, dass die Farbe nicht verschmiert wird. Dann lässt man die Farbe vollständig trocknen.

▲ Die Farbe vorsichtig auftragen.

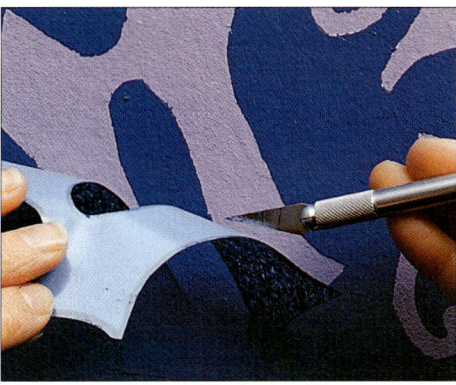

▲ Maske mit dem Skalpell vorsichtig abheben.

NÜTZLICHE TIPPS: Schablonen aufbewahren

• Schablonen, die man wieder verwenden will, sollte man immer flach liegend aufbewahren. Nasse Schablonen mit ablösbarem Sprühkleber auf eine Glasplatte kleben, sodass sie sich beim Trocknen nicht wellen können. Die Farbe vorher entfernen.

NÜTZLICHE TIPPS: Auf Ecken schablonieren

• Soll eine Bordüre über einer Ecke verlaufen, ist akribische Vorplanung nötig. Im Idealfall erreicht man die Zimmerecke genau mit dem Ende des Motivs. Muss ein Motiv auch die Ecke bedecken, markiert man alle Stellen auf der Wand, an denen die Schablone neu angesetzt werden muss, und sieht zu, dass die Ecke von jeweils einer Hälfte eines Motivs möglichst gleichmäßig eingenommen wird. Erst wenn alle Felder mit der ganzen Schablone gefüllt sind, knickt man die Schablone so, wie es für die richtigen Anschlüsse in der Ecke erforderlich ist, denn eine einmal geknickte Schablone ist meist für ebene Flächen nicht mehr brauchbar.

• Kann man das Motiv ohne geknickte Schablone über die Ecke führen, lässt man die Farbe erst vollständig trocknen, ehe man die Schablone an der anderen Wand anlegt, um den Anschluss zu schaffen. Gerade in Ecken kann man, solange die Ober- und Unterkanten korrekt anschließen, immer ein wenig schummeln, wenn zum genauen Ansatz etwas fehlen sollte.

▲ Für Ecken Papierschablonen nehmen.

67

Vergolden

DIE KUNST DES VERGOLDENS ist sehr alt und weltweit beliebt. Schon die Ägypter und die südamerikanischen Inka wandten Vergoldungstechniken an, um Gegenstände aus beliebigen Materialien wie aus Gold erscheinen zu lassen. Obwohl man von Vergolden spricht, können auch andere hauchdünne Metallblätter, haftende Pulver oder Cremes aufgebracht werden, vor allem aus Silber, Bronze, Kupfer und Aluminium, aber auch aus Platin. Ein Hauch von Gold kann einen ganzen Raum verwandeln, wenn man zum Beispiel einen Bilderrahmen, eine Vase oder einen Lampenfuß damit überzieht. Fast alle Grundstoffe – sogar Gips und einfaches Pappmaché – kann man mit dem zarten Blattgold überziehen und dadurch edel und wertvoll wirken lassen.

MATERIALIEN UND UTENSILIEN

WELCHE UTENSILIEN UND Hilfsmittel man zum Vergolden benötigt, hängt von der Art der Vergoldung ab. Man muss sich aber nicht in große Unkosten stürzen, um extravagante Projekte zu gestalten. Bei der Wahl der Technik spielen verschiedene Überlegungen eine Rolle: Wie viel Aufwand möchte man treiben? Wie viel Zeit möchte man investieren? Und wie überzeugend soll das fertige Objekt wirken?

SCHLEIFPAPIERE

Die Bandbreite der benötigten Schleifpapiere hängt von der Oberfläche des Objekts ab, das man vergolden möchte. In jedem Fall ist es ratsam, grob-, mittel- und feinkörniges Schleifpapier zur Hand zu haben und für eine möglichst glatte Oberfläche zu sorgen.

Falls es die Oberfläche gestattet, kann man auch Papiere für einen Nassschliff verwenden, der meist besonders fein und glatt wird.

▲ Schleifpapier und Bolus zur Vorbereitung.

SCHNEIDEWERKZEUGE

Schneidewerkzeuge verwendet man nur bei Blattmetallen. Für sie kann man Scheren und scharfe Cutter verwenden, beste Ergebnisse aber erzielt man mit einem speziellen Vergoldermesser, das wie eine Palette mit scharfer Kante aussieht. Mit dem Messer kann man das Blattgold mit einem einzigen scharfen Schnitt nicht nur durchtrennen, sondern auch anheben. Beim Schneiden mit Schere oder Cutter kann das hauchzarte Metallblatt leicht reißen.

FARBE

Je nachdem was man zu dekorieren wünscht und wie das Endergebnis aussehen soll, sollte man den Untergrund vor dem Vergolden mit Bolus oder Siegelerde streichen. Bolus ist eine spezielle braune Farbe, die sowohl als Grundierung als auch als eine Art Spachtelmasse dient, mit der kleine Risse, Unebenheiten und Fehlstellen gefüllt werden. Auch eine seidenmatte Grundierung – jedoch keine matte oder hochglänzende – kann aufgetragen werden. Grundierung und Haftgrund sollten die gleiche Basis, entweder Öl oder Wasser, haben (siehe unten).

HAFTGRUND

Vergoldungspulver haftet auf ganz normalem Lack. Aber für Blattgold braucht man einen spezifischen Haftgrund – ein »Anlegemittel«. Es dient dazu, das Blattgold auf dem Untergrund zu halten und die vergoldete Fläche zu versiegeln. Es gibt Anlegemittel auf Wasser- und auf Ölbasis. Je nach Marke

▲ Anlegemittel zur Blattgoldfixierung.

und Art brauchen sie zum Trocknen 20 Minuten bis 24 Stunden. Das Blattgold muss angelegt werden, bevor das Mittel ganz trocken, aber immer noch klebrig ist. Auch Goldpulver kommt auf den Lack, solange er noch leicht feucht und daher klebrig ist.

PINSEL UND APPLIKATOREN

Pinsel werden sowohl für die Aufbringung von Goldpuder als auch zum Anlegen von Blattgold gebraucht. Sie sollten buschig und weich sein. Pony- und Eichhörnchenhaar sind ideal. Den Vergoldungspinsel von allen anderen Pinseln getrennt halten, nur für diesen Zweck verwenden und möglichst nicht auswaschen, sondern nur trocken ausklopfen. Mit einem Wattestäbchen drückt man das Blattgold an schwierigen Stellen, Rillen u. Ä., vorsichtig in die richtige Position. Für große, glatte Flächen kann man einen Seidenschal oder ein Samttuch nehmen, das man auch verwendet, um vergoldete Flächen zu polieren.

▲ Blattgold auf Folie.

▲ Goldcreme.

▲ Goldpuder.

DER GOLDEFFEKT

GOLDBLATT, GOLDCREME UND Goldpuder haben ihre jeweiligen Vorteile. Während Goldblatt, wenn es gut aussehen soll, nicht ganz einfach zu handhaben ist und Zeit erfordert, dafür aber lange seinen Glanz behält, ist Goldcreme ideal für kleine Objekte oder leuchtende Akzente. Außerdem verwendet man sie zur Ausbesserung vergoldeter Gegenstände.

Die Arbeit mit Goldpuder ist keine sehr saubere Angelegenheit, aber man braucht nur wenige Zusatzutensilien und als Haftgrund genügt normaler Klarlack.

• BLATTGOLD: Blattgold gibt es lose und zum Abziehen von transparenter Folie, auf der es durch eine Wachsschicht haftet. Man sollte nur dieses Blattgold verwenden, weil es viel leichter zu handhaben ist. Der Fachhandel hält es in Bogen verschiedener Größen bereit. Professionelle Vergolder verwenden so genannte Vergolderkissen, um das Blattgold glatt aufzubringen, aber für die Zwecke eines Hobbybastlers genügt ein weicher Pinsel oder ein Seidenschal. Die Metalloberfläche nicht berühren, sondern das Blattgold mit der Trägerfolie nach oben möglichst genau platzieren, durch leichten Druck anlegen, dann die Folie abziehen.

• GOLDCREME: Von Vergoldern wird sie üblicherweise zur Ausbesserung von Fehlstellen verwendet, wenn zum Beispiel das Anlegemittel schon trocken geworden ist und das Blattgold dort nicht haftet. Da Goldcreme aber sehr leicht zu handhaben ist, kann man mit ihr auch kleine Objekte vergolden.

• GOLDPUDER: Eine schnelle Alternative zu Blattgold, die als Schutz allerdings eine Klarlackschicht erfordert. Außerdem staubt das Pulver; man muss die Arbeitsfläche also gründlich abdecken. Das Pulver kann auf Flächen aufgetragen werden, die mit Klarlack vorgestrichen sind, der noch etwas klebrig ist. Man verwendet zum Auftrag einen dicken, weichen Pinsel. Risse und Fehlstellen in Blattvergoldungen kann man auch mit Pulver bedecken, man sollte dabei aber auf genaue Farbübereinstimmung achten.

BLATTGOLD ANLEGEN

ZUNÄCHST MUSS MAN DAS OBJEKT sehr sorgfältig schleifen, denn eine glatte Oberfläche ist unverzichtbare Voraussetzung. Das Blattgold ist so dünn, dass sich jede noch so kleine Unebenheit deutlich abzeichnet, sodass man das geschliffene Objekt gründlich entstauben muss, am besten mit einem Staubbindetuch. Rillen und Vertiefungen reinigt man mit einem Wattestäbchen.

Ist der Gegenstand oder die Fläche groß, empfiehlt es sich, ein oder zwei

▲ Anlegemittel auf das Objekt streichen.

Schichten Bolus oder einer Farbe nach Wahl aufzutragen. Möchte man Anlegeöl verwenden, muss man Ölfarbe für den Anstrich wählen. Nachdem die Farbe getrocknet ist, sollte man mit feinkörnigem Schleifpapier abschleifen.

Mit einem weichen Pinsel trägt man eine dünne Schicht Anlegemittel auf und vermeidet dabei Pinselspuren. Obwohl Anlegemittel auf Wasserbasis milchig aussieht, trocknet es klar. Nun wird das Blattgold auf der Folie vorsichtig auf passende Größe geschnitten, wobei man ein wenig Überschuss lässt, den man erst später entfernt. Da das Gold auf dem Anlegemittel sofort haftet, muss man darauf achten, dass versehentlich mit Anlegemittel bestrichene Stellen, die nicht vergoldet werden sollen, nicht mit dem Gold in Berührung kommen. Man legt das Gold mit der Folie nach oben auf das Objekt und reibt es mit einem Wattebausch, einem weichen Pinsel oder einem Tuch an, dann löst man die Folie sehr vorsichtig ab.

Mit einem weichen Pinsel streicht man das Blattgold nun aus. Feine Fältchen können mit dem Pinsel geglättet werden. Zuletzt entfernt man Über-

▲ Überschüssiges Blattgold wegpinseln.

▲ Goldschnipsel erzeugen diesen Effekt.

schüsse, indem man sie wegpinselt. Auf der Trägerfolie verbliebene Blattgoldreste können zum Auskleiden von Ecken, Rillen und unzugänglichen Stellen verwendet werden. Auch kleine Fehlstellen zwischen einzelnen größeren Blättern, die man nacheinander angelegt hat, kann man mit solchen Resten vorsichtig füllen. Solange das Anlegemittel noch klebrig ist, kann man kleine Risse oder Fehlstellen auch mit Goldpulver überpinseln. Das Pulver muss allerdings denselben Ton haben wie das Blattgold.

Das Objekt sollte man restlos trocknen lassen und dann mit einem Samtlappen oder Wattebausch sehr vorsichtig polieren. Da die Oberfläche noch sehr empfindlich ist, sollte man nur ganz wenig Druck ausüben.

Wünscht man einen leicht antikisierenden Effekt (siehe Vorhangstange links), verwendet man kleine Goldblattfetzen statt ganzer Blätter. Ein Blick auf vergoldete Gegenstände in Geschäften und Antiquitätenläden ist hilfreich, um sich ein Bild vom Aussehen vergoldeter Objekte zu machen. Auch sie weisen kleine Unebenheiten auf.

NÜTZLICHE TIPPS: Arbeitsplatz

Der Arbeitsplatz muss so staubfrei wie möglich gehalten werden, denn auf dem frisch aufgetragenen Anlegemittel bleiben alle herumfliegenden Staub- und Schmutzpartikel haften. Möchte man absolut keinen Staub auf seiner Arbeit, besprüht man den Fußboden mit Wasser oder deckt ihn mit feuchten Tüchern ab.

Der vergoldete Gegenstand ist gegen Kratzer nicht geschützt und kann im Laufe der Zeit nachdunkeln. Um beides zu verhindern, trägt man mehrere dünne Schichten Klarlack auf.

EIN STÜCK ANTIKISIEREN

Möchte man einer vergoldeten Oberfläche ein altes Aussehen geben, kann man dem Klarlack, sofern er wasserlöslich ist, ein wenig Beize zusetzen, wodurch der Gegenstand eine wie nachgedunkelt erscheinende Oberfläche erhält. Man kann das ganze Stück oder auch nur solche Stellen damit streichen, die natürlicherweise am ehesten durch Staub nachdunkeln und Patina ansetzen würden. Zunächst immer erst eine ungetönte Lackschicht auftragen!

Bei Lacken auf Ölbasis verwendet man zum Einfärben etwas Künstlerölfarbe in Siena gebrannt oder Umbra natur. Man trägt eine getönte Lackschicht auf und lässt sie trocknen. Dann kann man mit einer noch etwas dunkler getönten Lackschicht nochmals nacharbeiten. Mit einem weichen Tuch kann man den Lack von Stellen abwischen, an denen sich normalerweise keine Patina gebildet hätte, denn der dunkle Lack soll nur solche Stellen bedecken, die auch natürlicherweise durch Staubansammlung dunkel aussähen.

VERGOLDEN MIT CREME

Einfacher und schneller geht das Vergolden mit Creme. Auch Oberflächen wie Pappmaché, die nicht oder nur schlecht geschliffen werden können, kann man mit Creme vergolden. Auch kann man mit der Creme gestrichenen Oberflächen einen Goldhauch

▲ Zwei Schichten getönten Lack auftragen.

verleihen. Die preiswerte, leicht zu handhabende Creme lässt sich allerdings nicht so blank polieren wie Blattgold.

Das vergoldete Objekt kann aber mit Sprühlack oder (getöntem) Klarlack lackiert werden.

Bei dem unten abgebildeten Stern wurde der Lack sehr effektvoll für die tiefer liegenden Gesichtspartien verwendet.

Unbehandelte Oberflächen streicht man zunächst mit Bolus oder einer Farbe nach Wahl. Ist diese Schicht trocken, verreibt man die Goldcreme gleichmäßig mit den Fingern oder mit einem Wattestäbchen. Die Creme sollte man nach Anweisung trocknen lassen

▲ Komplexe Objekte mit Creme vergolden.

(gewöhnlich etwa zwei Stunden), dann die Fläche mit einem weichen Tuch blank reiben, falls ein leichter Glanz erwünscht ist.

VERGOLDEN MIT PUDER

Auch mit Goldpuder kann man schnell und zufrieden stellend vergol-

▲ Erst eine Schicht Bolus auftragen.

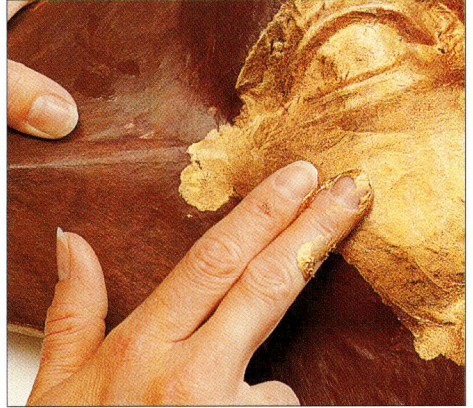

▲ Goldcreme auf der Fläche verreiben.

▲ Zum Schutz Klarlack auftragen.

GEEIGNETE OBJEKTE

FALLS DIE OBERFLÄCHE richtig vorbehandelt wurde, kann man beinahe alle Objekte vergolden.

Vergoldete Details wie Rillen oder Kanten an großen Objekten oder kleine Zierstücke wie beispielsweise Rahmen wirken intensiver als ganze Flächen. Auch Kieselsteine, Muscheln und andere natürliche Objekte kann man vergolden.

Man sollte sich jedoch vor einem allzu aufdringlichen Auftrag hüten. Gold, Silber und andere Edelmetalle wirken am besten, wenn sie sparsam verwendet werden.

NÜTZLICHE TIPPS: Farbvarianten

- Vergolden muss nicht goldfarben bedeuten. Blatt, Puder und Creme gibt es auch als Silber, Aluminium und Kupfer, die Cremes auch in Weiß- oder Rotgoldtönen.

---

den. Die Arbeit damit ist sauberer als mit Goldcreme, außerdem ist die behandelte Fläche strapazierfähiger, weshalb sich Pulver für Lampenfüße, Griffe und Türknäufe eignet.

Beim Auftrag lässt es sich allerdings nicht vermeiden, dass Goldstaub umherfliegt; falls möglich sollte man also im Freien arbeiten.

Wie bei den anderen Vergoldungsmethoden kann man wahlweise eine Grundierung aus Farbanstrich oder Bolus auftragen.

Ist die Farbe trocken, trägt man eine dünne Schicht Anlegemittel oder Klarlack auf und lässt sie so weit trocknen, dass bei Berührung noch eine leichte Klebrigkeit zu spüren ist. Tupfen Sie einen sauberen weichen Pinsel in das

teilt, kann man einen changierenden Effekt schaffen.

Nachdem die Oberfläche vollkommen getrocknet ist, schützt man sie am besten durch Klarlack. Abhängig von der späteren Beanspruchung kann man auch mehrere Schichten auftragen. Lassen Sie die einzelnen Schichten jeweils zwischendurch vollkommen trocknen.

▲ Lack auftragen; annähernd trocknen lassen.

Goldpulver und verteilen Sie damit das Pulver auf der leicht klebrigen Fläche. Tragen Sie das Pulver relativ dick auf, denn es wird in die klebrige Oberfläche eingesogen. Pinseln Sie den Überschuss ab, bis man das Objekt anfassen kann, ohne zu viel Staub an den Fingern zu behalten.

Wenn man verschiedenfarbige Pulver aufträgt und mit dem Pinsel leicht ver-

▲ Für elegantes Aussehen einen Hochglanzlack verwenden.

Drucken mit Stempeln

KLEINMÖBEL ODER WÄNDE mit Stempeln zu bedrucken ist eine alte Technik, die sich in jüngster Zeit wieder wachsender Beliebtheit erfreut. Man kann mit dieser Technik auf flachen rohen oder gestrichenen Oberflächen sich wiederholende Muster sehr leicht aufbringen, ohne sich mit dem aufwändigeren Schablonieren abzugeben. Auch Stempeldrucke können nachlässig oder akkurat ausgeführt werden. Der besondere Effekt ergibt sich aber oft aus der willkürlich anmutenden Verteilung der Abdrucke. Man muss also nicht viel Zeit auf eine genaue Abmessung verwenden. Obwohl meist Gummi- oder Holzstempel verwendet werden, kann man mit anderen Stempelmaterialien wie Metall oder Schwämmen experimentieren.

STEMPELMATERIALIEN

AUS EINER VIELZAHL verschiedener Materialien kann man Stempel zum Drucken herstellen. Die Wahl bestimmt das Aussehen, die Klarheit und die Haltbarkeit des späteren Drucks. Stempel, die für eine große Fläche sehr oft verwendet werden sollen, müssen aus haltbarem und leicht zu reinigendem Material sein. Für kleine Objekte, die man mit zwei oder drei Abrucken verzieren möchte, kann man einen Stempel aus Gemüse verwenden.

▲ Gummistempel kann man oft verwenden.

• GUMMISTEMPEL: Stempel, die aus kompaktem Gummi geschnitten wurden, kann man über viele Jahre hinweg wieder verwenden.

Im Fachhandel sind solche Stempel mit vielen Motiven als Fertigprodukte oder als Sonderanfertigung nach einer Motivvorlage erhältlich (in einem Geschäft, wo man auch Namensstempel bekommt). Man kann sie aber auch selbst herstellen.

▲ Naturschwamm erzeugt strukturierte Motive.

• FESTER SCHWAMM, KORK UND LEDER: Weniger haltbar als Gummistempel, halten sie trotzdem eine größere Arbeit durch. Die Motive aus diesen Materialien erscheinen in sich strukturiert – das sollte man vorher bedenken.

• STEMPELKISSEN: Im Fachhandel für Büroartikel gibt es Stempelkissen in verschiedenen Farben und Größen. Sie sind ideal zum schnellen, einfachen Drucken. Für Namensstempel u. Ä. konzipiert, enthalten die Kissen schnell trocknende, gut haftende Farben.

• FARBE: Man kann nahezu alle Farben verwenden; die zu bedruckende Oberfläche bestimmt die Wahl, denn nicht jede Farbe haftet auf jedem Grund.

NÜTZLICHE TIPPS: Seitenverkehrtes Bild

• Braucht man einen seitenverkehrten Abdruck des Motivs, stempelt man das Motiv auf eine Gummiunterlage und schneidet daraus einen neuen Stempel.

▲ Verschiedene Stempelmaterialien.

GUMMISTEMPEL HERSTELLEN

MAN WÄHLT EIN MOTIV und überträgt es auf ein kompaktes Stück Gummi, und zwar auf die Seite, die später die Stempeloberfläche bildet. Je einfacher und klarer das Motiv, desto besser, denn schließlich muss man die Umrisslinie ausschneiden. Für ein fein detailliertes Muster nimmt man lieber Linoleum für Linolschnitt, das man mit speziellen Instrumenten ausschneidet.

▲ Das Motiv auf ein Stück Gummi übertragen.

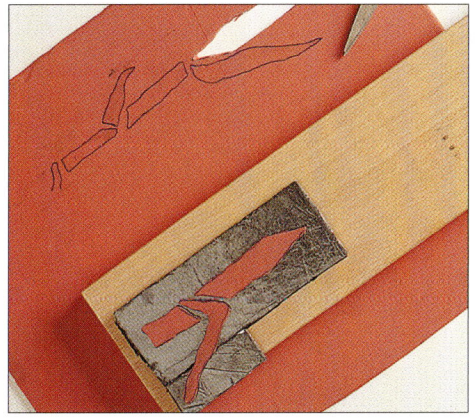

▲ Gummi auf Schaumstoff positionieren.

DEN STEMPEL SCHNEIDEN

Mit Weißleim klebt man Schaumstoff auf ein Stück Holz, das der Größe des Stempels entspricht. Dies können einzelne Stücke sein, denn der Schaumstoff bildet nur den Untergrund des eigentlichen Stempels. Mit einem Teppichmesser schneidet man das Motiv Stück für Stück aus dem Gummi aus und klebt es mit Weißleim auf den Schaumstoff. Stets fest anpressen!

STEMPEL TESTEN

Den Stempel satt mit einer gleichmäßigen Schicht Farbe einstreichen, am besten mit einem Schwamm. Den Stempel auf einer ebenen Fläche auf ein Stück Papier drücken und horizontal nach oben abheben. Es erscheint der Abdruck so, wie er später auf der zu bedruckenden Oberfläche aussehen wird. Ggf. mit dem Cutter noch kleine Veränderungen anbringen. Ist man zufrieden, schneidet man den Schaumstoff neben dem Gummimotiv weg, sodass das Stempelbild frei auf dem Holz liegt. Dadurch kann der Schaumstoff keine ungewollten Abdrücke auf der Oberfläche hinterlassen, wenn man den Stempel fest aufdrückt.

▲ Den Stempel auf einem Stück Papier testen.

▲ Überschüssigen Schaumstoff wegschneiden.

MIT DEM STEMPEL DRUCKEN

Mit einem Pinsel oder Schwamm Farbe auf den Stempel auftragen. Der Stempel muss vollständig bedeckt sein, die Farbe (vorzugsweise Künstleracrylfarbe) sollte undurchsichtig und nicht zu dünnflüssig sein. Stempel und Farbe erneut auf Papier prüfen und dabei zugleich überschüssige Farbe abstreifen. Dann den Stempel auf die gewünschte

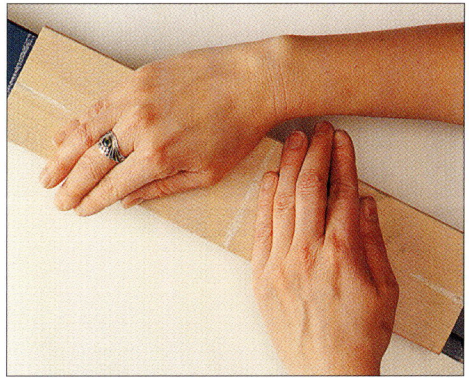

▲ Gleichmäßigen Druck ausüben.

Fläche setzen und mit gleichmäßigem, nicht zu starkem Druck pressen. Bei größeren Motiven darauf achten, dass der Stempel guten Kontakt mit der Fläche hat. Den Stempel mit beiden Händen schnell von der Fläche abheben.

Je nach Art des Stempels und der verwendeten Farbe kann man den Stempel mehrmals aufdrücken, ehe man ihn neu mit Farbe bestreichen muss. Schwämme nehmen viel Farbe auf und können dementsprechend mehrmals aufgedrückt werden, wobei die Einzelabdrücke immer schwächer werden. Gerade Schwämme sollten beim ersten Abdruck nur sehr leicht auf die Oberfläche gedrückt werden; erst wenn die Farbe nahezu verbraucht ist, kann mehr Druck ausgeübt werden.

▲ Rahmen mit Stempeldruck.

GEMÜSESTEMPEL

AUS RELATIV FESTEN Knollen- oder Wurzelgemüsen wie Kartoffeln oder Möhren kann man einfache Stempel schneiden, die geringen Ansprüchen genügen. Man schneidet das Gemüse so, dass eine glatte Fläche entsteht, und wischt diese Fläche trocken. Dann legt man eine Schablone (wie beispielsweise das Efeublatt auf der Abbildung unten) darauf und umschneidet den Umriss mit einem Küchenmesser oder Cutter. Alles, was außerhalb des Umrisses liegt, schneidet man weg, sodass das Motiv erhaben heraussteht. Da Gemüse viel Wasser enthält, muss man dicke Farbe verwenden und den Stempel regelmäßig zwischendurch mit Küchenpapier abwischen.

▲ Das Motiv mit dem Cutter ausschneiden.

73

DIE INSPIRATION FÜR DIE FARB-
LICHE GESTALTUNG IHRES OBJEKTS
KANN AUS VIELERLEI QUELLEN STAM-
MEN, ZUM BEISPIEL VOM MUSTER
EINES TISCHTUCHS ODER VON DER
ABBLÄTTERNDEN FARBE EINES ALTEN
GARTENZAUNS. VOR ALLEM DIE
NATUR BIETET VIELE ANREGUNGEN,
ABER AUCH TECHNIK UND ARCHI-
TEKTUR LIEFERN IDEEN. JE UNGE-
WÖHNLICHER DIE QUELLEN SIND,
DESTO INDIVIDUELLER KANN DAS
FERTIGE PROJEKT AUSFALLEN. MAN
HALTE ALSO IMMER NACH INSPIRA-
TIONEN AUSSCHAU UND FOLGE
SEINEN SPONTANEN IMPULSEN. BALD
WERDEN SIE EINE ART URVERTRAU-
EN IN IHRE INTUITION ENTWICKELN,
DAS IHNEN DABEI HILFT, ALL IHRE
IDEEN IM HAUSE IN DIE TAT UMZU-
SETZEN.

Inspirationsquellen

Architekturelemente

ARCHITEKTUR UNTERSCHEIDET sich von Land zu Land und von Epoche zu Epoche. Entsprechend viele unterschiedliche Details gibt es zu beobachten. Wenn Sie das nächste Mal durch Ihre eigene oder eine fremde Stadt gehen, achten Sie auf die verschiede-nen öffentlichen und privaten Gebäude, denn so erkennen Sie am besten die Vielfalt der Architektur-stile. Achten Sie auf Teilstücke wie Säulen, Friese, Türverkleidungen, Fenstergitter, Simse, Gewölbe, Treppenläufe und Details aus Stein, Metall oder Holz, die zur Verzierung angebracht sind.

Wer gern und viel reist, wird unzählige Inspirationen für seine Objekte finden, wenn er die länderspezifischen architek-tonischen Details an Gebäuden betrachtet. Wer beispielsweise die klassische Architektur der alten Tempel in Athen oder

Rom gesehen hat, der möchte vielleicht seine eigene Wohnung mit imitiertem Marmor oder aufgemalten antiken Säulen mit ihren eindrucksvollen Kapitellen schmücken. Der Besuch einer gotischen Kathedrale kann dazu anregen, die hohen

Spitzbögen als Trompe-l'œil auf die eigenen vier Wände zu übertragen. Hat man die farbenprächtigen Bemalungen nordischer Holzhäuser vor Ort bewundert, möchte man vielleicht diese Farbeffekte in das eigene Heim holen. Anregend sind auch die zart abgetönten Farben alter Fresken in mediterranen Palästen und Kirchen: Ocker, Sepia, Siena gebrannt, Rost, Rot und gedeckte Grüntöne. Daneben regen auch Architekturbücher vielfältig an: Sie informieren über historische Einflüsse ebenso wie über allerlei Stilelemente. Man kann nach Herzenslust kopieren und abkupfern, ohne

Urheberrechte zu verletzen, vor allem aber kann man Feinheiten ohne Hast studieren, denn gerade sie können die gesuchte Idee enthalten, zum Beispiel das Erscheinungsbild von Grünspan, das man auf einen alten Türgriff übertragen

möchte, oder das Aussehen des Fachwerks eines alten Tudorhauses, das man direkt auf den eigenen vier Wänden imitieren möchte.

Stein, Holz und Metall

FARBEN UND Oberflächenstrukturen von Steinen, Hölzern oder Metallen sind überaus wichtige Inspirationsquellen für Farbeffekte. Diese Techniken sollen ja gerade solche Oberflächen imitieren: Marmor oder Holzmaserungen, Malachit oder Grünspan, von Witterungseinflüssen gegerbte Baumrinde oder von Flechten und Moosen überzogene Felsen. Gerade jene Dinge, die man oft nur schwer wahrnimmt, verdienen einen genauen Blick: ein Weidenkorb, eine Steinmauer oder auch ein verrosteter alter Schubkarren.

Blanke Steinwände, vom Wetter gegerbte Baumrinden und auf Hochglanz polierte Metalle gehören zu den interessantesten Oberflächen; die bescheidensten Alltagsgegenstände können eine mannigfaltige Inspirationsquelle darstellen: frisch

gewienertes Silberbesteck ebenso wie ein hölzernes Gartentor, eine unverputzte Backsteinwand oder ein verwittertes Treppengeländer. Auch die Natur liefert viele Anreize: die glatten Kiesel an einem Meeresstrand, die von Käfern angefressene

Borke eines vom Baum gefallenen Astes, der strahlende Glanz einer Goldoberfläche. Die beste Methode, mit der man Metall, Stein oder Holz nachgestaltet, beginnt mit der genauen Betrachtung der erwünschten Oberfläche und ihrer Beschaffenheit, Struktur und Farbe: Wer Marmor imitieren möchte, muss echten Marmor mit seiner typischen Äderung vor seinem geistigen Auge sehen; wer eine Holzmaserung nachbilden möchte, muss das entsprechende Holz genau studiert haben. Sehr populär ist die Nachahmung von Grünspan, der sich unter dem Einfluss von Wind und Regen als

typisch grünlicher Belag auf Kupfer, Bronze und Messing bildet. Ein genauer Blick auf echten Grünspan ist nötig, um ihn so naturgetreu wie möglich nachzuahmen. Das Gleiche gilt, wenn man beispielsweise eine Baumrinde farblich nach-

gestalten möchte, einen verwitterten, von bunten Flechten überzogenen Stein oder eine aus Mörtel und dekorativen Natursteinen gebaute Wand.

Die gute alte Zeit

NICHT NUR GEGENSTÄNDE aus der guten alten Zeit sind zunehmend begehrt, auch das künstliche Antikisieren wenden viele an, um einen neuen Gegenstand älter aussehen zu lassen, als er tatsächlich ist. Diesen Eindruck erhält man zum Beispiel durch eine abblät-

ternde, von Rissen durchsetzte Farbe oder Lackschicht. Um das Erscheinungsbild der Alterung möglichst gut nachgestalten zu können, informiert man sich über die Alterungsprozesse der einzelnen Objekte und schaut sich an, wie der Zahn der Zeit ihr Aussehen verändert.

Alltagsgegenstände, die die ersten Zeichen von Alterung zeigen, sind ein ideales Studienobjekt und eine anregende Inspirationsquelle für den Innenausstatter. Überall sind wir von Zeichen der jüngeren und älteren Vergangenheit umge-

ben, und je genauer man hinschaut, desto mehr wird man entdecken. Man betrachte genau, wie sich Rost auf einem Eisenteil im Freien bildet, langsam voranfrisst und mit seiner rotbraunen Farbe auch die umgebenden Materialen mit-

färbt. Die ersten Anzeichen des Verfalls zeigen sich oft an Ecken und Kanten, an Stellen, die oft berührt werden, wie Griffen und Klinken. Natursteine und gebrannte Ziegel bröckeln und verfärben sich, wenn sie der Witterung ausgesetzt sind. Diese Veränderungen genau zu studieren ist eine gute Übung, wenn man neue Gegenstände antikisieren möchte. Ein Spaziergang durch ein kleines, altes Dorf kann viele Überraschungen bieten, denn oft stehen alte Geräte unbeachtet im Freien herum. Künstliche und natürliche Objekte, seien es Mauern oder von Efeu umrankte Baumstämme, sind

Anregungen und Anschauungsmaterial. Auch der Gang in ein Museum kann viele neue Eindrücke vermitteln; uralte Fossilien sind dabei als Inspirationsquelle ebenso hilfreich wie von Menschenhand geschaffene Gegenstände. Hat man

sich mit den Farbeffekten, die in diesem Buch vorgestellt werden, erst einmal befasst, ist es nicht schwierig, einem billigen modernen Möbelstück das täuschende Aussehen einer echten Antiquität zu verleihen.

Blüten und Blätter

SEIT JAHRHUNDERTEN sind Blumen, Blüten und Blätter ein beliebtes Motiv der Künstler. Egal ob sie eine möglichst naturgetreue Wiedergabe anstrebten oder stilisierte, ja abstrakte Abbildungen gestalteten, immer übte die Vielfalt der Blüten, ihrer Farben und Formen große Anziehungskraft auf die Maler aller Zeiten aus. Und auch die eher handwerklich tätigen Künstler fanden in der Pflanzenwelt stets Anregungen für Dekorationseffekte. Wem die Ideen ausgegangen sind, der lasse Farben und Pinsel stehen und gehe hinaus in die freie Natur.

Die immer wieder wechselnden Farben der Blätter und Blüten sind eine reiche Inspirationsquelle für alle Innenarchitekten: die von Grün über viele Ocker- und Gelbtöne bis zu Rostbraun und Braun reichende Palette der Herbstblätter,

die zarte Pastellpracht erster Frühlingsblüten, das intensive Grün winterharter Nadelbäume oder die abwechslungsreich leuchtenden Sommerblumen. All diese Farbspiele haben ihre ganz eigenen Effekte, wenn man sie ins Haus holt –

winterliches Blau wirkt kühl, während sommerliche Gelb- und Orangetöne noch in die dunkelste Ecke wohlige Wärme bringen. Die verschiedenen Formen von Blättern und Blüten sind ideal zum Gestalten von Schablonen oder Stempeln geeignet, und die meisten lassen sich auch mit dem Pinsel leicht nachgestalten. Einzelne Blätter kann man selbst direkt als Vorlagen für Schablonen und Stempel verwenden. Muss man für sein gewünschtes Motiv die Größe der Pflanze verändern, so umfährt man die Umrisslinie des Blatts oder der Blüte und fotokopiert diesen Umriss, wobei man nach

Bedarf vergrößert oder verkleinert. Dann überträgt man das Motiv auf Manilakarton, Azetatfolie oder Transparentpapier, schneidet eine Schablone und schon kann man loslegen. Das Blatt, das man oft als den armen Verwandten der Blüte

ansieht, kann ebenso interessant sein wie diese. Man betrachte nur die vielgestaltigen Formen, die zarten Adern, die glatten oder gezackten Außenkanten und die feinen Farbschattierungen.

Stoffe und Webmuster

V ON STOFFEN UND TEXTILIEN sind wir in den eigenen vier Wänden so eng umgeben, dass wir sie als Ideengeber oft kaum mehr wahrnehmen. Erst wenn man genauer hinschaut, erkennt man ihr großes Potenzial: die Farbfülle, die gewebten und gedruckten Muster und Motive. Schauen Sie sich um, staunen Sie, wie viele Stoffe Sie im Haus haben: Vorhänge, Gardinen, Teppiche, Tischdecken, Bettwäsche, Sofakissen. Alle diese Stoffe haben ihre Farben, Muster und Strukturen, die Anregungen für die Dekoration des Hauses bieten.

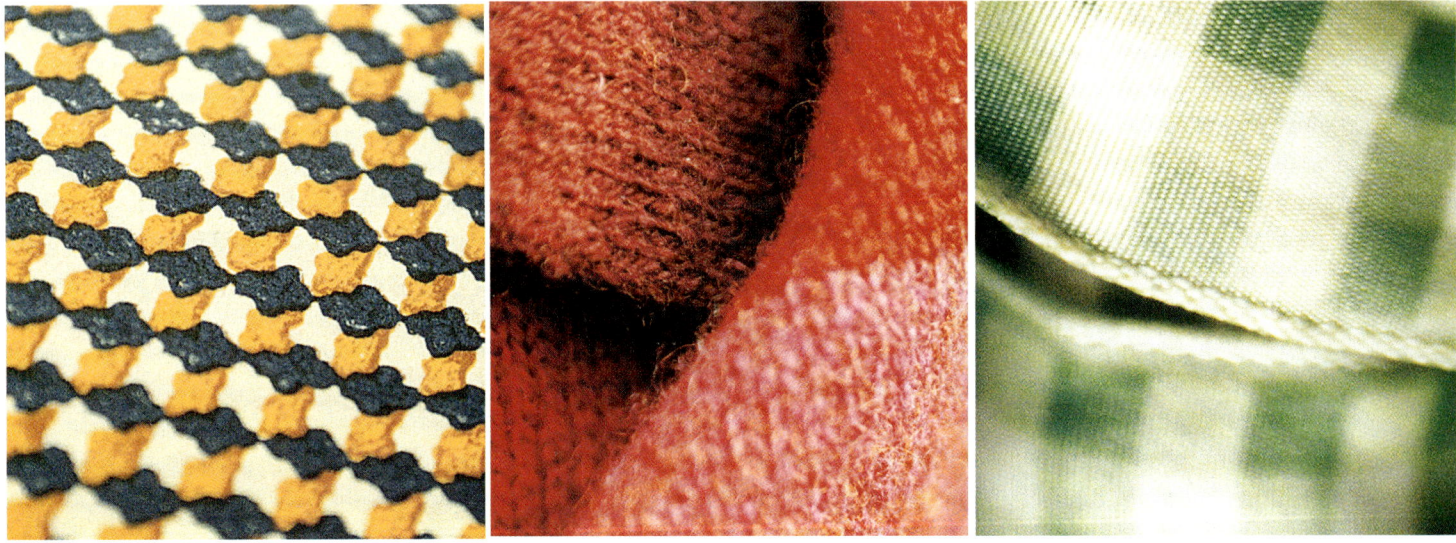

Fangen Sie im Schlafzimmer an – betrachten Sie das Muster auf den Gardinen und Vorhängen. Könnte man Elemente daraus für eine Schablone verwenden, mit der man dann eine Wanddekoration gestalten könnte? Hat man noch einen

Stoffrest übrig, kann man ihn auf dem Farbkopierer kopieren. Sonst kann man das Muster mit Transparentpapier übertragen. In der Küche könnte das Muster der Geschirrtücher inspirieren. Könnte man es auf die Schränke übertragen?

Oder vielleicht lieber das Muster der Tischdecke? Auch die Webart kann Anregungen bieten. Ein buntes Jacquardmuster kann einen dreidimensionalen, dem Trompe-l'œil ähnlichen Effekt haben, der sich mit Farbe nachgestalten lässt. Eine schlichte Hartfaserplatte kann durch Bemalung mit mehreren Farbschichten und Anwendung des Frottageeffekts aussehen, als sei sie mit antikem Damast bezogen. Stoffe können satte, leuchtende Farben haben. Man muss nur die Farbe auswählen und dann überlegen, wo man sie im eigenen Haus gut zur Geltung bringen kann. Allerdings wirken Farben

in unterschiedlichen Lichtverhältnissen verschieden. Manche Farben sehen bei Tageslicht wunderbar und bei künstlichem Licht scheußlich aus – und umgekehrt. Man beschaue sich ein Muster also immer erst unter verschiedenen Lichtquellen.

In einem gut sortierten Farbenladen wird man Ihnen dabei helfen, die der Stofffarbe am nächsten kommende Schattierung auch in anderen Farbmedien zu mischen.

Design aus Kunst und Natur

BESUCHEN SIE EINMAL eine Gemäldegalerie oder ein Kunstmuseum und lassen Sie sich von den ausgestellten Arbeiten inspirieren. Betrachten Sie die Formen, die Designer und Künstler entworfen haben, und überlegen Sie, wie man sie nutzen kann. Design ist freilich nicht auf Museen und Galerien beschränkt. Man schaue einmal, welche Formen und Farben uns im täglichen Leben umgeben, und plötzlich können zwei ineinander greifende Zahnräder, die Schnecke einer Violine oder die Kacheln am Grund des Swimmingpools die zündende Idee auslösen.

Besonders wenn man eine Gestaltung aus freier Hand plant, ist der Blick auf Gemälde und Designs sehr nützlich. Es lohnt sich, die Komposition und die Perspektive genau zu studieren, den Fokus des Bildes zu suchen und die Pinsel-

führung zu studieren. Wie wurde die Farbe verwendet und aufgetragen? Man schaue genau, was die Maler verschiedener Epochen für eine Technik anwendeten, um Blumen, Menschen, Tiere oder das Laub von Bäumen darzustellen. Das ist einfacher, als man vermuten mag. Außerdem achte man auch auf die Sujets der Künstler. Das eine oder andere Detail könnte für Ihr eigenes Projekt verwendbar sein. Kubistische Blöcke könnten eine interessante Abschlussleiste bilden, und Jugendstilmotive könnten als Vorlage für eine Schablone dienen. Welche Stimmung wird durch bestimmte Farben erzeugt? Die dunklen Farben eines Rembrandt oder Caravaggio erzeugen einen ganz anderen Eindruck als die lebhaft leuchtenden Farben eines Matisse oder Kandinsky. Und schließlich bieten neben der Kunst auch Natur und Technik

sehenswerte Farbeffekte. Ein mit Fliesen belegter Boden kann ebenso anspornen wie die polierte Oberfläche eines Blas-instruments. Man beobachte, wie Lichtstrahlen auf ein Objekt fallen, zum Beispiel den spiegelnden Effekt von Sonnen-

strahlen, die auf eine ruhige oder bewegte Wasserfläche fallen, oder das Spiel von Licht und Schatten in den Blättern eines Baumes.

EGAL OB ES ALS GEMÜTLICHER FAMI-
LIENTREFFPUNKT DIENT, ALS RAUM
FÜR FEINE MENÜS MIT FREUNDEN
ODER ALS ORT FÜR RAUSCHENDE
PARTYS – DAS ESSZIMMER KANN
MAN AUSSTATTEN WIE EINE THEA-
TERBÜHNE. MAN KANN ACCESSOIRES
HERSTELLEN, DIE MEHR ODER WENI-
GER MIT ESSEN UND TRINKEN ZU
TUN HABEN, ABER AUCH DIE MÖBEL,
DIE WÄNDE UND DIE FUSSBÖDEN
KANN MAN DER STIMMUNG EINES
ESSZIMMERS GEMÄSS VÖLLIG NEU
GESTALTEN. DIESES KAPITEL BIETET
VIELE NEUE IDEEN FÜR VERÄNDE-
RUNGEN IM GROSSEN UND IM KLEI-
NEN, SODASS SICH MIT FAMILIE UND
FREUNDEN MIT GENUSS UND FREU-
DE ESSEN, TRINKEN ODER EINFACH
GEMÜTLICH SITZEN UND PLAUDERN
LÄSST.

Esszimmerprojekte

Geometrisch bemalter Boden

AS GEOMETRISCHE Sternenmuster in der Mitte des blanken Holzfußbodens wurde mithilfe einer Schablone auf die Dielen übertragen. Das Muster ist etwa 2 m² groß und wurde in nur zwei Tagen fertig gestellt; lediglich der Lackauftrag nahm noch einmal Extrazeit in Anspruch. Um sich die Arbeit etwas zu erleichtern, sollte man sich ein Kissen unter die Knie legen oder Knieschoner aus Leder tragen. Zwischendurch sollte man öfter aufstehen, einen Blick auf seine Arbeit werfen und immer mal wieder für zehn Minuten die Arbeit unterbrechen und in die Ferne schauen. Betrachtet man dann das Muster mit frischen Augen, kann man leichter kleine Fehler erkennen. Die Holzdielen wurden in keiner Weise vorbehandelt, sodass die Beize tief in die Poren eindringen konnte. Vorbehandelte Dielen sollten vorher gründlich abgeschliffen werden.

❖ WERKZEUG UND MATERIAL ❖

Mustervorlagen auf Papier

Reißzwecken

Stahllineal

Teppichmesser

Holzbeize in verschiedenen Farben

Plastikbecher oder Marmeladengläser

Eckige Plastikwanne

Malerpinsel

Künstlerpinsel

Klarlack

1 Die Papiervorlage mit dem Mittelmotiv mit Reißzwecken auf dem Boden befestigen. Sämtliche Linien des Musters mit dem Teppichmesser nachfahren und tief einritzen, dabei das Stahllineal als Führungsschiene verwenden. Mit den äußeren Ecken beginnen und zur Mitte hin arbeiten. Die Schnitte bezeichnen die einzelnen Felder und verhindern, dass die Beize von einem Feld in ein anderes hinüberläuft. Man kann das Motiv auch mit Bleistift auf den Boden malen und dann nachritzen.

2 Jeweils kleine Mengen unverdünnter Beize in Plastikbecher oder Marmeladengläser füllen und in eine eckige Plastikwanne stellen. Auch die Pinsel sollte man in diese Wanne legen. So verhindert man, dass mit Farbe gefüllte Pinsel über den Boden rollen und die Arbeit ruinieren. Die Pinsel während der Arbeitspausen nicht trocknen lassen: Die Beize macht die Borsten hart.

3 Die vorgeritzten Felder mit der jeweils gewählten Farbe mit einem weichen Pinsel ausfüllen. Die Beize dringt in das Holz ein und verläuft in Richtung der Maserung bis zur Schnittkante. Die Arbeit nicht unterbrechen, ehe ein begonnenes Feld ganz ausgemalt ist.

NÜTZLICHE TIPPS

• Die fertige Arbeit muss mit Fußbodenklarlack geschützt werden. Gegenüber der Tür beginnen und zur Tür hin arbeiten. Gestrichenen Boden nicht betreten, Lack über Nacht trocknen lassen. Einige Tage lang den Boden nur barfuß betreten.

Weitere Fußbodenprojekte:
Aufgemalte Eichendielen, siehe Seiten 113–115; Bedruckter Boden, siehe Seiten 128–129.

▲ Die Vorlage mit tiefen Schnitten nachziehen.

▲ Eine Plastikwanne für Farben und Pinsel.

▲ Die Felder mit weichem Pinsel ausfüllen.

Bemalte Gläser und Karaffe

IT GLASFARBEN KANN MAN langweilige Gläser und billige Pressglaskaraffen auf einfache Weise in kleine Kostbarkeiten verwandeln. Auch ohne Vorkenntnisse kann man mit Glasfarben auf Anhieb erstaunliche Ergebnisse erzielen. Damit man die hier vorgestellten Beispiele – alte, geschliffene Weißweingläser aus Kristall und eine neue gekaufte, preiswerte Karaffe – auch weiterhin benutzen kann und nicht nur als Zierstücke hinstellen muss, wurde besondere Glasfarbe verwendet. Trotz ihres Gebrauchswerts sind sie sehr geschmackvolle Zierstücke. Die ungiftigen Farben sind wasserbeständig, sodass man die Gläser von Hand spülen kann. Möchte man die Gläser nur als Dekoration, kann man Sprühlacke, Goldmalstifte und Glitterglue verwenden.

❖ WERKZEUG UND MATERIAL ❖

Warmes Spülwasser und weiches Tuch

Spiritus

Siliziumkarbidpapier

Trockenes Tuch

Goldene Konturenpaste

Schablonenvorlage, zum Beispiel Fleur-de-Lis (s. S. 246)

Azetatfolie oder Transparentpapier

Skalpell und Schneidematte

Künstlerpinsel (Eichhornhaar)

Ungiftige Glasfarbe

---

1 Gläser und Karaffe gründlich in warmem Wasser mit Spülmittel säubern und gut abtrocknen. Mit Spiritus und einem weichen Tuch nochmals reinigen: Das Glas muss absolut fettfrei sein. Mit Siliziumkarbidpapier abreiben und mit einem trockenen Tuch nachwischen.

2 Die Konturenpaste direkt aus der feinen Tülle der Tube auf die Schliffränder des Glases auftragen und trocknen lassen. Nach Wunsch aus Azetatfolie oder Transparentpapier eine Schablone schneiden. Die Schablone mit den Fingern fest auf das Glas drücken und mit Konturenpaste das Motiv auf das Glas bringen. Die Paste gut trocknen lassen. Statt mit einer Schablone kann man Motive auch aus der freien Hand mit Konturenpaste aufmalen.

3 Mit einem Eichhornhaar-Künstlerpinsel die vorgezeichneten Umrisse mit Glasfarben ausmalen, wobei man die Farben nach Geschmack kräftig oder eher dezent wählt.

4 Die Karaffe in der gleichen Weise wie die Gläser bemalen, dabei nach Möglichkeit die Motive wiederholen und dieselben Farben verwenden. Der Stöpsel ist etwas schwieriger zu bemalen, da er sehr klein ist. Die Schlifffläche des Stöpsels unbemalt lassen! Die bemalten Gläser können benutzt werden, sind aber nicht spülmaschinenfest.

Weitere Glasprojekte:
Leuchtend bemalte Gläser, siehe Seiten 155–156;
Duschwand mit Fischen, siehe Seiten 193–195.

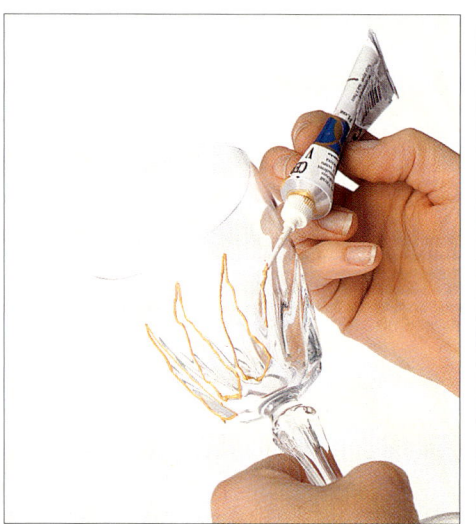

▲ Goldene Konturenpaste auftragen.

▲ Die Konturen mit Glasfarbe ausmalen.

Wände mit Karomuster

EIN HÜBSCHER, in Gelb und Grün karierter Baumwollstoff wurde verwendet, um leicht abgewetzte Stuhlpolster abzudecken. Daraus entwickelte sich die Idee, auch die Wände mit einem großen Karomuster zu schmücken. Der hellgelbe Grundanstrich lässt das Zimmer auch an trüben Tagen warm und sonnig erscheinen. Für die waagrechten und senkrechten Streifen wurde dieselbe Farbe verwendet; sie wurde vor dem Auftrag lediglich dunkler abgetönt als die Grundfarbe. Wo sich die Streifen überschneiden, erscheint die Farbe nochmals etwas dunkler. Das Streichen selbst geht schnell. Mehr Zeit muss man aufwenden, um die Wände genau zu vermessen, die Anordnung der Streifen zu markieren und die Wände abzudecken, damit die Streifen gerade verlaufen.

❖ WERKZEUG UND MATERIAL ❖

Gelbe Vinylfarbe, seidenmatt

Bleistift

Lange Tapezierschiene

Wasserwaage und Senkblei

Maßband

Abdeckband

Acryllasur

Künstleracrylfarbe zum Tönen der Lasur oder getönte Dispersionsfarbe

Flacher Malerpinsel zum Streichen

Langes Stück Holz

Dispersionslack

1 Zunächst die Breite der Streifen genau planen, damit die Abstände richtig eingehalten werden können und zu den Proportionen des Raumes passen. Die Wände des Raumes in gelber Grundfarbe streichen, vorzugsweise mit seidenmatter Vinylfarbe. Sie sollte heller sein als die Farbe für die Streifen. Im umgekehrten Fall ist mehr als eine Schicht Lasur nötig, um die Streifen sichtbar hervortreten zu lassen.

2 Wenn der Grundanstrich restlos getrocknet ist, markiert man die Breite der senkrechten Streifen und die Abstände dazwischen mit Bleistift. Am einfachsten geht dies mit einer Tapezierschiene und einem Senkblei. Die Außenkanten der Streifen deckt man mit Malerkrepp ab, sodass man gerade Linien erhält. Die hier gezeigten Streifen sind 25 cm breit, man kann sie aber nach Wunsch breiter oder schmaler wählen.

▲ Lasur mit Farbe nach Wahl abtönen.

3 Die Acryllasur mit etwas Künstleracrylfarbe (etwa 1 Esslöffel auf 1 l Lasur), Abtönpaste oder Volltonfarbe gut vermischen, bis der gewünschte Farbton erreicht ist. Hier wurden zwei Farben, Saft- und Chromoxidgrün, verwendet, um einen besonderen Ton zu erzeugen. Die tönende Farbe in kleinen Portionen zugeben: Ist die Lasur erst einmal zu dunkel geraten, kann man sie nicht mehr aufhellen. Außerdem verliert die Lasur durch die Farbzugabe an Transparenz.

4 Mit einem normalen Malerpinsel (Flachpinsel) die Lasur dünn auf die durch Kreppband bezeichneten Streifen auftragen. Den Pinsel ungleichmäßig hin und her führen und rasch arbeiten, damit nur feuchte Lasur auf feuchter Lasur verstrichen wird: Wo feuchte Lasur über trockene Lasur kommt, bilden sich unerwünschte Linien und Flecken.

▲ Grundfarbe heller als die Streifen wählen.

▲ Die Streifen abdecken.

5 Das Kreppband von der Wand lösen und abziehen, solange die Lasur noch feucht ist. Dabei darauf achten, dass nicht auch die Grundierfarbe von der Wand abgelöst wird.

6 Wenn die senkrechten Streifen getrocknet sind, legt man die genaue Position der waagrechten Streifen fest. Da es schwierig ist, die Breite der Streifen immer wieder neu auszumessen, verwendet man als Hilfsmittel ein Stück Holz, auf dem der Abstand und die Breite der Streifen markiert sind. Indem man das Holz vom Boden oder der Decke aus stets wieder neu anlegt, kann man die später zu verbindenden Anhaltspunkte markieren.

7 Bei der ersten waagrecht durchgezeichneten Linie prüft man mit der Wasserwaage, ob sie absolut horizontal ist. Ist das nicht der Fall, korrigiert man Stück um Stück, denn die erste Linie ist sozusagen die Leitlinie, nach der die übrigen Horizontallinien ausgerichtet werden. Man könnte sich auch an der Deckenlinie orientieren, doch oft ist die Decke nicht völlig gerade, sodass man schiefe Streifen bekommen kann, wenn man sich an diese Linie hält.

▲ Lasur für senkrechte Streifen auftragen.

▲ Lasur für waagrechte Streifen auftragen.

▲ Die Position der Horizontalen markieren.

▲ Die waagrechten Streifen mit der Wasserwaage nachmessen.

• Den Verlauf waagrechter Streifen kann man nur dann angleichen, wenn die Decke nicht mehr als 5 cm von der absoluten Horizontale abweicht: Ist die Zimmerdecke schiefer, muss man auf waagrechte Streifen verzichten, denn sie würden den ungleichmäßigen Deckenverlauf nur noch deutlicher hervorheben. Dagegen gleichen senkrechte Streifen diesen Fehler optisch aus.

• Muss man während der Arbeit neue Lasur anrühren, sollte man keinen unfertigen Streifen hinterlassen und keinen neuen Streifen zu streichen beginnen, wenn man sieht, dass die Lasur nicht reichen wird.

Weitere Wandprojekte:

Mit Farbe getünchte Wand, siehe Seiten 124–125; Schablonierte Luftballons, siehe Seiten 184–185; Badezimmer im Marmorlook, siehe Seiten 200–201; Wandsockel Ton in Ton, siehe Seiten 208–211.

▲ Das Abdeckband vorsichtig abziehen.

8 Wie zuvor deckt man die Kanten der Horizontallinien mit Kreppband ab, wobei das Band genau auf der vorgezeichneten Linie sitzen sollte. Nun streicht man mit dem Flachpinsel die Lasur auf. Danach entfernt man das Kreppband.

9 Zum Schutz des Anstrichs überstreicht man die ganze Wand mit Dispersionslack. Je nach Wunsch kann man eine matte oder eine seidenmatte Oberfläche wählen. Die Lasur muss dabei trocken sein. Obwohl das Mittel für den Schutzanstrich milchig aussieht, wird es nach dem Auftrag auf die Wand beim Trocknen transparent.

▲ Zum Schutz Dispersionslack auftragen.

Getünchtes Eichensideboard

ITHILFE VON FARBEFFEKTEN kann man die Möbel eines Raumes aufeinander abstimmen, selbst wenn die alten Stücke eigentlich nicht zusammenpassen. Die für das Sideboard gewählten Farben harmonieren mit denen des Tischs auf den Seiten 100–101, sodass

die Möbel eine Einheit bilden. Da das Sideboard bereits Verzierungen aufwies, brauchten keine neuen Ziermotive entworfen zu werden. Es genügte ein Tünchanstrich, der die Eichenmaserung hervortreten lässt. Mit zart abgetönten Pastellfarben wurden die Schnitzereien hervorgehoben.

❖ WERKZEUG UND MATERIAL ❖

Feinkörniges Schleifpapier

Staubbindetuch

Cremedispersionsfarbe

Alter Esslöffel

Marmeladenglas

Flacher Malerpinsel

Saubere Lappen

Gouachefarben in verschiedenen Tönen

Lineal

Runder Künstlerpinsel (Zobel oder Mischhaar aus Zobel und Synthetik)

Künstlerfeinstrichpinsel (Synthetik)

Holzversiegler

Polyurethanklarlack, matt

Dieses alte Eichensideboard wurde mit verdünnter weißer Cremefarbe gestrichen; die Maserung tritt deutlich hervor.

1 Das ganze Möbelstück professionell abbeizen lassen, damit Lack und Politur entfernt werden: Nur dann kann die Farbe in die Maserung eindringen und gut haften.

2 Die Türen abschrauben. Alle Teile mit feinkörnigem Schleifpapier abschleifen und mit einem Staubbindetuch abwischen.

3 Cremedispersionsfarbe mit einem alten Esslöffel in ein Marmeladenglas füllen und so viel Wasser zugeben, dass eine milchige Konsistenz entsteht. Muss man mehr Farbe anrühren, sollte man das verwendete Mischungsverhältnis von Farbe und Wasser notieren.

4 Die Farbe mit dem Flachpinsel großzügig in Richtung der Holzmaserung verstreichen.

5 Die Farbe 15 Minuten trocknen und in das Holz einziehen lassen, dann mit einem sauberen, fusselfreien Lappen überschüssige Farbe abwischen, sodass die Maserung unter der Farbe durchscheint. Trocknen lassen, abschleifen und mit Staubbindetuch abwischen. Die Gouachefarben nach Wahl anmischen und mit Wasser bis zur gewünschten Pastelltönung verdünnen. Die Schnitzmotive mit dem runden Künstlerpinsel bemalen.

6 Den Bogen zwischen den Blumenmotiven mithilfe des Lineals in gleich große Felder von etwa 4 cm Länge teilen. Dann von Feld zu Feld einen Strich durch den Bogen ziehen, der den Bogen in seiner ganzen Länge halbiert. Die Felder in alternierenden Farben ausmalen und die vorgezeichneten Linien mit dem Feinstrichpinsel in kräftiger Farbe nachzeichnen.

7 Wenn die Farben getrocknet sind, eine Schicht Holzversiegler auftragen; trocknen lassen und zuletzt mit Polyurethanklarlack schützen.

Weitere Freihandprojekte:
Esstisch mit Schottenmusterborte, siehe Seiten 100–101; Tische mit Freihandbemalung, siehe Seiten 110–112; Küchenaccessoires; siehe Seiten 138–141; Handbemalter Kasten, siehe Seiten 206–207.

▲ Blumendekoration aus freier Hand ausmalen.

Esstisch mit Schottenmusterborte

DIESER ALTE AUSKLAPPBARE Esstisch hatte bereits mehr als 50 Jahre lang seinen Zweck erfüllt. Nun wirkte er etwas altmodisch und abgenutzt. Bevor er mit Farbe aufgemöbelt werden konnte, mussten die letzten Reste alten Lacks und alter Politur entfernt werden. Das Abbeizen besorgte ein professionelles Unternehmen. Mit Holzkitt und Füllmasse wurden Fehlstellen ausgebessert. Der zarte Anstrich und die um die Tischplatte laufende Schottenmusterborte brachten den Tisch wieder auf Vordermann.

❖ WERKZEUG UND MATERIAL ❖

Malerspachtel oder Kittmesser

Holzleim

Holzkitt

Feinkörniges Schleifpapier

Stahlwolle oder grobkörniges Schleifpapier

Staubbindetuch

Cremedispersionsfarbe (siehe Seite 98)

Saubere Lappen

Flacher Malerpinsel

Kleine Stücke von festem Karton

Lineal

Bleistift

Schere

Runder Künstlerpinsel (Zobel oder Mischhaar aus Zobel und Synthetik)

Künstlerfeinstrichpinsel (Synthetik)

Gouachefarben in verschiedenen Tönen

Holzversiegler

Polyurethanklarlack, matt

▲ Cremedispersionsfarbe auftragen.

▲ Die Felder abwechselnd ausmalen.

1 Mit dem Kittmesser Holzleim unter eventuell abgelöstes Furnier streichen und das Furnier fest anpressen. So lassen, bis der Leim getrocknet und das Furnier angeklebt ist.

2 Ist das Furnier wieder befestigt, repariert man Stoßstellen und Unebenheiten mit Holzkitt, den man mit dem Kittmesser aufbringt. Ist die Kittmasse getrocknet, den ganzen Tisch mit feinkörnigem Schleifpapier abschleifen.

3 An schwer zugänglichen Stellen, vor allem an den gedrechselten Beinen, an denen sich in den Windungen noch alter Lack gehalten hat, zunächst mit Stahlwolle oder grobkörnigem Schleifpapier vorarbeiten. Zuletzt den ganzen Tisch mit einem Staubbindetuch abwischen, damit Staub vom Abschleifen restlos entfernt wird.

4 Den Tisch mit Cremedispersionsfarbe streichen, wie es auf Seite 98 für das Sideboard beschrieben wird.

5 Die Schottenmusterborte mithilfe kleiner Kartonschablonen aufmalen. Einen 5,5 cm hohen, V-förmigen Karton schneiden, mit der Breitseite bündig an die Tischkante anlegen und mit dem Bleistift die Spitze markieren. Den Karton rund um den ganzen Tisch führen, dann die Punkte mit dem Lineal verbinden. Mit einem zweiten Karton von 8 cm Höhe verfährt man genauso. So erhält man die Außenlinien einer 2,5 cm hohen Borte.

6 Die Borte in 4 cm lange Abschnitte teilen. Diese Abschnitte mit dem runden Künstlerpinsel abwechselnd in Pastellgrün und -blau ausmalen. Quer durch die Felder mit rötlicher Farbe einen feinen Strich ziehen, dann die einzelnen Felder mit rötlichen und weißen Strichen senkrecht durchteilen. Das fertige Möbelstück mit Holzversiegler und nach dem Trocknen mit Polyurethanklarlack überstreichen.

Weitere Freihandprojekte:
Getünchtes Eichensideboard, siehe Seiten 98–99; Tische mit Freihandbemalung, siehe Seiten 110–112; Küchenaccessoires, siehe Seiten 138–141.

Diese alten Esszimmermöbel hatten eine Renovierung dringend nötig.

Dekorative Stühle

MAN BENÖTIGT UNBEHANDELTE schlichte Holzstühle oder vollständig abgebeizte Holzstühle. Der vergoldete Stuhl vereint Luxus mit etwas Dekadenz, denn das Gold soll abgeblättert wirken. Der Stuhl wird bestimmt zu einem kleinen Familienschatz.

Die Arbeit ist nicht schwierig, wenn man sich genau an die Instruktionen hält. Auch der rote Stuhl, der mit einem fertigen Stempel mit Artischockenmotiv bedruckt ist, lässt sich leicht nacharbeiten. Nach Geschmack kann man natürlich ein anderes Stempelmotiv verwenden.

Vergoldeter Stuhl

❖ WERKZEUG UND MATERIAL ❖

Mittelkörniges Schleifpapier

Staubbindetuch

Wasserlösliche Grundierung
(zum Beispiel in Rostrot)

Flacher Malerpinsel

Anlegemittel (von mindestens 1 Stunde
Trocknungszeit) und Pinsel

Baumwollhandschuhe

Seidenschal

Blattgold auf Folie

Schellack

Lack auf Ölbasis

1 Den Stuhl abschleifen und mit dem Staubbindetuch abwischen. Zwei bis drei Schichten wasserlösliche Farbe auftragen; trocknen lassen.

2 Das Anlegemittel aufstreichen (siehe auch das Kapitel »Vergolden«, Seite 68). Wenn es fast getrocknet ist, die Handschuhe anziehen, Seidenschal und Blattgold bereitlegen. Das Blattgold nicht mit den nackten Fingern berühren: Das Hautfett verursacht Flecken.

3 Ein Stück Blattgold mit der Folie nach oben auf die Stuhlfläche legen und mit den Fingerspitzen andrücken; das Blattgold haftet sofort auf dem Anlegemittel. Folie abziehen.

4 Den Seidenschal zusammenknüllen und über das Blattgold reiben. Weitere Blätter anlegen und kleine Leerstellen lassen. Wo das Anlegemittel bereits völlig getrocknet war, löst sich das Gold ab, was den Effekt ergibt. Den Stuhl mit Schellack und dann mit drei oder vier Schichten Lack auf Ölbasis streichen. Jede Schicht gründlich trocknen lassen.

Weitere Vergoldungsprojekte:
Vergoldeter Spiegelrahmen, siehe Seiten 119–121.

Stuhl mit Artischockenmuster

❖ WERKZEUG UND MATERIAL ❖

Feinkörniges Schleifpapier

Staubbindetuch

Flacher Malerpinsel

Gouachefarben in Rot und hellem Oliv

Stempel mit Artischockenmotiv

Manilakarton, Azetatfolie oder
Transparentpapier

Skalpell und Schneidematte

Ein Stück Kreide

Stupfpinsel

Küchenpapier

Stempelkissen mit wasserfester,
schwarzer Farbe

Klarlack (Seidenglanz)

1 Den Stuhl gründlich mit Schleifpapier abschleifen. Mit dem Staubbindetuch den Schleifstaub vollständig abwischen.

2 Mit dem Flachpinsel zwei Schichten Gouachefarbe in Rot (oder in einer anderen Farbe) auftragen, jede Schicht trocknen lassen.

3 Manilakarton, Azetatfolie oder Transparentpapier mit dem Artischockenstempel bedrucken und entlang der Umrisslinie mit dem Skalpell eine Schablone ausschneiden. Mit der Kreide markieren, wo man die gestempelten Artischockenmotive aufbringen möchte.

4 Die Schablone über der Kreidemarkierung positionieren. Den Stupfpinsel in die olivfarbene Gouachefarbe tunken, überschüssige Farbe auf Küchenpapier abstreifen. Mit kreisförmigen, stupfenden Bewegungen das Schablonenfeld mit der Farbe ausfüllen. Den Stempel auf das Stempelkissen drücken und auf die schablonierten Flächen Artischockenmotive stempeln.

5 Wenn die Farbe restlos trocken ist, zwei oder drei Schichten Klarlack auftragen; jede Schicht vor dem nächsten Auftrag erst trocknen lassen.

Weitere Druckprojekte:
Bedruckter Boden, siehe Seiten 128–129.

Antikisierter Beistelltisch

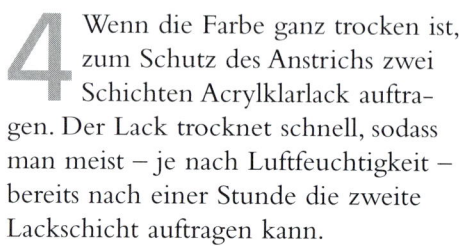

DIESES TISCHCHEN WURDE ziemlich ramponiert auf dem Sperrmüll gefunden. Die Platte war gerissen, eine Ecke abgestoßen. Diese Schäden wurden kaum ausgebessert, denn sie passten ausgezeichnet zu dem Vorhaben, den Tisch im Anstrich künstlich zu anti-kisieren. Zum Antikisieren mit Farbe gibt es verschiedene Techniken. Hier wurde eine einfache Technik mit Dispersionsfarbe gewählt, die teilweise abgewischt wird, ehe sie trocknet. Lackierte oder gestrichene Oberflächen müssen stets gut abgeschliffen werden, damit die Grundierung haftet.

❖ WERKZEUG UND MATERIAL ❖

Holzkitt

Mittelkörniges Schleifpapier

Staubbindetuch

Acrylgrundierung, weiß

Flacher Malerpinsel

Dispersionsfarbe in Braun und Türkis

Saubere Lappen

Brennspiritus

Acrylklarlack, stumpf

1 Große Risse und Fehlstellen mit Holzkitt verstreichen, dann den Tisch mit Schleifpapier abschleifen und mit einem Staubbindetuch abwischen. Eine Schicht weiße Acrylgrundierung auftragen. Nach dem Trocknen den Tisch mit brauner Dispersionsfarbe streichen und ebenfalls gut trocknen lassen.

2 Auf den braunen Anstrich satt türkisfarbene Dispersionsfarbe streichen. Eventuell auch die Unterseite streichen (dann damit beginnen und den Tisch auf die Platte legen).

3 Noch ehe der türkisfarbene Anstrich getrocknet ist, die Kanten an der Tischplatte und an den Beinen mit einem angefeuchteten fusselfreien Lappen abwischen, um den braunen Anstrich durchscheinen zu lassen. Stellen, die zu schnell getrocknet sind, mit Brennspiritus abreiben. Geht zu viel Farbe ab, kann man frisch überstreichen und mit dem Abwischen neu beginnen.

4 Wenn die Farbe ganz trocken ist, zum Schutz des Anstrichs zwei Schichten Acrylklarlack auftragen. Der Lack trocknet schnell, sodass man meist – je nach Luftfeuchtigkeit – bereits nach einer Stunde die zweite Lackschicht auftragen kann.

NÜTZLICHE TIPPS

• Wer meint, der Zeitpunkt zum Abwischen der Farbe sei zu schwer zu bestimmen, kann eine andere Methode anwenden: Die Stellen, an denen die getrocknete braune Farbe durchscheinen soll, mit Wachs einreiben. Dann die türkisfarbene Dispersionsfarbe aufstreichen – auf dem Wachs haftet sie nicht und lässt sich leicht abwischen.

• Um den antiken Effekt zu verstärken, trägt man zwischen den beiden Schichten Acrylklarlack eine Schicht Reißlack auf.

Weitere Antikisierungsprojekte:
Antikisiertes Bettgestell, siehe Seiten 178–179; Gestrichenes Schränkchen, siehe Seiten 198–199; Antikisierter Bauernstuhl, siehe Seiten 212–213.

▲ Die Farbschichten sehr sauber auftragen.

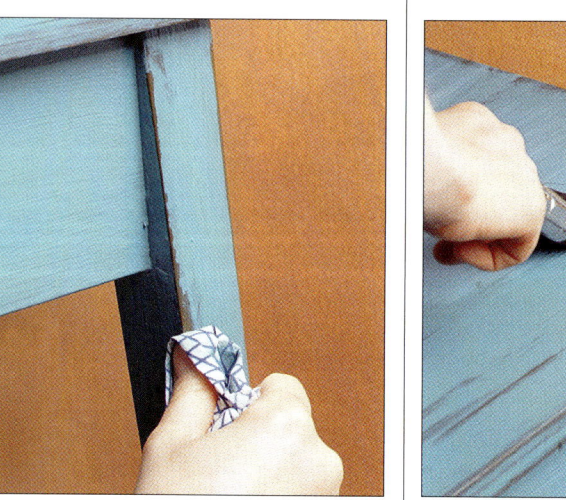

▲ Farbe von den Kanten wischen.

▲ Zwei Schichten Lack auftragen.

Porphyrbilderrahmen

IESER DURCH RILLEN gestufte, zum Teil geschnitzte Rahmen ist natürlich nicht aus Porphyr, einem Mag- magestein mit eingeschlossenen Kristallen, sondern aus Holz, das so bemalt wurde, dass es wie der Stein aussieht. Der Porphyreffekt wird vor allem durch Farbspritzer in verschiedenen Farben – Schwarz, hellem Beige und Gold – erzielt. Da der Rahmen hier im Esszimmer aufgehängt wird, in dem der Tisch mit der Schottenmusterborte steht, wurde der Innenrahmen mit einem passenden Tartanband beklebt.

❖ WERKZEUG UND MATERIAL ❖

Feuchte Lappen

Weißer Seidenglanzlack auf Ölbasis

Flacher Malerpinsel

Feinkörniges Schleifpapier

Staubbindetuch

Künstlerölfarben in Hellrot, lichtem Ocker und Schwarz

Terpentinersatz

Kleiner Naturschwamm

Stupfpinsel

Ein Stück Zeitungspapier

Goldbronzepulver

Künstleracryllack

Feine Künstlerpinsel

Tartanband

Polyurethanklarlack, seidenmatt

Heißklebepistole

1 Den Rahmen mit einem feuchten Lappen reinigen. Mit einem Flach- pinsel eine Schicht weißen Seiden- glanzlack auftragen und 24 Stunden trocknen lassen. Mit feinkörnigem Schleifpapier schleifen und mit einem Staubbindetuch abwischen. Eine zweite Schicht auftragen, trocknen lassen, ab- schleifen und abwischen wie zuvor.

2 Etwas Seidenglanzlack mit Künst- lerölfarben in Hellrot, lichtem Ocker und Schwarz so mischen, dass ein Terrakottarot entsteht. Mit Ter- pentinersatz bis zu milchiger Konsis- tenz verdünnen und mit dem Natur- schwamm auf den Rahmen auftragen. Etwa zwei Stunden trocknen lassen, bis die Farbe matt erscheint.

3 Etwas lichten Ocker mit Seiden- glanzlack zu hellem Beige mi- schen und mit Terpentinersatz bis zur Konsistenz von Kaffeesahne ver- dünnen. Die harten Borsten des Stupf- pinsels hineintauchen und zunächst etwas von der Farbe auf Zeitungspapier spritzen, indem man mit dem Daumen über die harten Borsten fährt. Erst wenn der Pinsel kaum noch Farbe ent-

hält, Spritzer auf den Rahmen setzen. Kurz trocknen lassen, dann schwarze Spritzer aufbringen.

4 Etwas Goldbronzepulver mit Künstleracryllack mischen und wie zuvor auf den Rahmen spritzen. Mit dem Rest der Goldfarbe mit dem feinen Pinsel alle Rillen des Rahmens und die senkrechte Innen- kante nachziehen. Den Rahmen über Nacht trocknen lassen und dann zum Schutz der Oberfläche mit seidenmat- tem Polyurethanklarlack streichen.

5 Das Tartanband in Länge, Höhe und Breite passend zurecht- schneiden, die Ecken schräg ab- schneiden. Das Band mit der Heißkle- bepistole auf den Innenrahmen kleben und vorsichtig glatt andrücken.

Weitere Bilderrahmenprojekte:
Gekalkter Bilderrahmen, siehe Seiten 230–231; Gestri- chene Bilderrahmen, siehe Seiten 232–233; Rahmen mit goldenen Birnen, siehe Seiten 234–235; Rahmen mit Mohnblumen, siehe Seiten 236–237.

▲ Den Rahmen mit Farbe bespritzen.

▲ Tartanband mit Klebepistole ankleben.

DAS WOHNZIMMER IST EIN RAUM FÜR ZUSAMMENKÜNFTE MIT FREUNDEN, EINE RUHEZONE, EIN ORT FÜR SPASS, SPIEL UND ENTSPANNUNG. ES IST DER FLEXIBELSTE RAUM DES HAUSES ODER DER WOHNUNG, SO ETWAS WIE EINE UNBERÜHRTE LEINWAND, AUF DER MAN SEINE FANTASIE AUSTOBEN KANN. MAN KANN MIT BESCHEIDENEN KLEINEN ACCESSOIRES BEGINNEN ODER DEM GANZEN RAUM VOM FUSSBODEN BIS ZUR DECKE MIT FARBEFFEKTEN EIN NEUES GESICHT GEBEN. DAS ERGEBNIS SOLLTE EIN ANGENEHM WIRKENDER RAUM SEIN, DER STIL HAT, ABER AUCH UNÜBERSEHBAR VON IHRER PERSÖNLICHEN NOTE GEPRÄGT IST.

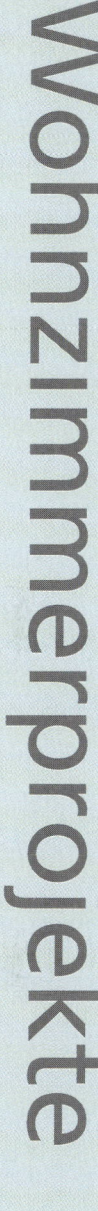

Wohnzimmerprojekte

Tische mit Freihandbemalung

DIESER SATZ ALTER TISCHE war viel zu attraktiv und nützlich, um ihn auszurangieren. Viele schrecken davor zurück, einen Satz Tische aus freier Hand zu bemalen. Einen Tisch würde man sich noch zutrauen, aber gleich mehrere mit absolut identischen Motiven zu bemalen – das scheint doch zu schwierig zu sein. Hat man aber erst einmal das Motiv für den ersten Tisch bestimmt, lässt es sich auch auf die anderen übertragen. Streichen und Malen erfordern keine künstlerischen Fähigkeiten, lediglich Geduld und Konzentration.

❖ WERKZEUG UND MATERIAL ❖

Holzkitt

Malerspachtel oder Kittmesser

Feinkörniges Schleifpapier

Staubbindetuch

Flacher Malerpinsel

Grundierung

Hellgelber Seidenglanzlack auf Ölbasis

Künstleracrylfarbe in lichtem Ocker und Umbra natur

Marmeladenglas

Terpentinersatz

Alter Esslöffel

Naturschwamm

Polyurethanklarlack, seidenglänzend

Zeichenpapier und Bleistift

Abdeckband

Transparentpapier

Lineal

Weicher Bleistift

Kugelschreiber

Acrylfarben

Runder Künstlerpinsel

Glasplatten (nach Wunsch)

Kerze

Diese verkratzten kleinen Tische waren lackiert und mussten zunächst abgebeizt werden.

1 Alle drei Tische professionell abbeizen lassen, damit Lack und Politur entfernt werden. Eventuelle Risse oder kaputte Stellen mit Holzkitt, Flüssigholz o. Ä. ausbessern.

2 Wenn die Füllmasse getrocknet ist, die Tische mit feinkörnigem Schleifpapier abschleifen und mit einem Staubbindetuch abwischen.

3 Da das abgeschliffene Holz sehr porös geworden ist, zunächst eine Grundierung auftragen. Trocknen lassen und eine Schicht hellgelben Seidenglanzlack auftragen. 24 Stunden trocknen lassen, erneut abschleifen und mit Staubbindetuch abwischen. In gleicher Weise zwei weitere Schichten auftragen.

▲ Abschleifen mit dem Schleifpapier.

4 In einem Marmeladenglas etwas Künstleracrylfarbe in lichtem Ocker und Umbra natur mit Terpentinersatz verrühren, bis eine cremige Konsistenz erreicht ist. Von dem Seidenglanzlack so viel zugeben, bis das Glas etwa zu einem Viertel

5 Auf einem der vorbereiteten Tische testen, ob diese Mischung die gewünschte Farbe hat: Ist sie zu hell, noch etwas Ocker und Umbra zugeben; ist die richtige Schattierung erreicht, die Farbe mit Terpentinersatz verdünnen, bis das Glas etwa halb voll ist.

6 Die Probefarbe mit einem in Terpentinersatz getränkten Lappen abwischen. Einen der Tische auf die Platte legen und die Beine nacheinander mit dem Naturschwamm mit der verdünnten Farbe einreiben. Den Tisch anschließend umdrehen und Seiten und Platte ebenso einstreichen.

▲ Farbe mit dem Naturschwamm auftragen.

7 Die anderen beiden Tische ebenso mit dem Schwamm streichen und 24 Stunden trocknen lassen. Danach Klarlack auftragen.

8 Nun muss man das Motiv entwerfen, mit dem man die Tische verzieren möchte. Wir haben uns für ein stilisiertes Band mit Schleife entschieden. Die Maße der Platte des größten Tischs maßstabgetreu auf Zeichenpapier übertragen. Auf diesem Papier markieren, wo die Außenkante des Motivs verlaufen soll (etwa 6,5 cm von der Tischkante entfernt).

9 Das gewählte Motiv auf Papier übertragen. Die Mitte der Schleife genau in der Mitte der Längsseite des Tischs platzieren.

10 Hat man das gesamte Motiv auf dem Zeichenpapier fertig gestellt, legt man ein ebenso großes Stück Transparentpapier über das Zeichenpapier und zeichnet das gesamte Motiv durch. Auf dieser Kopie markiert man die genaue Mitte der Längs- und Breitseite des Motivs (an der Außenkante gemessen) und verbindet diese Markierungen mithilfe eines Lineals mit einem Bleistift. Die beiden Linien treffen sich im Mittelpunkt des Transparentpapiers im rechten Winkel.

11 Mit einem weichen Bleistift markiert man nun auf der Tischplatte selbst auf die gleiche Weise durch zwei Linien den Mittelpunkt. Dann zieht man das gesamte Motiv auf der Rückseite des Transparentpapiers mit einem weichen Bleistift mit festem Druck nach. Mit dieser Seite nach unten legt man das Transparentpapier auf die Tischplatte, die Markierungslinien passgenau aufeinander.

12 Mit einem Kugelschreiber fährt man nun erneut alle Linien des Motivs nach, der Graphit des weichen Bleistifts drückt sich dabei auf der Tischplatte ab. Man entfernt das Papier und malt das Motiv aus freier Hand mit Künstlerpinseln und Acrylfarben aus, wobei man das Transparentpapier als Richtlinie verwendet.

▲ Über der getrockneten Ölfarbe eine Schicht Klarlack auftragen.

13 Für die beiden kleineren Tische verringert man den Abstand zwischen Außenkante des Motivs und Tischkante um jeweils etwa 12 mm. Wieder überträgt man das Motiv zunächst auf Zeichenpapier, bestimmt und markiert die genauen Mitten der Seiten auf Papier und Tisch und überträgt das Motiv auf Transparentpapier. Man zeichnet es auf der Rückseite mit einem Bleistift nach, drückt es mit dem Kugelschreiber seitenrichtig auf die Tischlatte durch und malt es mit Acrylfarben aus.

14 Ggf. muss man das gesamte Motiv ein wenig verkleinern, um die richtigen Proportionen zu wahren. Für den kleinsten Tisch bestimmt man die Außenkante des umlaufenden Motivs und verkleinert die Höhe des umlaufenden Bandes und der Schleife aus freier Hand.

15 Ist das verkleinerte Motiv für den kleinsten Tisch fertig, überträgt man es wie beschrieben auf den Tisch und malt es aus. Zuletzt alle drei Tische lackieren.

16 Zum Schutz der Oberflächen der Tische kann man sich passgenaue Glasplatten zuschneiden lassen, die man auf die Tische legt. Hat der Tisch feine Leisten auf der Oberfläche, sollte die Glasplatte dort hineinpassen. Liegt die Platte lose auf, sollte man die Ecken vom Glaser leicht runden lassen. Möchte man keine Glasplatten auflegen, sollte man die Tischplatten durch eine zusätzliche Lackschicht schützen.

NÜTZLICHE TIPPS

• Man sollte keinen Pinsel, sondern einen Naturschwamm zum Auftragen der letzten Farbschicht verwenden, denn Poren und Saugfähigkeit des Schwamms ergeben einen sehr interessanten Effekt.

• Beim Übertragen des Motivs vom Transparentpapier auf den Tisch den Kugelschreiber nicht fest aufdrücken: Das Motiv soll durch den Graphit zu sehen sein, sich aber nicht in das Holz eindrücken.

Weitere Schwammprojekte:
Bedruckter Boden, siehe Seiten 128–129; Handbedruckte Truhe, siehe Seiten 164–166; Mit dem Schwamm gefärbter Blumentopf, siehe Seiten 214–215.

Aufgemalte Eichendielen

WARUM SOLLTE MAN einen Holzfußboden so bemalen, dass er wie ein Holzboden aussieht? Vielleicht sind die alten Dielenbretter hoffnungslos abgenutzt, aber man möchte sie nicht rausreißen und neue verlegen. Vielleicht wurden sie auch schon einmal gestrichen, und sie total abzubeizen wäre zu mühsam. Vielleicht möchte man hellen Dielenbrettern aber auch einfach einen warmen, dunklen Eichenton verleihen.

Es kann sehr schwierig sein, Holzmaserungen mit Farbe nachzugestalten. Hier aber wurde eine recht einfache Technik verwendet, um eine Eichenmaserung vorzutäuschen. Die Vorbereitungen sollte man möglichst einen Tag vor der eigentlichen Arbeit erledigen.

❖ WERKZEUG UND MATERIAL ❖

Holzkitt

Malerspachtel

Schellack

Schleifpapier

Sandfarbene Acrylfarbe, seidenmatt, zur Grundierung

Flacher Malerpinsel

Acryllasur und Abtönfarben

Eimer

Künstleracrylfarbe in Umbra gebrannt

Dekorierkamm aus Metall

Feiner Künstlerpinsel

Schlichtpinsel

Ein Stück echtes Eichenholz (wahlweise)

Fußbodenversiegelung

1 Einen Tag bevor man die Eichenmaserung auftragen will, alle Löcher, Risse und Unebenheiten im Boden mit Holzkitt mit dem Malerspachtel ausbessern und trocknen lassen. Astknoten in blanken Dielen mit Schellack versiegeln und die ganze Oberfläche glatt schleifen.

2 Den Boden vorbereiten, indem man eine Schicht seidenmatte, sandfarbene Acrylfarbe als Grundierung aufträgt. Falls die Oberfläche zu stark absorbiert, ist eine zweite Schicht nötig. Waren die Dielen bereits gestrichen, muss man sie gründlich abschleifen, damit die Farbe gut haftet.

3 Für den Eicheneffekt eine Lasur vorbereiten. Lasurmedium in einen Eimer gießen und langsam Abtönfarbe auf Acrylbasis zugeben (hier wurde eine fertige Abtönung in Eichenfarbe verwendet).

▲ Lasurmittel und Abtönung mischen.

4 Die getönte Lasur in Richtung der Holzmaserung auf die Dielen auftragen.

5 Etwas Künstleracrylfarbe in Umbra gebrannt direkt aus der Tube auf die Spitze des Pinsels geben.

▲ Löcher und Astknoten ausspachteln.

▲ Acrylfarbe als Grundierung.

▲ Die Lasur in Maserungsrichtung streichen.

▲ Umbra gebrannt in die Lasur einarbeiten.

6 Den Pinsel mit der Farbe durch die noch feuchte Lasur ziehen und die Farbe darin verteilen. Den Dekorierkamm in einer Richtung durch die Lasur ziehen, um einen Maserungseffekt zu erzeugen.

▲ Den Dekorierkamm über die Lasur ziehen.

7 Den Kamm erneut durch die Lasur ziehen, aber diesmal in Gegenrichtung, damit ein Sprenkelungseffekt entsteht. Rasch arbeiten, damit man fertig ist, ehe die Lasur trocknet. Die Kammlinien mit einem Schlichtpinsel leicht vertreiben. Trocknen lassen.

8 Mit verdünnter Acrylfarbe in Umbra gebrannt feine, quer laufende Maserungslinien aufmalen.

▲ Den Kamm nun in Gegenrichtung ziehen.

▲ Mit einem feinen Pinsel die typische Holzzeichnung hineinmalen.

9 Ein Blick auf ein Stück echtes Eichenholz kann hilfreich sein, um die typische Maserung des Holzes möglichst naturgetreu nachzubilden. Die feinen Pinselstriche mit einem breiten, weichen Flachpinsel vorsichtig schlichten.

10 Zuletzt einige kurze, gerade Striche quer zur Maserung aufmalen. Den trockenen Boden mit zwei Schichten Fußbodenversiegelung vor Abnutzung schützen.

▲ Holzzeichnung mit Flachpinsel schlichten.

▲ Zeichnung mit geraden Strichen vollenden.

NÜTZLICHE TIPPS

• Bevor man sich an dieses arbeitsintensive Projekt macht, sollte man viele Gegenstände mit Eichenholzfurnier genau betrachten oder sie sogar fotografieren. Je besser man das Erscheinungsbild kennt, desto leichter wird es, die Struktur mit Pinsel und Farbe nachzugestalten.

Weitere Fußbodenprojekte:
Geometrisch bemalter Boden, siehe Seiten 90–91;
Bedruckter Boden, siehe Seiten 128–129.

Lampe mit krakeliertem Fuß und Schirm

N IEMAND WÜRDE VERMUTEN, dass sich hinter dieser edel und teuer aussehenden Lampe ein schlichter, billiger Holzfuß verbirgt. Beherrscht man die Technik erst einmal, ist die Durchführung ganz einfach. So mancher Gegenstand aus Holz erscheint dann wie aus feinstem Porzellan mit Krakeleeglasur. Man muss lediglich einen langsam trocknenden Öllack und einen rasch trocknenden Lack auf Wasserbasis übereinander streichen, schon bilden sich die typischen Risse, die dann, mit Ölfarbe abgerieben, deutlich sichtbar werden. Die Größe der Risse richtet sich nach der Dicke der aufgetragenen Lackschichten und der Wartezeit zwischen den Aufträgen: Je dünner der Auftrag und je länger die Wartezeit, desto feiner das Krakelee.

❖ WERKZEUG UND MATERIAL ❖

Flacher Malerpinsel

Weiße Dispersionsfarbe

Dehnbares Abdeckband

Acryllasur

Wasser

Acrylfarbe

Stupfpinsel

Lack auf Wasserbasis

Lackpinsel

Krakelürenlack-Set

Weicher Synthetikpinsel

Künstlerölfarbe in Umbra natur

Terpentinersatz

Küchenpapier

Klarlack auf Ölbasis, seidenglänzend

1 Den Lampenfuß mit einem Flachpinsel mit weißer Dispersionsfarbe streichen. Zwei oder drei Schichten auftragen und jede zwischendurch trocknen lassen. Die weiße Dispersionsfarbe wirkt später cremefarben und lässt das Krakelee besonders gut sichtbar werden.

2 Die Flächen ober- und unterhalb der dunkleren Abschnitte mit dehnbarem Band abdecken, damit keine Farbe verschmiert wird, wenn man später die dunklere Farbe aufträgt.

3 Für die dunklere Farbe Acryllasur mit Wasser und Acrylfarbe mischen und mit dem Stupfpinsel auftragen. Etwa vier Stunden trocknen lassen, anschließend den gesamten Lampenfuß mit Lack auf Wasserbasis versiegeln. Den Lack vollkommen trocknen lassen.

Ein gedrechselter Holzfuß wird durch die Krakeleetechnik zu einem kleinen Schmuckstück.

4 Den ersten Krakelürenlack auf Ölbasis gleichmäßig auf dem Lampenfuß verstreichen. Den Lack trocknen lassen (dies dauert gewöhnlich zwischen zwei und vier Stunden), bis er sich trocken anfühlt, wenn man mit dem Fingerrücken darüber gleitet, aber noch ein wenig klebrig, wenn man mit der Fingerkuppe darauf fasst.

▲ Den Fuß mit Dispersionsfarbe streichen.

▲ Die dunklere Farbe aufstupfen.

▲ Den Krakelürenlack auf Ölbasis aufstreichen.

5 Den zweiten Krakelürenlack mit einem weichen Synthetikpinsel dünn auftragen. Rasch arbeiten und keinen Druck ausüben, damit es keine Pinselspuren gibt. Nach etwa einer halben Stunde genau prüfen, ob man irgendwelche Stellen vergessen hat. Falls ja, nacharbeiten.

6 Sobald die zweite Lackschicht zu trocknen beginnt, sollten sich feine Risse zeigen. Allerdings sind sie anfangs nur schwach zu sehen. Zeigen sich keine Risse, den Lampenfuß vor die warme Heizung stellen, bis sich Risse im Lack zeigen.

7 Etwas Künstlerölfarbe (Umbra natur) mit Terpentinersatz bis zu cremiger Konsistenz verdünnen und mit Küchenpapier über der gesamten hellen Oberfläche verreiben. Sofort mit sauberem Küchenpapier nachwischen, sodass nur die Risse dunkler erscheinen.

▲ Umbra natur auftragen und abwischen.

8 Die Farbe mit Terpentinersatz noch mehr verdünnen und einen harten Stupfpinsel mit den Borsten hineintauchen. Pinsel nahe an den Lampenfuß halten und mit dem Zeigefinger über die Borsten fahren, sodass winzige Farbtröpfchen auf den Lampenfuß spritzen. Die Spritzer mit einem weichen Tuch oder Küchenpapier leicht abtupfen. Den Fuß über Nacht trocknen lassen, dann mit einer Schicht Klarlack auf Ölbasis streichen.

9 Der Lampenschirm wurde zuerst mit einem Lack auf Wasserbasis abgesperrt und dann wie der Lampenfuß mit der Krakeleetechnik bearbeitet. Zum Schluss wurde der Lampenschirm mit stumpfem Klarlack überzogen.

Weitere Lampenprojekte:
Lampenfuß und -schirm im Schildpatteffekt, siehe Seiten 224–225.

NÜTZLICHE TIPPS

• Der zweite Krakelürenlack ist wasserlöslich, sodass er nicht mit Wasser in Berührung kommen und man ihn nicht anfassen darf, solange er noch feucht ist.

• Man sollte sich dieses Projekt nicht an einem regnerischen, feuchten Tag vornehmen, weil der Grundlack auf Ölbasis dann nur sehr langsam trocknet und sich die Risse nur sehr zögerlich zeigen werden. Mit einem Fön kann man ein wenig nachhelfen. Man sollte ihn aber nur auf geringste Temperatur und schwaches Gebläse einstellen. Besser ist es, den Lack unter einer warmen Lampe oder in der Nähe eines Heizkörpers trocknen zu lassen.

• Man kann diesen Effekt auch für den Lack verwenden, den man über ein Découpagemotiv oder über schablonierte Motive streicht.

• Die Krakeleetechnik unbedingt erst auf einem Stück von hartem Karton ausprobieren, den man mit wasserlöslichem Lack versiegelt hat: So lernt man, die Wartezeiten besser abzuschätzen.

▲ Mit Terpentinersatz verdünnte Umbra auf den Lampenfuß spritzen.

Vergoldeter Spiegelrahmen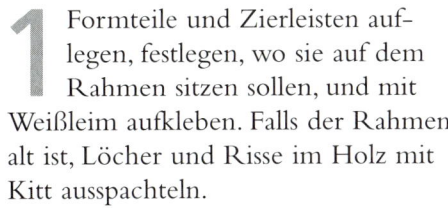

EIN NEUER, RELATIV BILLIGER Spiegel mit einem Kiefernholzrahmen bekam durch fertige Formteile und Zierleisten sowie einen antikisierten Anstrich und Vergoldung ein wertvolles Aussehen. Formteile und Zierleisten, die es in Baumärkten und Bastelgeschäften zu kaufen gibt, können schlichte Möbel sehr dekorativ wirken lassen. Blattgold verleiht ihnen einen Hauch von Luxus. Echtes Blattgold ist ziemlich teuer, doch man kann auch Metallblatt aus Aluminium, Kupfer oder Bronze bekommen. Da das traditionell verwendete Anlegeöl viel Zeit zum Trocknen braucht, wird hier Haftgrund aus Acryl benutzt. Schon nach 15 Minuten kann man dann das Blattgold anlegen. Zur Grundierung wurde hier mit rotem Ocker gefärbte Dispersionsfarbe genommen.

❖ WERKZEUG UND MATERIAL ❖

Formteile und Zierleisten

Weißleim

Holzkitt

Malerspachtel oder Kittmesser

Abdeckband

Weiße Dispersionsfarbe und Abtönung in rotem Ocker

Maler- und Künstlerpinsel

Acrylhaftgrund für Blattgold

Blattmetall auf Folie

Schere

Gold- oder Bronzepulver

Brauner Schellack

Bimsmehl

Sehr feine Stahlwolle (0000)

Brennspiritus

Klares oder hellbraunes Flüssigwachs

Weiches Tuch

1 Formteile und Zierleisten auflegen, festlegen, wo sie auf dem Rahmen sitzen sollen, und mit Weißleim aufkleben. Falls der Rahmen alt ist, Löcher und Risse im Holz mit Kitt ausspachteln.

2 Das Spiegelglas rund um den Rahmen mit Abdeckband bekleben, um es sauber zu halten. Den ganzen Rahmen mit Dispersionsfarbe in rotem Ocker streichen. Trocknen lassen und eine zweite Schicht auftragen, erneut vollkommen trocknen lassen.

3 Mit einem Pinsel mit weichen Synthetikborsten Acrylhaftgrund auf die Stellen auftragen, die man vergolden möchte. Der Haftgrund sieht zunächst milchig aus, trocknet aber klar aus. Nach 15 bis 20 Minuten ist der Haftgrund klar und das Gold kann angelegt werden.

Blattgold machte aus diesem billigen Kiefernholzrahmen ein höchst dekoratives Schaustück.

▲ Die Zierleisten anleimen.

▲ Den Rahmen mit rotem Ocker streichen.

▲ Acrylhaftgrund für Blattgold auftragen.

▲ Das Blattgold mit dem Pinsel anlegen.

4 Ein entsprechend großes Stück Blattgold zurechtschneiden und mit der Folie nach oben auf den Haftgrund legen. Das Blattgold mit den Borsten eines weichen Stupfpinsels auf die Fläche drücken, sodass es sich an die ganze Form fest anlegt.

5 Die Folie abheben und das Blattgold mit einem weichen Pinsel weiter andrücken und eventuelle Fehlstellen mit den Goldresten von der Folie ausfüllen. (Das Gold nur mit dem Pinsel aufnehmen, nicht mit den Fingern anfassen.) Sollten noch Fehlstellen verbleiben, diese mit Gold- oder Bronzepulver auffüllen.

6 Sind alle Teile vergoldet, vorsichtig eine Schicht braunen Schelllack darüber streichen, um dem Gold etwas Patina zu verleihen. Man kann zusätzlich ein wenig Bimsmehl in den Lack mischen, um den antiken Effekt zu verstärken.

▲ Eine Schicht Schellack auftragen.

▲ Den Rahmen mit Dispersionsfarbe streichen.

7 Den gesamten Rahmen ohne die vergoldeten Teile nun mit zwei Schichten weißer Dispersionsfarbe streichen. Die erste Schicht vor Auftrag der zweiten trocknen lassen. Nun die Farbe an ausgewählten Stellen mit feiner Stahlwolle, die man mit Spiritus befeuchtet hat, abschleifen, bis die rote Grundierung durchscheint – vor allem an den Kanten.

8 Flüssigwachs mit etwas Bimsmehl vermischen und mit einem kleinen Flachpinsel über dem ganzen

Rahmen bis unter die Zierleisten und Formteile verstreichen. Man kann nach Belieben auch ein leicht getöntes Wachs nehmen. Das Wachs trocknen lassen, dann den Rahmen mit einem weichen Tuch polieren.

NÜTZLICHE TIPPS

• Goldpulver und andere Metallpulver gibt es in vielen verschiedenen Farbschattierungen. Sie erreichen nicht den Glanz von echtem Blattgold, sind aber gut für kleine Korrekturen geeignet: zur Ausbesserung von Rissen und Fehlstellen, die es bei der Arbeit mit feinem Blattgold immer gibt.

• Sowohl Blattgold als auch Goldpulver müssen zum Schluss mit einer Schicht Schellack oder anderem klarem Lack geschützt werden, um ihren Glanz zu erhalten.

Weitere Vergoldungsprojekte:
Vergoldeter Stuhl, siehe Seiten 102–103.

▲ Dem Rahmen mit Bimsmehl und Wachs eine feine Patina verleihen.

Tisch mit Pastellanstrich

DIESES TISCHCHEN AUS unbehandeltem Holz bot sich für einen Pastellanstrich in Zugtechnik an, die die feinen Pinselspuren sichtbar bleiben lässt. Die Goldkante und der Beschlag auf der Schublade betonen die feine Eleganz des Stücks. Man kann statt der Acryllasur auch Öllasur verwenden, was der traditionellen Methode entsprechen würde, doch Ölfarbe trocknet nur sehr langsam und vergilbt mit der Zeit. Die Acryllasur trocknet dagegen innerhalb weniger Stunden. Man sollte daher aneinander stoßende Flächen nicht unmittelbar nacheinander bearbeiten.

❖ WERKZEUG UND MATERIAL ❖

Seidenmatte Dispersionsfarbe

Flacher Malerpinsel

Künstleracrylfarbe

Acryllasur

Flacher Lackpinsel

Alter Teelöffel

Weißleim und Bimsmehl oder Acrylfarbe in Umbra natur

Küchenpapier

Goldcreme

Weiches Tuch

Klarlack auf Wasserbasis, matt

▲ Die Acryllasur in geradem Zug auftragen.

▲ Die Kanten mit Acrylfarbe streichen.

1 Den Tisch mit zwei Schichten Dispersionsfarbe streichen. Die erste Schicht trocknen lassen, ehe man die zweite aufträgt. Auch diese trocknen lassen.

2 Acryllasur mit Künstleracrylfarbe mischen, bis der erwünschte Farbton erreicht ist. Die Lasur mit einem flachen Lackpinsel in geraden Längsbahnen auf die Tischplatte streichen. Dann die Seitenteile des Tisches streichen. Wenn sie getrocknet sind, die Beine streichen, dabei den Pinsel in geradem Zug von oben nach unten führen; über Nacht trocknen lassen.

3 Aus einem Teelöffel Weißleim, zwei Teelöffeln Bimsmehl und 250 ml Wasser einen Antikisierungsanstrich anrühren. Den Anstrich genauso wie die Lasur auf die einzelnen Flächen auftragen und mit Küchenpapier wieder abwischen, damit ein antiker Effekt angedeutet wird.

4 Die Tischkante und die Kante der Schublade mit der gewählten Acrylfarbe ohne Zugabe von Lasur streichen. Für das Beispiel wurde eine Mischung aus Elfenbeinschwarz, Preußischblau und seidenmatter Dispersionsfarbe in Titanweiß verwendet.

5 Die Kanten mit Goldcreme überstreichen, völlig trocknen lassen und mit einem weichen Tuch polieren. Alle Flächen außer den Goldkanten mit zwei Schichten mattem Klarlack auf Wasserbasis streichen, um die Flächen vor Gebrauchsspuren zu schützen. Einen passenden Beschlag auf die Schublade schrauben.

Weitere Tischprojekte:
Esstisch mit Schottenmusterborte, siehe Seiten 100–101; Antikisierter Beistelltisch, siehe Seiten 104–105; Tische mit Freihandbemalung, siehe Seiten 110–112; Marmorierter Frisiertisch, siehe Seiten 162–163; Lackierte Gartenmöbel, siehe Seiten 204–205; Bemaltes Tischtuch, siehe Seiten 218–221.

Die elegante Linie des Tischchens verlangte nach einem Farbeffekt, der einen Hauch von Luxus vermittelt.

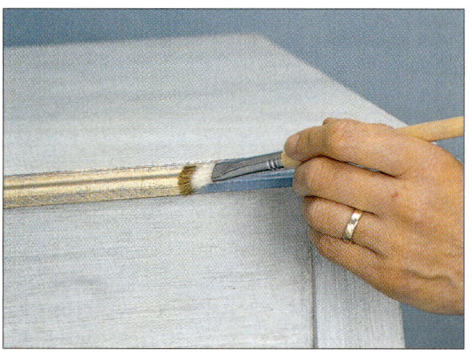

▲ Die Goldcreme auf die Kanten auftragen.

Mit Farbe getünchte Wand

MIT DEM WORT TÜNCHEN verbindet man ursprünglich die Vorstellung von Wänden, die mit weißer Kalkfarbe gestrichen wurden – so langweilig möchte es heute niemand mehr haben. Gefragt sind Farbe und eine interessante Struktur. Mit der hier vorgestellten einfachen Technik kann man die eigenen Wände billig und doch höchst effektvoll gestalten. Der Trick ist die Lasur, die mit einer Farbe nach Wahl getönt und mit einem breiten Pinsel in großzügigen Bewegungen aufgetragen wird. Die Grundierung sollte seidenglänzend sein, denn erst der leichte Glanz macht es möglich, die Lasur leicht zu verstreichen und mit dem Schlichtpinsel die ursprünglichen Pinselspuren wie verwaschen erscheinen zu lassen.

❖ WERKZEUG UND MATERIAL ❖

Ölfarbe (500 ml)

Lasur auf Ölbasis (500 ml)

Terpentinersatz (etwa 1 Tasse)

Flächenstreicher

Dachshaarschlichtpinsel

▲ Die Lasur kreuz und quer auftragen.

▲ Mit Dachshaarschlichtpinsel verwischen.

1 Für die Lasur die Ölfarbe mit der Lasur auf Ölbasis in einem Gefäß verrühren. Dann so viel Terpentinersatz hinzufügen, bis die Mischung die Konsistenz von flüssiger Sahne hat.

2 Mit einem Flächenstreicher die Lasur auf die seidenglänzend vorgestrichene Wand aufbringen. In großen, hin und her fahrenden, sich überlappenden Bewegungen jeweils eine Fläche von etwa 1 m² bedecken. Hier und da ein wenig von der Grundierung durchscheinen lassen.

3 Die Lasur mit demselben Pinsel in den gleichen Streichbewegungen so weit wie möglich weiter auf der Wand verteilen. Ehe die Ränder des Auftrags trocknen, neue Lasur aufbringen und die Stoßkanten sofort mit dem Pinsel verwischen, damit nicht nasse auf trockene Lasur stößt. Ehe die Lasur vollkommen trocken ist, einen Schlichtpinsel in gleicher Weise wie bisher über die Fläche führen, um die Pinselstriche zu vertreiben und lediglich einen leicht verwaschenen Effekt zu behalten.

NÜTZLICHE TIPPS

• Gelegentlich sieht eine dünne Lasur nach dem Trocknen puderig aus. Dafür kann eine fertig gemixte schlechte Farbe verantwortlich sein, meist aber wurden Lasur und Farbe nicht gründlich genug verrührt. Zur Behebung des Schadens kann man die völlig getrocknete Wand mit einer Schicht Dispersionslasur streichen. Sie ist sehr dünnflüssig und sollte mit dem Pinsel – nicht mit der Rolle – aufgetragen werden. Sie trocknet klar und dient als abwaschbarer Schutz der mit Farbe getünchten Wände. Dispersionslasur lässt sich rasch und leicht auftragen und trocknet innerhalb einer Stunde.

• Beim Schlichten der aufgetragenen Lasur die Arbeit erst dann unterbrechen, wenn eine Außenkante erreicht ist, sonst gibt es eine deutlich sichtbare Trennlinie, die den Effekt ruiniert.

▲ Lasur und Ölfarbe gut mischen.

▲ Die Lasur rasch verstreichen.

Weitere Wandprojekte:
Wände mit Karomuster, siehe Seiten 94–97; Schablonierte Balustrade, siehe Seiten 130–132; Gestrichene Wandpaneele, siehe Seiten 133–135; Schablonierter Küchenfries, siehe Seiten 148–149; Schlafzimmerfries, siehe Seiten 172–174; Schablonierte Luftballons, siehe Seiten 184–185; Badezimmer im Marmorlook, siehe Seiten 200–201.

Kamin im Graniteffekt

OFFENE KAMINE SIND beliebt, doch nicht überall kann man sie nachträglich einbauen. Auch ein Imitat, in dem das Brennholz nicht angezündet werden darf, kann seinen Charme haben. Hier wurde eine gusseiserne Kaminumrandung so gestrichen, dass sie wie aus Granit wirkt. Ebenso könnte man eine Holzverkleidung streichen, die einen falschen Kamin umrahmt. Für echte Kamine muss man Speziallacke verwenden, die Temperaturen bis zu 600 °C aushalten. Diese Lacke gibt es jedoch leider nur in Schwarz und Silber.

❖ WERKZEUG UND MATERIAL ❖

Warmes Seifenwasser

Fein- und mittelkörniges Schleifpapier

Staubbindetuch

Seidenglanzfarbe

Flacher Malerpinsel

Alter Esslöffel

Farbtopf

Acryllasur

Künstleracrylfarben (zum Beispiel Paynesgrau und Chromgrün)

Holzstock zum Rühren

Glitter in Dunkelgrün, Silber und Schwarz

Papier

1 Den Kamin außen mit Seifenwasser abwaschen. Erst mit mittlerem, dann mit feinem Schleifpapier abschleifen und mit einem Staubbindetuch abwischen.

2 Mit Seidenglanzfarbe, die heller ist als die Granitfarbe, streichen. Trocknen lassen, mit feinem Schleifpapier abschleifen, mit Staubbindetuch abwischen und anschließend eine zweite Schicht Seidenglanzfarbe auftragen.

3 Einen Esslöffel Acryllasur in einen Farbtopf geben und je zwei Tubenbreiten der gewählten Künstleracrylfarben für den Granitton zugeben. Mit dem Stock gut verrühren und weitere Farbe zugeben, bis der gewünschte Ton erzielt ist. In kleinem Strahl Acryllasur zugeben, bis die erforderliche Menge vorhanden ist (man sollte lieber zu viel als zu wenig nehmen). So lange rühren, bis die Mischung die Konsistenz von flüssiger Sahne hat.

4 Weiterrühren und dabei dunkelgrünen, silbernen und schwarzen Glitter zugeben. Ständig weiterrühren, bis der Glitter völlig in die Lasurmischung eingearbeitet ist.

5 Die granitfarbene Lasur mit dem Flachpinsel auf den Kamin streichen. Trocknen lassen, dann eine zweite Schicht auftragen. Um den Glittereffekt zu erhöhen, ein wenig Glitter auf ein Blatt Papier streuen und gegen die noch feuchte Lasur blasen.

NÜTZLICHE TIPPS

• Granitfarbe kann aus vielen Farben gemischt werden. Hier wurden Grau und Grün verwendet, doch man kann nach Herzenslust frei kombinieren. Nur bei der Zugabe des Glitters, der den typischen Graniteffekt erzeugt, sollte Silber nicht fehlen.

Weitere Steineffektprojekte:
Porphyrbilderrahmen, siehe Seiten 106–107; Marmorierter Blumentopf, siehe Seiten 214–215.

▲ Die Grundierung heller als die Lasur wählen.

▲ Farb- und Glittergemisch auftragen.

Bedruckter Boden

DAS VERSPIELTE MUSTER auf diesem schlichten Holzfußboden wurde mit einfachen Hilfsmitteln aufgebracht: mit Stempeln, die aus Küchenschwämmen geschnitten wurden. Es dauerte einen Tag, die Dielenbretter zu bedrucken und zu lackieren; das Ergebnis ist ein freundlicher heller Fußboden. Der für die Stempel verwendete Schwamm bewirkt durch seine Struktur, dass die Abdrücke keine starren Linien ergaben. Das Türkis des Linienmusters ist die Komplementärfarbe des Terrakottarots des Wandanstrichs. Das weiße Blumenmuster stammt von einem bedruckten Stoff. Das Motiv wurde als Vorlage für den zweiten Schwammstempel ausgeschnitten. Viele Stoffe bieten Motive (siehe Seiten 84–85), die man für solche Zwecke verwenden kann.

❖ WERKZEUG UND MATERIAL ❖

Holzbeize

Fußbodenlack

Malerpinsel

Schere

Muster zum Übertragen

Cutter und Schneidematte

Flache Haushaltsschwämme

2 Holzklötze

Weißleim

Künstleracrylfarbe (zum Beispiel in Türkis) für die Streifen

Künstleracrylfarbe in Weiß, Gelb und Dunkelgrün für die Blüten

Schmierpapier

1 Die Dielenbretter mit Beize streichen. Wenn die Beize getrocknet ist, mit einer Schicht Lack versiegeln: Der Lack verhindert, dass die Acrylfarbe in die Holzporen dringt; außerdem können Fehldrucke dadurch rasch weggewischt werden, was bei unversiegelten Böden nicht möglich ist.

2 Mit einer scharfen Schere das Blumenmotiv aus dem Stoff schneiden, auf den Schwamm kleben und aus dem Schwamm mit dem Cutter ausschneiden. Diese Schwammmotive ebenso wie die Schwammstreifen mit Weißleim auf Holzklötze kleben, die als Stempelgriff dienen.

3 Mit dem Pinsel Künstleracrylfarbe auf den Schwamm streichen und einen Probeabdruck auf Papier machen, um den Stempel eventuell mit dem Cutter zu korrigieren.

4 Die Stempel satt mit Acrylfarbe füllen und zunächst den Türkisrand drucken. Beim ersten Stempeln wenig Druck ausüben; wenn die Farbmenge geringer wird, mit mehr Druck arbeiten. Danach die Blütenstempel mit entsprechenden Farben füllen und das Motiv wie beschrieben aufdrucken. Wenn die Farbe nach etwa einer Stunde getrocknet ist, mit zwei Schichten Fußbodenlack schützen.

NÜTZLICHE TIPPS

• Man kann jede beliebige Farbe zum Stempeln benutzen, vorausgesetzt, sie ist opak genug, um zu decken, und dick genug, um nicht zu verlaufen. Ölfarbe trocknet nur langsam.

Weitere Stempeldruckprojekte:
Stuhl mit Artischockenmuster, siehe Seiten 102–103; Stuhl mit Efeublättern, siehe Seiten 150–151; CD-Kasten mit Stempelmotiv, siehe Seiten 240–241.

▲ Die Motivvorlage aus Stoff ausschneiden.

▲ Acrylfarbe auf den Stempel auftragen.

▲ Zum Schutz zwei Schichen Lack auftragen.

Schablonierte Balustrade

Eine gelungene grosse Schablonenarbeit kann einem Raum ein fantastisches Flair verleihen. Die hier gezeigte Balustrade ist ein einfaches Design, das ausgezeichnet in einen sonnigen, spärlich möblierten Raum passt. Gestrichen wird mit Außenanstrichfarben, die ein wenig Sand enthalten. Außerdem werden die einzelnen Baluster leicht schattiert, sodass sie plastisch wirken. Die strapazierfähige Farbe braucht kaum Pflege; eventuell entstehende Schäden lassen sich leicht ausbessern. Die Vorlage ist eine vergrößerte Fotokopie. Die Leerstellen zwischen den Einzelelementen der Baluster entstehen durch die Stege, die die Schablone zusammenhalten. Für die Bodenleiste und das aufliegende Geländer verwendet man Abdeckband.

❖ WERKZEUG UND MATERIAL ❖

Vorlage für die Schablone (s. S. 246)

Skalpell und Schneidematte

Transparentpapier oder Azetatfolie

Leicht haftendes Abdeckband

Stahllineal

Wasserwaage

Bleistift

Senkblei

Ablösbarer Sprühkleber

Haushaltsschwämme oder kleiner Farbroller

Papier

Sandhaltiger feiner Außenanstrich in zwei Farben, hell und etwas dunkler

Künstlerkreide (Öl- oder Wachsölkreide in Weiß und lichtem Ocker oder Siena natur)

1 Das gewählte Design auf die erforderliche Größe fotokopieren. Dabei die Höhe des vorhandenen Fußbodensockels beachten und die Höhe der zusätzlich später aufgemalten Sockel und Geländerleisten.

2 Das vergrößerte Design auf eine schnittfeste Unterlage legen. Ein Stück Transparentpapier von mindestens doppelter Größe darüber legen und mit Abdeckband befestigen.

3 Das Design mit dem Bleistift nachzeichnen, dabei die Stege markieren. Die Schablone mit dem Skalpell ausschneiden. Gerade Linien entlang dem Stahllineal schneiden. (Mehrere Schablonen schneiden, wenn man zu mehreren arbeitet.) Nicht vergessen, beim Ausschneiden die Stege stehen zu lassen!

4 Nun auf der Wand die genauen Positionen für die Schablonen festlegen. Zunächst die genaue Längsachse der Schablone auf dieser

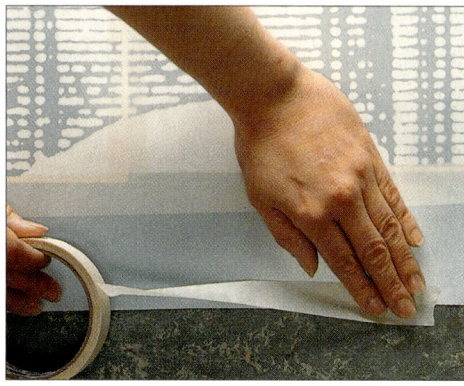
▲ Schablonenmaterial über das Design kleben.

markieren, dann diese Längsachse mithilfe von Stahllineal, Senkblei und Wasserwaage auf die Wand übertragen und mit dünnen Bleistiftstrichen markieren, sodass die Baluster später in absolut regelmäßigen Abständen auf die Wand kommen.

5 Die Rückseite der Schablone mit Sprühkleber besprühen und die Schablone genau positioniert – Längsachse über Bleistiftlinie – auf die Wand kleben. Die Schablone zusätzlich mit Abdeckband befestigen.

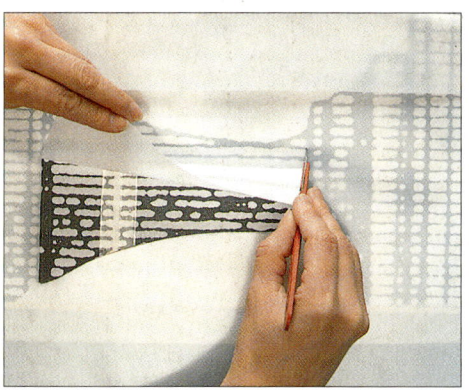
▲ Die Schablone sorgfältig ausschneiden.

▲ Schablone auf der Markierung befestigen.

▲ Schablonenraum mit heller Farbe füllen.

6 Mit einem Stück Schwamm oder einem kleinen Farbroller die gesamte Schablone mit der helleren Sandfarbe austupfen oder überrollen. Die Schablone für den nächsten Schritt in Position lassen.

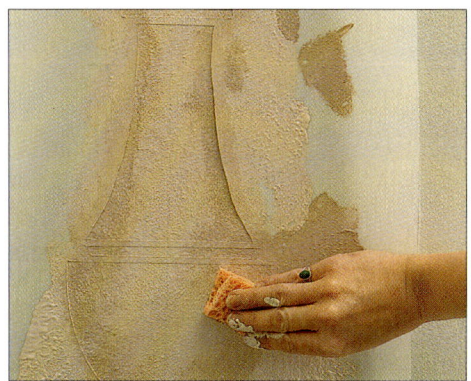

▲ Mit dunklerer Farbe schattieren.

7 Ein kleines Stückchen Schwamm in die dunklere Sandfarbe tauchen und auf Papier überschüssige Farbe ausstupfen. Nun mit der dunkleren Farbe die Balusterform an den Seiten, oben und unten schattieren und die beiden Farben durch sanftes Tupfen ineinander übergehen lassen. Die Schablone vorsichtig ablösen und neu anlegen. Darauf achten, dass sie nicht auf der Rückseite mit Farbe verschmiert ist; sonst erst reinigen.

8 Sind alle Baluster aufgebracht, mit Abdeckband den Raum für das Geländer so abdecken, dass zwischen Geländer und Oberkante der Baluster kein Freiraum bleibt. Den Zwischenraum mit heller Farbe füllen, dann mit der dunkleren schattieren.

9 Wie das Geländer nun auch die Sockelleiste der Balustrade abdecken und ausmalen.

▲ Die Geländerfläche schattieren.

10 Wenn die Farbe getrocknet ist, mit Ölkreide sehr vorsichtig den durch die Schattierung schon angedeuteten plastischen Eindruck verstärken. Mit Kreide in lichtem Ocker oder Siena natur Schatten an diesen Stellen imitieren.

11 Mit weißer Kreide die Stellen aufhellen, die von der Sonne erfasst hell erscheinen würden. Die Abbildung unten zeigt, dass die weißen Linien jeweils auf der linken Seite der bauchigen Elemente der Baluster verlaufen. Darüber hinaus wurde die Oberkante jedes Abschnitts bewusst mit einer zarten weißen Linie betont.

▲ Kreide erzeugt plastische Wirkung.

NÜTZLICHE TIPPS

• Man kann die Farbe für die Balustrade genau abtönen, indem man der Sandfarbe Künstleracrylfarbe beimischt.

• Damit die Schablonen völlig symmetrisch werden, trennt man die Vorlage in der Längsachse durch und verwendet nur die eine Hälfte, indem man sie einmal mit der Vorder-, einmal mit der Rückseite durchzeichnet.

Weitere Schablonierprojekte:
Paravent mit Schablonenmotiv, siehe Seiten 167–169; Schlafzimmerfries, siehe Seiten 172–173; Schablonierte Luftballons, siehe Seiten 184–185; Bad in mexikanischem Stil, siehe Seiten 190–192; Wandsockel Ton in Ton, siehe Seiten 208–211; Rahmen mit Mohnblumen, siehe Seiten 236–237; Schablonierter Spiegelrahmen, siehe Seiten 242–243.

▲ Weiße Kreidelinien an den linken Seiten der Abschnitte vervollständigen den Effekt.

Gestrichene Wandpaneele

DREI VERSCHIEDENE FARBEFFEKTE – Zugtechnik, Tupfen mit dem Lappen und Sacken – wurden hier harmonisch vereint, um einem Raum eine elegante Atmosphäre zu verleihen. Die Paneele bestehen aus schlichten Profilleisten aus dem Baumarkt. Es gibt sie dort in einheitlicher Länge. Entweder bekommt man sie im Baumarkt passend und auf Gehrung geschnitten oder man muss es selbst machen. In jedem Fall sollte man den Gesamtbedarf ebenso ausmessen wie die Einzellänge der Leistenstücke. Sämtliche verwendeten Farben sind Abstufungen einer einzigen Grundfarbe und wurden nach der Farbkarte in einem Baumarkt ausgewählt. Indem man Schattierungen einer Farbe wählt, ist ein harmonisches Farbenspiel garantiert.

❖ WERKZEUG UND MATERIAL ❖

Holzgrundierung

Malerpinsel

Profilleisten in ausreichender Länge, Schnittverluste mitgerechnet

Feinsäge und Gehrungsschneidlade

Vinylfarbe, seidenmatt, in 2 Farbabstufungen (2,5 l)

Lackleim

Abdeckband

Transparente Öllasur (1 l)

Seidenglanzlack auf Ölbasis in 3 Farbabstufungen (0,5 l)

3 große Blumentopfuntersetzer

Terpentinersatz

Stupfbürste

Baumwolllappen

Zugpinsel

3 oder 4 farbechte Plastiktüten

1 Die Profilleisten mit Holzgrundierung streichen, wenn sie beim Kauf aus unbehandeltem Holz sind. Gründlich trocknen lassen.

2 Die Leisten mit der Feinsäge und Gehrungsschneidlade auf Gehrung, also schräg, abschneiden, wie auf dem Bild unten links gezeigt. Darauf achten, dass die Schnitte richtig geführt werden, also in der jeweils erforderlichen Richtung abgeschrägt sind, um die Leisten richtig zusammensetzen zu können. Die Arbeit wird auch im Baumarkt ausgeführt.

3 Die Wand mit der seidenmatten Vinylfarbe in zwei aus der Farbkarte gewählten Grundabstufungen ober- und unterhalb der späteren Paneelhöhe zweimal streichen. Hier wurde für den unteren Wandabschnitt ein sattes Blaugrün gewählt, für den oberen eine sehr helle Abstufung derselben Farbe.

4 Die genaue Positionierung der Profilleisten auf der Wand bestimmen und mit dem Bleistift markieren. Die Profilleisten mit Lackleim direkt auf die Wand kleben. Den Leim kann man auf die Rückseiten der Leisten oder auf die Wand geben. Sollten die Leisten abrutschen, muss man sie mit Abdeckband fixieren, bis der Leim bindet. Die Fehlstellen in den Verbindungskanten mit Lackleim ausfüllen.

5 Nun die Öllasuren in drei großen Blumentopfuntersetzern anrühren. Jeweils einen Teil Öllasur, einen Teil Seidenglanzlack in einer der drei gewählten Abstufungen und einen Teil Terpentinersatz vermischen. Die Abstufungen sollten auf der Farbkarte jeweils zwei oder drei Stufen voneinander entfernt sein. Die hellste und die dunkelste Lasur ziemlich dickflüssig halten, die Lasur der mittleren Tönung mit Terpentinersatz bis zur Konsistenz von Milch verdünnen.

▲ Die Profilleisten auf Gehrung sägen.

▲ Mit Vinylfarbe grundieren.

▲ Die Profilleisten mit Lackleim aufkleben.

▲ Die Lasur mit der Stupfbürste vertreiben.

6 Die hellste Lasur gleichmäßig auf die Innenflächen der Paneele streichen und die Pinselstrichspuren sofort mit der Stupfbürste vertreiben, indem man die Bürste mit den harten Borsten leicht auf die Wand stupft. Wenn einem ein paar Pinselspuren nichts ausmachen, kann man sich die Mühe mit der Stupfbürste sparen.

▲ Den Zugpinsel gleichmäßig mit festem, gleich bleibendem Druck über die Lasur ziehen.

▲ Die Lasur mit dem Lappen betupfen.

▲ Mit zerknüllter Plastiktüte betupfen.

▲ Profilleisten in abweichender Farbe streichen.

7 Mit einem in der Hand zerknüllten Baumwolllappen die ganze mit Lasur bestrichene Fläche rasch abtupfen (siehe Tupfen mit dem Lappen, Seite 37). Die milchdünne Lasur auf die Flächen außerhalb der Paneele streichen und sofort mit dem Zugpinsel das zarte Streifenmuster in die Lasur ziehen. Den Zugpinsel ober- und unterhalb der Paneele waagrecht führen, in den Zwischenräumen zwischen den Paneelen senkrechte Streifen einziehen (siehe Zugtechnik, Seite 38).

8 Die dunkelste Lasur, die recht dickflüssig sein kann, auf die Partie unterhalb der Paneele auftragen und mit einer zerknüllten Plastiktüte sacken (siehe Seite 38). Bei bedruckten Tüten den Druck nach innen nehmen, damit er auf der Wand keine Flecken hinterlässt.

9 Dann die Sockelleisten und alle Profilleisten mit der dunkelsten Abstufung des Seidenglanzlacks streichen oder für die Profilleisten auch eine andere Farbe wählen.

NÜTZLICHE TIPPS

• Bei der Anwendung von Lasurtechniken zügig arbeiten, damit die Lasur nicht trocknet, ehe man fertig ist: Es zeigen sich sonst fleckige Ansatzstellen. Von Lasuren genügend große Mengen anmischen, denn man kann sie schlecht nachmischen.

Weitere Wandprojekte:

Wände mit Karomuster, siehe Seiten 94–97; Mit Farbe getünchte Wand, siehe Seiten 124–125; Schablonierter Küchenfries, siehe Seiten 148–149; Schlafzimmerfries, siehe Seiten 172–174; Schablonierte Luftballons, siehe Seiten 184–185; Badezimmer im Marmorlook, siehe Seiten 200–201.

In vielen Wohnungen ist die Küche einer der wichtigsten Räume: Hier wird gekocht, oft wird hier auch gegessen und hier begegnet man sich. Der Nachbar wird in die Küche zu einem Plausch bei einer Tasse Kaffee gebeten. Freunde, die man zum Essen geladen hat, bleiben nach der Mahlzeit noch gemütlich am Tisch sitzen. Je wohnlicher die Küche mit Accessoires ausgestattet ist, desto wohler wird man sich in ihr fühlen. In Baumärkten gekaufte billige Rohlinge kann man mit Farbe zu kleinen Schmuckstücken aufpeppen. Dieses Kapitel zeigt, wie man mit alten oder neuen Stücken Wärme und Gemütlichkeit schafft und die Küche so zu einem Lieblingsraum der Wohnung macht.

Küchenprojekte

Küchenaccessoires

D AS LEICHTE, HELLE KIEFERNHOLZ hat eine ganz besondere Anziehungskraft. Auch für Kleinmöbel wird es gern genommen, und in den Baumärkten findet man viele Gegenstände aus unbehandeltem Holz, die noch gestrichen und bemalt werden müssen.

Hier wurden kleine alte und neue Accessoires aus Kiefernholz in einheitlichem Stil mit typischen Motiven aus der Bauernmalerei aus freier Hand bemalt. Um die Bandbreite der Möglichkeiten zu demonstrieren, wurden sowohl helle als auch dunkle Grundanstriche gewählt.

Kochbuchständer

❖ WERKZEUG UND MATERIAL ❖

Holzkitt

Malerspachtel oder Kittmesser

Mittel- und feinkörniges Schleifpapier

Staubbindetuch

Gouachefarben in verschiedenen Tönen (zum Beispiel Ultramarin, Zitronengelb und Umbra natur)

Marmeladenglas

Alter Esslöffel

Weiße Dispersionsfarbe

Schmaler, flacher Malerpinsel

Polyurethanklarlack, matt

Papier

Bleistift

Runder Künstlerpinsel

Gouache- oder Acrylfarben in verschiedenen Tönen für die Blumenmotive

1 Die Vorarbeiten hängen vom Zustand des Rohlings ab. Handelt es sich um ein altes Stück vom Flohmarkt, muss man gegebenenfalls zunächst abbeizen, um Farb- oder Lackreste zu entfernen. In jedem Fall muss man es mit Schleifpapier abschleifen, eventuell auch Risse und Stoßstellen mit Kitt ausbessern, den man mit dem Kittmesser verstreicht und nach dem Trocknen ebenfalls plan abschleift. Handelt es sich um ein unbehandeltes, neues Stück aus dem Baumarkt, muss man lediglich den Staub restlos abwischen.

2 Hat man das Stück mit Abbeizmittel und Holzkitt vorbehandeln müssen, schleift man es mit mittel- und dann mit feinkörnigem Schleifpapier ab und entfernt den Schleifstaub.

3 Für die Farbe des Grundanstrichs werden Gouachefarben mit weißer Dispersionsfarbe gemischt. Im gezeigten Beispiel wurde ein Farbstrang von 2,5 cm Ultramarin aus der Tube in ein Marmeladenglas gedrückt. Dann wurde ein Tupfer Zitronengelb zugegeben. Etwas Umbra natur diente zur weiteren Abtönung. Dann wurde weiße Dispersionsfarbe zugelöffelt.

4 Ist man mit dem Farbton zufrieden, füllt man so viel Wasser auf, bis die Farbe annähernd die Konsistenz von flüssiger Sahne hat. Trägt man diese Farbe auf, bekommt das Stück das Aussehen von leicht verschossener Farbe.

5 Man streicht das Stück mit einer Schicht der angerührten Farbe. Ist der Kochbuchständer in gutem Zustand, gar ein neues Stück gewesen, genügt diese Farbschicht: Maserung und Struktur des Holzes bleiben dann durch den Anstrich hindurch sichtbar. War der Ständer stark beschädigt und musste intensiv vorbehandelt werden, muss man eine zweite Schicht Farbe auftragen, nachdem die erste vollkommen getrocknet ist.

6 Da der Kochbuchständer mit Kochbüchern gefüllt werden soll, eignen sich lediglich die Außenseiten der Seitenstützen zur Bemalung: Alle anderen Flächen sind ja durch die hineingestellten Bücher nicht mehr sichtbar. Allerdings kann man auch die Kanten des Ständers in einer Komplementärfarbe hervorheben. Hier wurde dafür Gouachefarbe in kräftigem Pink gewählt (doch siehe Punkt 10).

▲ Vor dem Bemalen ausbessern und schleifen.

▲ Die Kanten in Kontrastfarbe streichen.

7 Hat man wenig Übung im Freihandmalen, überzieht man das ganze Stück zunächst mit einer Schicht mattem Polyurethanklarlack. Sollte beim Bemalen etwas schief gehen, kann man die Farbe mit etwas Spülmittel und feiner Stahlwolle wieder entfernen, ohne den Grundanstrich zu beschädigen. Traut man jedoch seinen Fähigkeiten und hat man hinreichend Übung, kann man mit Gouache (oder Künstleracrylfarben) direkt auf die Dispersionsgrundierung malen.

8 Auf Papier macht man zunächst einen Entwurf des Motivs. Blumenmotive sind einfach und man kann sie aus der Fantasie gestalten, vor allem wenn man bereits etwas Übung hat. Man kann sich natürlich auch an existierende Vorlagen halten, zum Beispiel an feine Blumenmotive auf Porzellantellern oder bäuerliche Motive auf glasierten Steingutgeschirren. Um ein Gefühl dafür zu entwickeln, sollte man Transparentpapier über das Motiv legen und es durchzeichnen.

9 Hat man ein passendes Motiv gefunden, zeichnet man mit Bleistift ein paar feine Hilfslinien auf das Gestell und malt es dann aus der freien Hand mit Künstlerpinseln auf. Hinweise zur Pinselführung für typische Bauernmalerei finden sich auf den Seiten 58 und 59. Hat man das Stück lackiert, muss man Acrylfarben verwenden: Gouachefarben haften auf dem Lack nicht gut und verwischen daher sehr leicht.

10 Hat man den Kochbuchständer zu seiner Zufriedenheit bemalt, kann man eine der hervorstechenden Farben wählen, um damit die Kanten zu streichen. Auch hier gilt: Hat man das Stück lackiert, muss man Acrylfarben verwenden. Malt man direkt auf die Grundierung aus Dispersionsfarbe, kann man Gouachefarbe nehmen. Die Farbe vollkommen trocknen lassen. Zuletzt das ganze Stück mit mattem Polyurethanklarlack streichen, damit es gegen Gebrauchsspuren geschützt ist.

NÜTZLICHE TIPPS

• Wenn man auf eine Hilfszeichnung nicht verzichten möchte, sollte man nur ganz feine Bleistiftstriche auf das Stück zeichnen, damit man sie nicht durch die Farbe durchscheinen sieht.

• Von der Dispersionsgrundierfarbe eine genügende Menge anmischen: Wenn man zwei Schichten aufbringen muss und die Farbe nicht reicht, dann ist es sehr schwer, den gleichen Ton noch einmal genau anzumischen.

Weitere Freihandprojekte:
Getünchtes Eichensideboard, siehe Seiten 98–99; Esstisch mit Schottenmusterborte, siehe Seiten 100–101; Tische mit Freihandbemalung, siehe Seiten 110–112; Küchenstuhl (Tassenmotive), siehe Seiten 146–147; Bemaltes Porzellan, siehe Seiten 152–154; Handbedruckte Truhe, siehe Seiten 164–166; Gestrichene Bilderrahmen, siehe Seiten 232–233.

Gewürzregal

❖ WERKZEUG UND MATERIAL ❖

Materialien wie für Buchständer auf der Seite 138

1 Dieses Gewürzregal aus Kiefernholz war eine Neuerwerbung aus dem Baumarkt und musste lediglich mit feinkörnigem Schleifpapier etwas abgeschliffen werden. Es wurde mit getönter Dispersionsfarbe gestrichen, wobei die Schubladen und die Dosen ausgelassen wurden.

2 Lediglich die Knöpfe der Schubladen sowie der Deckel der Gewürzdosen wurden gestrichen, außerdem die Wulstränder der Dosen. Das Stirnbrett des Gewürzregals bot die geeignete Fläche für die Freihandbemalung. Zum Schluss wurde das ganze Regal, auch die nicht gestrichenen Flächen der Schubladen und Dosen, mit einer Schicht von mattem Polyurethanklarlack überzogen.

▲ Ein Porzellanteller dient als Motivvorlage.

Das schlichte Gewürzregal aus Kiefernholz bekommt durch die Freihandbemalung eine persönliche Note.

Weitere Freihandprojekte:
Getünchtes Eichensideboard, siehe Seiten 98–99; Esstisch mit Schottenmusterborte, siehe Seiten 100–101; Tische mit Freihandbemalung, siehe Seiten 110–112; Küchenstuhl (Tassenmotive), siehe Seiten 146–147; Bemaltes Porzellan, siehe Seiten 152–154; Handbedruckte Truhe, siehe Seiten 164–166; Gestrichene Bilderrahmen, siehe Seiten 232–233.

Löffelhalter

Feine Stahlwolle

Heißes Seifenwasser

Wattestäbchen

Flüssiger Entfärber

Fusselfreies Tuch

Holzkitt

Malerspachtel oder Kittmesser

Mittel- und feinkörniges Schleifpapier

Staubbindetuch

Gouachefarben in verschiedenen Tönen
(zum Beispiel Ultramarin, Zitronengelb
und Umbra natur)

Marmeladenglas und alter Esslöffel

Weiße Dispersionsfarbe

Schmaler, flacher Malerpinsel

Polyurethanklarlack, matt

Papier und Bleistift

Runder Künstlerpinsel

Acrylfarben in verschiedenen Tönen
für die Blumenmotive

1 Dieses Teil brauchte gründliche Vorarbeit, denn es war sehr verschmutzt und voller Fett- und Tintenflecken. Schmutz und Fettflecken wurden mit Stahlwolle und Seifenwasser entfernt, wobei das Holz nicht zu nass werden durfte: Es quillt sonst und muss abgeschliffen werden.

2 Die Tintenflecken wurden mit Wattestäbchen entfernt, die in flüssigen Entfärber getaucht wurden. Es dauerte eine Weile, bis sich die ins Holz eingefressene Tinte löste. Danach wurde das ganze Stück mit einem feuchten, fusselfreien Tuch abgewischt und zum Trocknen stehen gelassen.

3 Risse und kaputte Stellen wurden mit Holzkitt und Kittmesser ausgebessert. Nach dem Trocknen wurde das ganze Stück mit mittel- und feinkörnigem Schleifpapier abgeschliffen und mit dem Staubbindetuch entstaubt.

4 Das Stück wurde so bemalt, wie es beim Kochbuchständer (siehe Seite 138) beschrieben wurde. Man kann einen Teil ungestrichen lassen und mit Klarlack überziehen. Sollen alle Accessoires zusammenpassen, wählt man dieselben Farben und Motive. Zuletzt mit Polyurethanklarlack streichen.

Ein weiteres Freihandprojekt:
Getünchtes Eichensideboard, siehe Seiten 98–99.

▲ Freihandmotiv mit Künstlerpinsel malen.

Eisernes Schlüsselbrett

Feine Stahlwolle

Brennspiritus

Feinkörniges Schleifpapier

Staubbindetuch

Schmaler, flacher Malerpinsel

Emailfarbe in Dünkelgrün

Ein Stück Kreide

Runder Künstlerpinsel (Zobelhaar
oder Synthetik)

Emailfarben in verschiedenen Tönen
(zum Beispiel Purpurrot, Hellrot, Gelb, Weiß,
Limonengrün und Gelbbraun)

Polyurethanklarlack, hochglänzend

3 Messingschraubhaken

1 Spiegel (sofern einer vorhanden ist) und Haken von dem Eisenblatt entfernen. Danach wird es mit Stahlwolle und Spiritus gesäubert. Ist der vorhandene Lack glänzend und unbeschädigt, genügt es, ihn mit feinkörnigem Schleifpapier abzuschleifen.

2 Das Stück mit dem Staubbindetuch abwischen. Im Abstand von etwa sechs Stunden zwei Schichten dunkelgrüne Emailfarbe auftragen.

3 Das Motiv zur Bemalung auf einem Stück Papier entwerfen. Mit Kreide das Motiv auf der Emailfarbe andeuten und aus der freien Hand mit Emailfarben aufmalen. Hier wurden die auf Seite 59 vorgestellten Blumenmotive verwendet: verschiedenfarbige Rosen, Blätter und Gänseblümchen. Dann das Schlüsselblatt lackieren und 24 Stunden trocknen lassen.

4 Eine Schicht Lack auftragen und diese trocknen lassen. Den Spiegel wieder einsetzen und drei neue Messingschraubhaken anbringen.

Weitere Freihandprojekte:
Getünchtes Eichensideboard, siehe Seiten 98–99; Esstisch mit Schottenmusterborte, siehe Seiten 100–101; Küchenstuhl (Tassenmotive), siehe Seiten 146–147;

▲ Die Blütenblätter malen.

Uhrschränkchen mit Paneel

DIESES ATTRAKTIVE Wandschränkchen gibt bloß vor, auch eine Uhr zu enthalten: Das Zifferblatt ist aus Pappe, die Zeiger sind aufgeschraubt und können von Hand bewegt werden, da es aber am Uhrwerk fehlt, stehen sie still. Das Schränkchen wurde aus schlichten Kiefernholzbrettern gebaut und mit Dispersionsfarbe in lichtem Ocker gestrichen. Die Mittelfläche des Paneels erhielt einen cremefarbenen Anstrich, für den Paneelrahmen wurde dieser Farbe ein wenig Umbra natur zugesetzt. Das Birnenmotiv wurde aus einem Kunstblatt ausgeschnitten. Die Technik, mit der man Motive aus Papier ausschneidet, auf eine Fläche klebt und mit zahlreichen dünnen Lackschichten bedeckt, stammt aus Frankreich, wo sie als Découpage bekannt ist.

❖ WERKZEUG UND MATERIAL ❖

Mittelkörniges Schleifpapier

Holzkitt

Malerspachtel oder Kittmesser

Dispersionsfarbe in drei Schattierungen

Flacher Malerpinsel

Bleistift

Motiv von einem Kunstblatt

Acryllack aus der Spraydose (fakultativ)

Scharfe, kleine Schere

Papierleim

Leimpinsel

Schwamm

Acryllack auf Wasserbasis, seidenglänzend

Lackpinsel

Krakelürenlack-Set

Küchenpapier

Farbpigment in Umbra natur

Mattlack auf Ölbasis

Braunes Wachs

Weiches Tuch

Zum Zifferblatt passt eine zarte Abbildung im Stil der Sibylla Merian.

1 Das ganze Schränkchen mit mittelkörnigem Schleifpapier abschleifen. Risse mit Holzkitt und Kittmesser füllen und eventuell abschleifen. Eine Schicht Dispersionsfarbe in lichtem Ocker auftragen, das Paneel der Tür aussparen und mit cremefarbener Dispersionsfarbe den Paneelrahmen mit der dunkelsten Schattierung streichen.

2 Das Motiv des Kunstblatts ausschneiden. Dünnes Papier ist besser für die Technik geeignet als dickes, ein Motiv auf Geschenkpapier ist ideal. Damit man besser schneiden kann, besprüht man das Papier auf der Rückseite mit Acryllack.

3 Das ausgeschnittene Motiv mit Papierleim auf die Paneelfläche kleben. Überschüssigen Leim wegwischen. Alle weißen Linien rund um die aufgeklebte Découpage herum mit dem Bleistift schwärzen. Zwei Schichten Acryllack auf das ganze Schränkchen auftragen. Dann weitere acht bis zehn Schichten auftragen. Das Zifferblatt mit einer Schicht Lack streichen, dann die zwei Komponenten des Krakelürenlacks auftragen.

4 Wenn die zweite Schicht getrocknet ist, das Farbpigment mit Küchenpapier darüber verreiben. Die Fläche am nächsten Tag mit Mattlack auf Ölbasis versiegeln. Das Schränkchen mit braunem Wachs mit Küchenpapier abreiben, trocknen lassen und mit einem weichen Tuch polieren.

Weitere Schrankprojekte:
Getünchtes Eichensideboard, siehe Seiten 98–99.

▲ Den Paneelrahmen dunkel streichen.

▲ Weiße Kanten mit Bleistift schwärzen.

Gestrichene Stühle

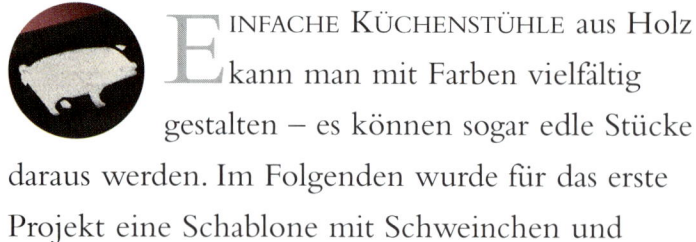

EINFACHE KÜCHENSTÜHLE aus Holz kann man mit Farben vielfältig gestalten – es können sogar edle Stücke daraus werden. Im Folgenden wurde für das erste Projekt eine Schablone mit Schweinchen und Herzchen geschnitten – ein passendes Motiv für einen Stuhl in einer rustikalen Küche. Für das zweite Projekt, das alte, bereits gerissene Farbe imitiert, ist die Wahl der Farben entscheidend. Hier wurde ein elegantes Französischblau gewählt, das über eine durchscheinende zarte Cremefarbe gestrichen wurde.

Stuhl mit Schweinchen

❖ WERKZEUG UND MATERIAL ❖

Schleifpapier

Staubbindetuch

Schmaler, flacher Malerpinsel

Gouachefarbe in Elfenbeinschwarz und Perlweiß

Azetatfolie

Permanent-Marker mit feiner Spitze

Skalpell und Schneidematte

Abdeckband

Stupfpinsel

Küchenpapier

Seidenglanzklarlack und Pinsel

1 Den ganzen Stuhl abschleifen, um alte Farb- und Lackreste zu entfernen, dann mit dem Staubbindetuch abwischen. Mit einem Flachpinsel zwei Schichten Elfenbeinschwarz auftragen und jeweils trocknen lassen.

2 Azetatfolie über die Vorlage auf Seite 246 legen und mit dem Marker durchzeichnen, dann mit dem Skalpell auf der Schneidematte als Unterlage ausschneiden.

3 Die Schablone auf der Mitte der Stuhllehne positionieren und mit Abdeckband ankleben. Den Stupfpinsel in das Perlweiß tauchen, auf Küchenpapier überschüssige Farbe abstreichen und dann die Innenfläche der Schablone in kreisender Bewegung mit Farbe ausstupfen.

4 Die Schablone rechts und links erneut anlegen. Auf die schmaleren Sprossen lediglich kleine Herzchen schablonieren.

5 Die Farbe 24 Stunden trocknen lassen, dann zwei Schichten Seidenglanzklarlack auftragen und trocknen lassen.

Weitere Schablonierprojekte:
Schablonierter Korbsessel, siehe Seiten 160–161; Paravent mit Schablonenmotiv, siehe Seiten 167-169; Zeitungsständer, siehe Seiten 238–239.

Stuhl mit Antikanstrich

❖ WERKZEUG UND MATERIAL ❖

Schleifpapier

Staubbindetuch

Schmaler, falcher Malerpinsel

Gouachefarbe in Perlweiß und Französischblau

Reißlack

Seidenglanzklarlack und Pinsel

1 Den Stuhl abschleifen, um alte Farb- und Lackreste zu entfernen, dann mit dem Staubbindetuch abwischen. Mit einem schmalen Flachpinsel zwei Schichten Perlweiß auftragen und jeweils trocknen lassen.

2 Mit einem absolut sauberen Pinsel eine gleichmäßige Schicht Reißlack auf das gut getrocknete Perlweiß auftragen. Den Reißlack so weit trocknen lassen, bis er glatt ist und beim leichten Antippen mit dem Finger nicht mehr klebt (das dauert in der Regel 20 Minuten, manchmal auch eine Stunde).

3 Eine gleichmäßige Schicht Französischblau auf den Reißlack auftragen. Der Effekt wird sich sofort zeigen: Die Farbe springt in typischer Weise. Nicht überstreichen, denn das ruiniert den Effekt.

4 Die Farbe mindestens 24 Stunden trocknen lassen. Dann drei Schichten Seidenglanzklarlack auftragen. Jede Schicht vor dem Neuauftrag der nächsten trocknen lassen und leicht abschleifen.

Weitere Reißlackprojekte:
Antikisierter Bauernstuhl, siehe Seiten 212–213.

Küchenstuhl (Tassenmotive)

EIN WITZIGER KÜCHENSTUHL mit einem Fries aus Tassen auf der Rückenlehne, die durch einen Reißlackanstrich ein Krakeleemuster bekamen. Vorlagen für die Tassen und Anregungen zu ihrer Freihandbemalung finden sich auf Seite 246. Der Stuhl sollte entweder aus unbehandeltem Holz bestehen oder durch Abbeizen und Abschleifen von allen Farb- und Lackschichten befreit werden. Inspiration für das Motiv waren Entwürfe des 1765 geborenen Steingutfabrikanten Thomas Minton, in dessen Zeit Teetassen keinen Henkel hatten.

❖ WERKZEUG UND MATERIAL ❖

Schleifpapier

Staubbindetuch

Flacher Malerpinsel

Dispersionsfarbe in Altweiß, Rauchweiß, Kohlschwarz, Oxidgelb und Kobaltblau

Lappen

Transparentpapier

Schablonenvorlage (s. S. 246)

Bleistift

Kohlepapier

Kugelschreiber

Reißlack

Feiner, runder Künstlerpinsel

Seidenglanzklarlack oder Bienenwachs

1 Den Stuhl abschleifen, um alte Farb- und Lackreste zu entfernen. Den ganzen Stuhl mit wässriger Dispersionsfarbe in warmem Altweiß streichen. Wünscht man einen changierenden Effekt, arbeitet man in Partien und wischt die Farbe stellenweise mit einem Lappen ab.

2 Die Umrisse von einer der Tassen von Seite 246 auf Transparentpapier durchzeichnen. Die Vorlage mit Kohlepapier und Kugelschreiber auf die Stuhllehne übertragen. Die Form mit Rauchweiß ausmalen. Darauf eine Schicht Reißlack auftragen und trocknen lassen. Leicht verdünntes Altweiß darüber streichen. Die Farbe springt in typischer Weise. Trocknen lassen.

3 Erneut die Motivvorlage darüber legen, Kohlepapier dazwischen schieben und die Tassenumrisse nochmals durchzeichnen. Altweiß mit etwas Kohlschwarz und Oxidgelb mischen und damit die Schattierungen aufmalen. Mit einem Künstlerpinsel die Umrisslinien in Kobaltblau nachziehen.

4 Die Muster aus der freien Hand in Kobaltblau aufmalen. Um die Sprossenleisten aus der freien Hand Linien in Kobaltblau ziehen. Den Stuhl mit Seidenglanzklarlack streichen oder mit Möbelwachs einreiben.

Weitere Stuhlprojekte:
Dekorative Stühle, siehe Seiten 102–103; Lackierte Gartenmöbel, siehe Seiten 204–205.

A Die Form in Rauchweiß ausmalen.

B Den Reißlack auftragen und trocknen lassen.

C Reißlack mit Altweiß überstreichen.

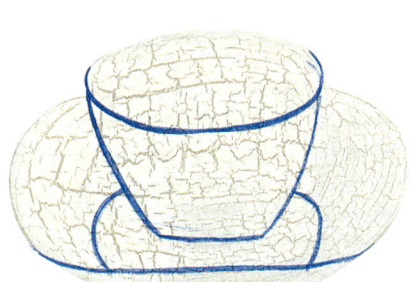

D Die Linien mit Kohlepapier übertragen.

E Mit Mischweiß schattieren.

F Die Muster mit Kobaltblau aufmalen.

Schablonierter Küchenfries

D A MAN RÄUME, IN DENEN viel Feuchtigkeit entsteht, nicht tapezieren sollte, greift man in Küchen und Bädern gern zu strapazierfähigen Anstrichen. Um diese ein wenig lebendiger zu machen, kann man mit Schablonen interessante Muster auf die Wände bringen. In der Küche wählt man dafür nur solche Flächen, die nicht zu stark durch Fettspritzer und andere Verschmutzungen gefährdet sind. Latexanstriche oder gar Kacheln, wie man sie häufig hinter Herd und Spüle hat, sind zum Schablonieren nicht so gut geeignet wie Holzflächen, zum Beispiel auf Küchenschränken.

Im Folgenden wurden die Schablonenmotive als Fries an der Wand über den Schränken und auf einigen Küchenutensilien angebracht.

❖ WERKZEUG UND MATERIAL ❖

Schablonenvorlage

Künstleracrylfarben in verschiedenen Farben

Malerpinsel

Bleistift

Manilakarton, Azetatfolie oder Transparentpapier

Skalpell und Schneidematte

Ablösbarer Sprühkleber oder Abdeckband

Großer Naturschwamm

Künstlerpinsel

Hitzebeständiger Klarlack

1 Eine passende Vorlage für das Motiv wählen und auf die erforderliche Größe fotokopieren oder zeichnen. Das Motiv von Hand ausmalen und später als Original verwenden, nach dem man sich bei den Feinarbeiten richtet. Das selbst gestaltete Original auf Manilakarton, Azetatfolie oder Transparentpapier übertragen und eine Schablone daraus zuschneiden (siehe Seite 60 ff).

2 Die Schablone mit Sprühkleber oder Abdeckband positionieren. Mit einem feuchten Schwamm Farbe aufnehmen, wieder ausdrücken und das Schablonenmotiv von innen nach außen mit verdünnter Acrylfarbe austupfen.

3 Wenn diese Grundfarbe getrocknet ist, Details aus der freien Hand mit anderen Acrylfarben mit dem Pinsel ausmalen. Dabei das Original zur Orientierung daneben halten. Allzu genau braucht man es nicht zu nehmen: Kleine Unregelmäßigkeiten werden kaum ins Auge fallen.

4 Schablonierte Küchenwände sollten mit einem Klarlackanstrich geschützt werden. Auf Küchenaccessoires wie einem Holztablett oder anderen großflächigen Gegenständen kann man das Schablonenmotiv wiederholen. Auch diese Gegenstände zum Schluss lackieren.

Weitere Schablonierprojekte:
Schablonierte Balustrade, siehe Seiten 130–132; Stuhl mit Schweinchen, siehe Seiten 144–145; Schablonierter Korbsessel, siehe Seiten 160–161; Paravent mit Schablonenmotiv, siehe Seiten 167–169; Schrank mit Putten, siehe Seiten 180–183; Schablonierte Luftballons, siehe Seiten 184–185; Bad in mexikanischem Stil, siehe Seiten 190–192; Duschwand mit Fischen, siehe Seiten 193–195; Wandsockel Ton in Ton, siehe Seiten 208–211; Rahmen mit Mohnblumen, siehe Seiten 236–237; Zeitungsständer, siehe Seiten 238–239; Schablonierter Spiegelrahmen, siehe Seiten 242–243; Kästchen mit Monogramm, siehe Seiten 244–245.

▲ Grundfarbe mit dem Schwamm auftragen.

▲ Nach dem Original ausmalen.

▲ Tablett mit hitzebeständigem Lack schützen.

Stuhl mit Efeublättern

DIESER RUSTIKALE STUHL bekam zunächst einen antikisierenden Anstrich, dann wurde das Efeumuster mit verschiedenen Stempel aufgedruckt. Als Vorlage dienten echte Efeublätter, die von einer Ranke im Garten geschnitten wurden, und die Stempel wurden aus Kartoffeln geschnitten. Die Farbe half, die Übergangsstellen zwischen den vor dem Streichen zusammengesetzten Teilen zu kaschieren. Der Stuhl erhielt keine Grundierung, denn die Farbe der Grundierung sollte nicht unter dem Anstrich durchscheinen. Damit die verwendete Ölfarbe dennoch rasch trocknete, wurden ihr ein paar Tropfen Sikkativ zugesetzt.

❖ WERKZEUG UND MATERIAL ❖

Stuhl

Holzbeize

Malerpinsel

Seidenglanzlack (Beigegrau und Efeugrün)

Mittel- und feinkörniges Schleifpapier und Schleifklotz oder Schleifschwamm

Efeublätter

Cutter und Messer

Kartoffeln

Küchenpapier

Kleiner, runder Künstlerpinsel

Klarlack auf Ölbasis

1 Den aus unbehandeltem Holz zusammengesetzten Stuhl mit Holzbeize streichen und die Beize über Nacht trocknen lassen. Dann den Stuhl mit zwei Schichten Kunstharzseidenglanzlack in Beigegrau streichen. Beim Auftrag auf die Beize erhält die Farbe einen antikisierenden Effekt. Dieser Prozess kann nur durch den Auftrag weiterer Lackschichten kontrolliert werden.

2 Wenn die Farbe getrocknet ist, verstärkt man den Alterungseindruck, indem man den Seidenglanzlack mit Schleifpapier, das man um einen Schleifklotz legt, oder mit einem Schleifschwamm abschleift, vor allem an den Ecken und Kanten, wo die Farbe natürlicherweise am ehesten abblättern würde.

3 Falls gewünscht, kann man zusätzlich auf den Lack noch einmal Beize auftragen und mit einem sauberen breiten Pinsel in Richtung der Holzmaserung verstreichen.

4 Die Efeustempel schneiden, wie es auf Seite 73 beschrieben wurde. Mehrere Stempel in verschiedener Größe herstellen. Da die Kartoffelstempel natürliche Feuchtigkeit absondern, die Stempel erst mit Küchenpapier trockenreiben, ehe man sie mit Farbe versieht und damit den Stuhl bedruckt. Die Stiele aus freier Hand mit dem Künstlerpinsel aufmalen.

5 Die Farbe trocknen lassen, dann den ganzen Stuhl zum Schutz mit mehreren Schichten Klarlack auf Ölbasis streichen und jede Schicht gut trocknen lassen.

Weitere Druckprojekte:
Stuhl mit Artischockenmuster, siehe Seiten 102–103; Bedruckter Boden, siehe Seiten 128–129; CD-Kasten mit Stempelmotiv, siehe Seiten 240–241.

▲ Das Holz mit Beize streichen.

▲ Für den Antiklook den Lack abschleifen.

▲ Über dem Lack erneut Beize auftragen.

Bemaltes Porzellan

E HE MAN EIN ALTES PORZELLANTEIL wegwirft, sollte man überlegen, ob man ihm nicht durch Spezialfarben einen neuen Look geben kann. Einfache, aber wirkungsvolle Muster sind auch für den Ungeübten kein Problem. Es können dicke Punkte oder Streifen in leuchtenden Farben oder simple Blümchen und Blätter sein.

Natürlich kann man auch ein Muster wählen, das sich bereits auf einer Tischdecke, auf den Vorhängen oder den Küchenkacheln befindet. Man kann auf rein weißes Porzellan malen, aber auch auf leicht getöntes oder auf ein zart gemustertes. Möchte man das Porzellan benutzen, muss man es nach dem Bemalen in einer Werkstatt in einem besonderen Ofen brennen lassen.

❖ WERKZEUG UND MATERIAL ❖

Warmes Spülwasser

Brennspiritus

Weiches Tuch

Papier oder ein Probestück aus Porzellan

Bleistift

Ein alter Teller

Porzellanfarben

Runder Künstlerpinsel

Feuchtes Tuch

▲ Mit einem weichen Bleistift kleine Hilfspunkte aufmalen.

1 Das Porzellanteil spülen, dann mit einem weichen Tuch mit Spiritus abwischen, um alle Fettspuren zu entfernen.

2 Auf einem Blatt Papier probiert man das Muster aus. Auf den alten Teller setzt man mit Bleistift ein paar Hilfspunkte oder Linien. Sie werden später von der Farbe überdeckt, lassen sich aber auch mit den Fingern leicht wieder wegwischen.

3 Spezielle Porzellanfarben kann man entweder ungemischt aus den Gläschen direkt mit einem weichen Künstlerpinsel auftragen oder miteinander mischen. Dann gibt man jeweils ein wenig von den Farben auf einen alten Teller und mischt sie dort mit dem Pinsel. Auf diesem Teller kann man auch sein Muster üben. Man bekommt dadurch ein Gefühl, wie man mit der Porzellanfarbe umzugehen hat und wie viel Farbe man für den gewünschten Effekt auftragen muss.

▲ Porzellanfarben gibt es in vielen Tönen.

▲ Die Farben auf einem alten Teller mischen.

▲ Beim Malen mit Porzellanfarben den Pinsel nicht übermäßig füllen.

Weitere Freihandprojekte:
Getünchtes Eichensideboard, siehe Seiten 98–99; Esstisch mit Schottenmusterborte, siehe Seiten 100–101; Tische mit Freihandbemalung, siehe Seiten 110–112; Küchenaccessoires, siehe Seiten 138–141; Küchenstuhl (Tassenmotive), siehe Seiten 146–147; Handbedruckte Truhe, siehe Seiten 164–166; Handbemalter Kasten, siehe Seiten 206–207.

4 Wenn man große Punkte oder breite Streifen als Dekorationsmuster wählt, sollte man die Farbe nicht zu dick auftragen. Andererseits sollte man unmittelbar vorher bemalte Stellen nicht übermalen, denn dadurch entstehen leicht Schmierflecken. Man lässt die Farbe trocknen und übermalt erst dann noch einmal.

5 Hat man einen Fehler gemacht oder ist ein einzelnes Musterelement nicht gelungen, kann man die nasse Farbe sofort mit einem feuchten Tuch wegwischen und die Stelle neu übermalen.

6 Ist das Stück fertig bemalt, lässt man es trocknen oder brennt es je nach den Hinweisen des Farbenherstellers im eigenen Backofen. Gebrauchsgegenstände müssen in einem Spezialofen gebrannt werden.

▲ Falsch aufgetragene Farbe mit einem feuchten Tuch wegwischen.

Leuchtend bemalte Gläser

In den meisten Küchen gibt es offene Regale oder breite Simse mit allerlei Krimskrams darauf. Nur sehr ordnungsliebende Menschen können diese Ansammlung von Staubfängern verhindern. Man kann solche Stauräume aber auch mit dekorativen Gegenständen besetzen, die außerdem praktisch sind, beispielsweise als Aufbewahrungsgefäße.

Einfache Muster sind meist besonders wirkungsvoll und auch für den Ungeübten kein Problem. Mit Faserschreibern kann man auf einem Blatt Papier simple Muster entwerfen und sich dabei an Mustern und Farben orientieren, die in der Küche bereits vorkommen, beispielsweise im Tischtuch, in den Kacheln, in den Vorhängen oder im Design des Geschirrs.

❖ WERKZEUG UND MATERIAL ❖

Warmes Spülwasser

Brennspiritus

Weiches Tuch

Bunte Faserschreiber

Weißes Papier

Ein altes Glas (wahlweise)

Ein alter Teller

Transparente Glasfarben

Feiner, runder Künstlerpinsel

Wattestäbchen

Feuchtes Tuch

▲ Das Design entwerfen.

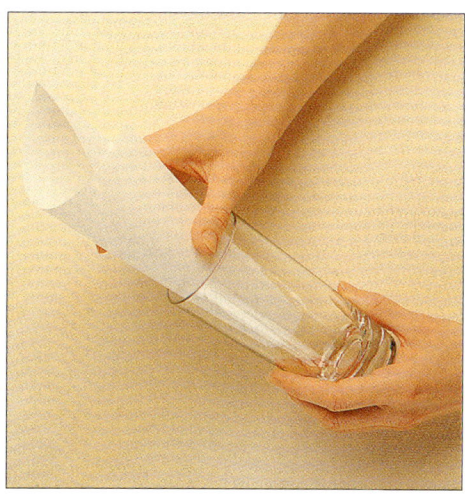

▲ Einen Bogen Papier in ein Glas stecken.

1 Das zu bemalende Glas gründlich spülen. Dann mit einem weichen Tuch mit Spiritus abwischen, um alle Fettspuren zu entfernen.

2 Auf einem weißen Blatt Papier entwirft man mit Faserschreibern verschiedene Muster und probiert die Wirkung der Farben aus. Hat man keine Erfahrung mit Glasfarben, probt man das Muster mit Glasfarbe und Pinsel auf einem alten Glas.

3 Ehe man mit der Bemalung beginnt, steckt man einen Bogen weißes Papier in das Glas, sodass man das aufgemalte Design besser sieht. Kann man kein Papier in den Gegenstand stecken, stellt man ihn vor einen hellen, einfarbigen Hintergrund.

4 Einen alten, weißen Teller kann man als Palette benutzen. Man gibt kleine Mengen der Glasfar-

ben darauf und mischt sie mit dem Künstlerpinsel, bis der erwünschte Farbton erreicht ist.

Nicht zu viel Farbe auf einmal anmischen, denn sie trocknet sehr rasch und ist dann unbrauchbar. Die Farbe kann auch ungemischt genommen werden.

▲ Die gewünschten Farben mischen.

5 Mit dem feinen Künstlerpinsel die Farbe aufmalen. Nicht zu viel Farbe mit dem Pinsel nehmen, damit sie nicht verläuft oder ungleichmäßig trocknet. Zu wenig Farbe lässt allerdings die Pinselstriche sichtbar werden.

6 Ist ein Musterelement nicht gelungen, kann man die nasse Farbe sofort mit einem feuchten Wattestäbchen oder ganze Muster mit einem feuchten Tuch wegwischen und neu beginnen.

▲ Die Farben aufmalen.

NÜTZLICHE TIPPS

• Möchte man selbst bemalte Gläser zum Trinken benutzen, sollte man erstens ungiftige Farben verwenden und zweitens die Muster nicht zu nahe an den Rand setzen, damit man die Farbe beim Trinken nicht mit den Lippen berührt: Zu häufig berührte Farbe löst sich mit der Zeit ab. Auch sollte man die Gläser nur vorsichtig per Hand spülen und nicht in die Spülmaschine geben.

• Gläser zu bemalen geht so schnell und leicht, dass bald ein neues Hobby daraus werden kann. Selbst fantasievoll bemalte billige Wassergläser sind ein ideales und sehr persönliches Geschenk, das nicht viel kostet, aber gewiss große Freude bereitet.

▲ Unerwünschte Farben mit einem feuchten Wattestäbchen entfernen.

Weitere Glasmalprojekte:
Bemalte Gläser und Karaffe, siehe Seiten 92–93; Duschwand mit Fischen, siehe Seiten 193–195.

Das Schlafzimmer sollte ein kleines Refugium sein – still, ruhig und zum Entspannen geeignet. Hier sollte man nicht nur in Ruhe schlafen können, hier sollte man auch von sehr persönlichen Dingen umgeben sein und frei und gelöst nachdenken oder seinen Tagträumen nachhängen können. Ausgewählte Accessoires können dem Raum verspielte Gemütlichkeit oder auch einen Hauch von Luxus verleihen. Hier darf man seine Fantasie frei agieren lassen. So manches unansehnliche alte Möbelstück bekam mit Farbeffekten schon neuen Glanz und wurde zum eleganten Schmuckstück eines Schlafzimmers.

Schlafzimmerprojekte

Schablonierter Korbsessel

DIESER ZIERLICHE KORBSESSEL war noch heil und daher zum Wegwerfen viel zu schade, obwohl er bereits einmal schwarz gestrichen worden war. Unglücklicherweise hatte man zum Streichen unverdünnte schwarze Ölfarbe verwendet, statt das gute Stück mit einer Lackfarbe aus der Dose zu besprühen. Dadurch war das ganze Geflecht unrettbar verklebt. Wer selbst einen Korbsessel hat, den er nach diesem Vorbild aufmöbeln möchte, sollte unbedingt Sprühlack verwenden, statt die dicke Farbe direkt aus der Dose zu verstreichen.

❖ WERKZEUG UND MATERIAL ❖

Ölfarbe in einer Farbe nach Wahl

Maßband

Zeichenpapier

Bleistift

Motiv nach einer frei gewählten Vorlage

Abdeckband

Feiner Faserschreiber

Azetatfolie oder Transparentpapier

Skalpell und Schneidematte

Acrylfarben

Untertasse

Stupfpinsel

Küchenpapier

Warmes Seifenwasser

1 Die Fläche ausmessen, die das Design auf dem Sessel einnehmen darf. Auf einem Stück Zeichenpapier einen auf diese Fläche passenden freien Entwurf gestalten.

2 Ein Stück Transparentpapier auf die Musterzeichnung legen und die Umrisslinien nachzeichnen. Dabei die für die Schablone benötigten Stege nicht vergessen, damit das Motiv beim Ausschneiden nicht auseinander fällt. Nach einer der auf Seite 62 beschriebenen Methoden den Entwurf nach Wahl auf Azetatfolie oder Transparentpapier übertragen.

3 Mit einem Skalpell die Schablone ausschneiden. Dabei zum Schutz der Arbeitsfläche eine Schneidematte darunter legen. Die fertige Schablone auf einem Stück Papier prüfen, um zu sehen, ob Änderungen vorgenommen werden müssen.

4 Die genaue Mitte der Sesselfläche bestimmen, auf der man die Schablone anbringen will. Außerdem die genaue Mitte des Schablonenmotivs bestimmen. Die Schablone so mit Abdeckband auf dem Sessel befestigen, dass Mitte auf Mitte zu liegen kommt.

5 Etwas Acrylfarbe in eine Untertasse gießen und den Stupfpinsel mit den Borsten hineintauchen. Überschüssige Farbe auf Küchenpapier abstreifen, dann die Schablone mit Farbe ausstupfen.

6 Je nach gewähltem Motiv verwendet man verschiedene Farben. Der Pinsel sollte absolut sauber sein, ehe man eine neue Farbe aufnimmt. Die Schablone muss man fest in die Rundung drücken.

7 Möchte man die ganze Schablone oder einen Teil davon nochmals verwenden, um auch den Sesselrücken, die Seiten oder das untere Frontstück mit dem Motiv zu verzieren, reinigt man sie erst mit warmem Seifenwasser und lässt sie gut trocknen.

Weitere Stuhlprojekte:
Dekorative Stühle, siehe Seiten 102–103; Gestrichene Stühle, siehe Seiten 144–145; Stuhl mit Efeublättern, siehe Seiten 150–151.

Der mit schwarzer Ölfarbe dick gestrichene Sessel musste mehrmals mit heller Ölfarbe überstrichen werden.

▲ Schablone mit einem Skalpell ausschneiden.

▲ Schablone fest auf die Unterlage drücken.

Marmorierter Frisiertisch

DIESE KOMMODE MIT geschwungener Platte war ein billiges Stück vom Flohmarkt. Da sie dick mit weißer Ölfarbe gestrichen worden war, musste sie zunächst professionell abgebeizt werden. Nach dieser Radikalkur waren die Spiegelrahmen nicht mehr zu gebrauchen und mussten durch neue ersetzt werden. Wir haben uns für drei Bilderrahmen entschieden, in die wir vom Glaser Spiegel einpassen ließen. Das unansehnliche Unterteil verschwand hinter einem Volant aus Blütenstoff. Die Platte wurde so bemalt, dass sie Marmor ähnelte.

❖ WERKZEUG UND MATERIAL ❖

Feinkörniges und extrem feinkörniges Schleifpapier

Staubbindetuch

Weiße Grundierung

Weißer Seidenglanzlack auf Ölbasis

Terpentinersatz

Flacher Malerpinsel

Künstlerölfarben in Krapprot (Alizarin), Kadmiumgelb und Umbra natur

3 kleine Farbbehälter (kein Plastik)

Transparente Öllasur

Weißes Papier

Fusselfreier Lappen

Künstlerpinsel (Zobel oder Synthetik)

Dachshaarschlichtpinsel

Polyurethanklarlack, seidenglänzend

1 Die Platte mit normalem und extrem feinkörnigem Schleifpapier so glatt wie möglich schleifen und mit einem Staubbindetuch gut abwischen. Grundierung auftragen und trocknen lassen.

2 Die Grundierung erneut leicht abschleifen und abwischen. Weißen Seidenglanzlack mit Terpentinersatz etwas verdünnen und drei bis vier Schichten davon auftragen; jede Schicht trocknen lassen, abschleifen und mit Staubbindetuch abwischen.

3 Aus weißem Seidenglanzlack und Künstlerölfarben in kleinen Behältern drei Schattierungen von Rosa anmischen. Die dritte ziemlich dunkel halten; sie wird für die feine Äderung benötigt.

4 Die anderen beiden mit Terpentinersatz so weit verdünnen, bis sie eine cremige Konsistenz haben. Langsam transparente Öllasur einrühren und gründlich vermischen. Zuletzt so viel Terpentinersatz zugeben, dass die Farbe flüssig ist und transparent wirkt, wenn man sie auf weißes Papier streicht, jedoch nicht so flüssig, dass sie weder Form noch Muster hält, wenn man sie mit einem Lappen auftupft.

5 Mit einer der beiden Lasuren unregelmäßig gewählte Stellen bestreichen. Die leeren Stellen dazwischen mit der anderen Lasur bestreichen, an einigen Stellen den Untergrund durchscheinen lassen. Solange die Lasur noch nass ist, einen zerknüllten fusselfreien Lappen rasch und fest überall auf die Lasur drücken.

6 Mit einem feinen Künstlerpinsel mit der dritten Lasur typische Adern auf die Platte malen. Die Adern sollten diagonal verlaufen und entweder am Rand der Platte beginnen und enden oder miteinander verbunden sein. Die Farbe mit einem Dachshaarschlichtpinsel vertreiben. 24 Stun-

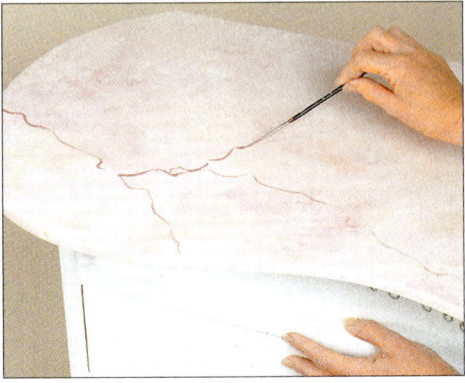

▲ Feine Äderung hineinmalen.

den trocknen lassen, dann eine Schicht seidenglänzenden Polyurethanklarlack auftragen.

7 Die Spiegelrahmen mit Seidenglanzlack weiß streichen oder ebenfalls wie beschrieben marmorieren oder nur mit den Lasuren streichen. Trocknen lassen und ebenfalls lackieren.

Weitere Marmorierungsprojekte:
Badezimmer im Marmorlook, siehe Seiten 200–201; Marmorierter Blumentopf, siehe Seiten 214–215.

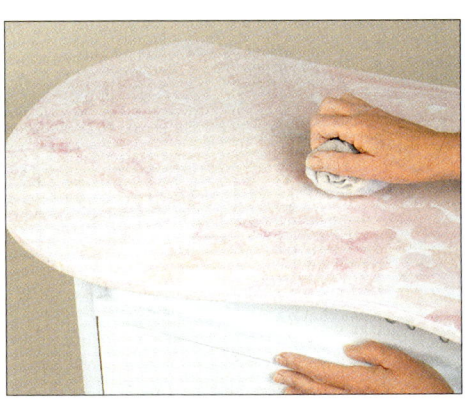

▲ Die Lasuren mit dem Lappen betupfen.

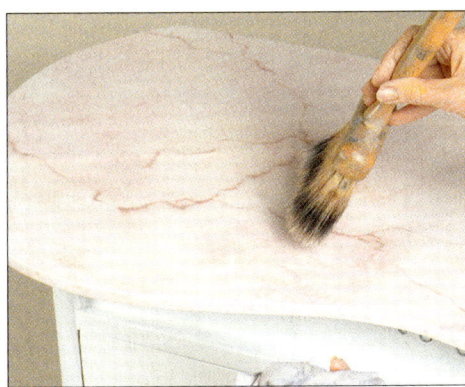

▲ Die Lasur mit dem Schlichtpinsel vertreiben.

Handbedruckte Truhe

EINST WAR ES IN FAST ALLEN europäischen Ländern üblich, dass die Braut eine Mitgift mit in die Ehe brachte. Dazu gehörte auch eine Holztruhe, die mit Bett- und Tischwäsche aus feinem Leinen gefüllt war. Dieser alte Brauch ist nicht mehr lebendig, doch Kisten und Truhen aus Holz gibt es noch immer. Und warum sollte man sie nicht hübsch bemalen? Ob man dann Bettwäsche darin aufbewahrt, eine Garnitur Bettzeug für Gäste oder etwas ganz anderes, spielt keine Rolle. Auch die Art der Bemalung kann man frei wählen. Hier wurden Schablonen, Schwammstempel und Freihandbemalung kombiniert. Eine Spielzeugtruhe fürs Kinderzimmer bemalt man mit leuchtenden Farben. Hier wurden gedeckte Töne und Gold gewählt. Für die Goldfarbe wurde Bronzepulver mit Künstleracrylmedium vermischt.

❖ WERKZEUG UND MATERIAL ❖

Gummihandschuhe

Weiche Tücher

Dunkelbrauner Französischer Emaillack oder wasserlösliche Beize und klarer Schellack

Flüssigwachs

Pinsel für den Wachsauftrag

Dispersionsfarbe in 2 Tönen

Malerpinsel

Wasserlösliche Malstifte

Karton

Lineal

Skalpell und Schneidematte

Dehnbares Abdeckband (Krepp)

Feine Stahlwolle

Mittelkörniges Schleifpapier

Vorlage für das Eichenblatt (s. S. 246)

Küchenschwamm

Alter Teller

Goldfarbe

Transparentpapier

Braunes Wachs

Eine billige, neue Holztruhe war das Ausgangsmaterial für dieses Projekt.

1 Hat man eine neue Truhe aus unbehandeltem Kiefernholz, muss man sie zunächst beizen und das Holz absperren. Dazu muss das Holz absolut sauber sein. Zum Schutz der Hände trägt man Gummihandschuhe, wenn man die Truhe mit Französischem Emaillack abreibt. Kann man den nicht bekommen, streicht man die Truhe mit wasserlöslicher Beize und trägt, wenn diese getrocknet ist, eine Schicht klaren Schellack auf; auch so wird das Holz abgesperrt. Allerdings darf man beim Auftrag des Schellacks keine Stelle auslassen

▲ Die Truhe mit Emaillack einreiben.

2 Ist der Lack trocken, trägt man an den Stellen, die normalerweise durch Gebrauch am ehesten beschädigt würden, also vor allem an den Ecken und Kanten, mit einem Pinsel eine Schicht Flüssigwachs auf. Dann streicht man die Truhe mit Dispersionsfarbe.

▲ Schablone für die Kartusche ummalen.

▲ Das Kartuschenfeld dunkel ausmalen.

▲ Mit dunkler Farbe, dann mit Gold bedrucken.

3 Auf Karton zeichnet man den Umriss der Kartusche für die Front der Truhe und schneidet daraus eine Schablone. Man legt sie auf die Front der Truhe und umfährt den Umriss mit einem Malstift.

4 Mit Kreppband klebt man den Umriss ab und füllt den Kartuschenraum mit der dunkleren Schattierung der Dispersionsfarbe aus. Das Abdeckband entfernen und die Truhe mit Schleifpapier glätten.

5 Nach der Vorlage auf Seite 246 ein Eichenblatt schneiden, auf einen Schwamm übertragen und das Motiv ausschneiden. Dunklere Dispersion in einen Teller gießen, den Schwamm hineindrücken und die Truhe damit bedrucken. Dann den Schwamm in Goldfarbe tunken und die Eichenblätter damit überdrucken, sodass sie schattiert aussehen.

6 In die Kartusche nach einer Vorlage Initialen und Jahreszahl mit einer Schablone übertragen und mit Goldfarbe ausmalen. Rund um die Kartusche einen Goldrand ziehen.

7 Die ganze Truhe mit einem Tuch mit braunem Wachs einreiben, eine halbe Stunde trocknen lassen, dann mit einem weichen Lappen polieren. Hat man kreidehaltige Farbe verwendet, bringt dieses Polieren mit braunem Wachs erst die ganze Tiefe der Farbe voll zur Geltung.

▲ Kartuschenrand, Initialen und Jahreszahl mit Goldfarbe aufmalen.

NÜTZLICHE TIPPS

• Wer mag, kann man Schablonen für die Eichenblätter verwenden, statt die Blätter mit dem Schwamm aufzudrucken. Die Blätter bekommen dann klarere Umrisse. Bevor man zu schablonieren beginnt, markiert man die Stellen, an denen man die Schablone ansetzen will.

Weitere Freihandprojekte:
Getünchtes Eichensideboard, siehe Seiten 98–99; Esstisch mit Schottenmusterborte, siehe Seiten 100–101; Küchenaccessoires, siehe Seiten 138–141; Handbemalter Kasten, siehe Seiten 206–207; Bemaltes Tischtuch, siehe Seiten 218–219; Gestrichene Bilderrahmen, siehe Seiten 232–233.

Paravent mit Schablonenmotiv

MEIST BESTEHEN WANDSCHIRME nur aus dünnen Rahmen, die mit Stoff bespannt sind. Die hier für Faserplatten gewählte Schablonenbemalung imitiert einen Bezug aus edlem Damast. Obwohl viele Farbschichten erforderlich sind, geht die Arbeit doch zügig voran. Damit der Effekt aber voll zur Geltung kommt, muss man die senkrechten und waagrechten Hilfslinien genau ziehen. Das Muster für die Schablone (siehe Seite 247) wurde von einer alten Tapete abgenommen, es passt auf Objekte verschiedener Größe. Der Paravent wird mit Klavierband zusammengehalten, das erst angeschraubt wird, wenn die Bemalung fertig ist.

❖ WERKZEUG UND MATERIAL ❖

Gelbe Dispersionsfarbe

Farbroller und -wanne

Goldfarbe auf Wasserbasis

Flacher Malerpinsel

Dispersionsfarbe in Indischrot

Seidenpapier

Schablonenmotiv (s. S. 247)

Manilakarton, Azetatfolie oder Transparentpapier

Bleistift

Skalpell und Schneidematte

Festes und dehnbares Abdeckband

Lineal

Langes Lineal oder Tapezierschiene

Stupfpinsel oder Naturschwamm

Küchenpapier

Mittelkörniges Schleifpapier

Mattlack auf Wasserbasis

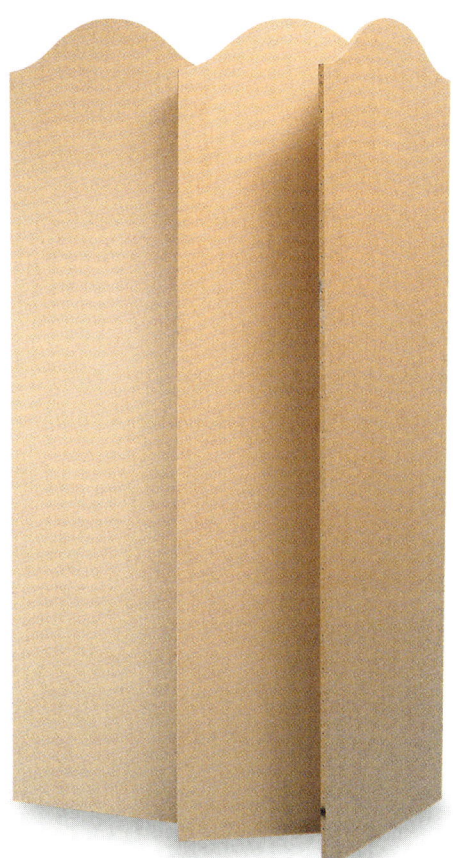

Ein Paravent aus MDF und Klavierband.

1 Bastelt man den Paravent selbst aus mitteldichten Faserplatten (MDF), muss man sie gründlich abstauben und dann mit einem Farbroller zwei Schichten gelbe Dispersionsfarbe auftragen. Die erste Schicht trocknen lassen, ehe man die zweite aufträgt. Gelb ist deshalb empfehlenswert, weil es Fehlstellen im folgenden Goldanstrich kaschiert, doch kann man natürlich auch eine andere Farbe wählen. Mit einem Malerpinsel trägt man nach der Dispersionsfarbe zwei Schichten Goldfarbe auf Wasserbasis auf.

▲ Zwei Schichten Goldfarbe auftragen.

2 Wenn die Goldfarbe getrocknet ist, streicht man das obere Drittel eines Paraventteils mit Dispersionsfarbe in Indischrot (oder einer anderen Farbe nach Wahl). Ein großer Flachpinsel ist dafür besonders gut geeignet.

▲ Die Farbe mit breitem Pinsel auftragen.

167

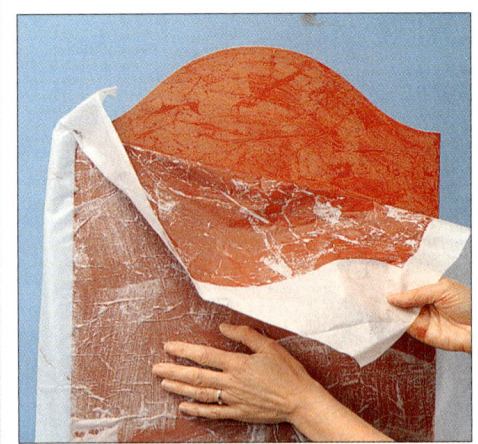

▲ Mit Seidenpapier Struktur erzeugen.

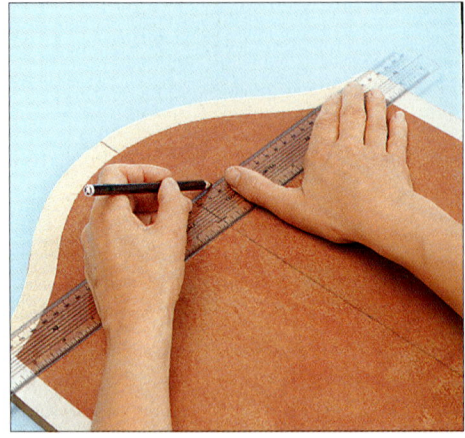

▲ Die Hilfslinien exakt vermessen.

▲ Den Goldrand mit einem Pinsel auftragen.

3 Wenn die Farbe aufgetragen ist, sofort ein Stück Seidenpapier gegen die nasse Farbe pressen und wieder abziehen. Es entsteht ein Struktureffekt, der zugleich die Pinselstriche verwischt. Den Rest des Paraventteils und alle anderen Flächen auf die gleiche Weise mit Farbe bedecken.

4 Die Vorlage von Seite 247 auf die gewünschte Größe bringen (Verdoppeln empfiehlt sich) und samt den kleinen Markierungen an den vier Ecken auf Transparentpapier übertragen. Falls gewünscht, von dort weiter auf Manilakarton oder Azetatfolie übertragen und mit einem Skalpell inklusive der Markierungen ausschneiden. Die genaue Längenmitte der Schablone markieren. Die gesamten Außenkanten der Paraventteile mit schmalem Abdeckband abdecken (für die Bogen an der Oberkante dehnbares Band nehmen).

Genau über die Mitte jedes Paraventteils eine senkrechte Linie ziehen, dazu in gewissen Abständen Hilfspunkte einzeichnen und diese mit einem langen Lineal verbinden. Nachmessen, ob die Linie exakt über der Mitte verläuft. Wenn man die Paraventbretter flach auf den Boden legt, geht das leichter, als wenn sie aufrecht stehen.

5 Eine waagrechte Linie über die Paraventbretter ziehen, die die beiden oberen Endpunkte unterhalb des Bogens miteinander verbindet und sich mit der senkrechten Linie exakt im rechten Winkel trifft. Alle drei Paraventbretter mit diesen Hilfslinien versehen.

6 Die genaue Längsachse der Schablone am oberen Rand eines Paraventteils mit der Längsachse auf dem Paravent zur Deckung bringen und die Schablone mit Abdeckband fixieren. Die waagrechte Linie vom Paravent auf die Schablone übertragen: So kann man sicherstellen, dass man die Schablone auf allen drei Paraventteilen immer gleich anlegt.

Stupfpinsel oder Naturschwamm in die Goldfarbe tauchen und auf Küchenpapier abstreifen, sodass kaum noch Farbe darin enthalten ist. Die Schablone mit der Goldfarbe ausstupfen, dabei sollte nur ein Minimum an Farbe durch die Markierungsfelder auf den Paravent kommen. Man braucht diese Markierungen aber, um die Schablone unter dem Motiv erneut passgenau anlegen zu können. Wenn man die Schablone erneut anlegt, bringt man die oberen Markierungsfelder der Schablone mit den Punkten zur Deckung, die durch die unteren Markierungsfelder entstanden sind.

▲ Die Schablone mit Goldfarbe ausstupfen.

Nachdem man die Mitte der Paraventteile mit ganzen Motiven gefüllt hat, setzt man jeweils rechts und links davon halbe Motive.

7 Direkt anschließend an das Abdeckband rund um den Rand der Paraventteile herum eine zweite Lage Abdeckband aufkleben, dann das erste Abdeckband vorsichtig abziehen und den ganzen Rand sparsam mit fast trockenem Pinsel mit Goldfarbe bemalen. Die rote Farbe sollte ein wenig durchscheinen.

8 Die gesamten Oberflächen des Paravents mit mittelkörnigem Schleifpapier leicht abschleifen und zum Schutz mit einer Schicht Mattlack auf Wasserbasis streichen.

NÜTZLICHE TIPPS

• Die zu schablonierende Fläche ist ziemlich groß. Entsprechend schneller kann man mit einem großen Stupfpinsel oder Naturschwamm arbeiten.

• Die hier verwendete Farbe ist Indischrot, ein ins Bräunliche changierendes Rot. Man kann auch Roten Ocker verwenden, doch auch Tiefblau oder ein sattes dunkles Grün wirken sehr edel.

Weitere Schablonierprojekte:
Schablonierte Balustrade, siehe Seiten 130–132; Schablonierter Küchenfries, siehe Seiten 148–149; Schablonierter Korbsessel, siehe Seiten 160–161; Bett mit Zierbrett, siehe Seiten 170–171; Schlafzimmerfries, siehe Seiten 172–174; Leopardenmuster, siehe Seiten 175–176; Schablonierte Luftballons, siehe Seiten 184–185; Rahmen mit Mohnblumen, siehe Seiten 236–237; Zeitungsständer, siehe Seiten 238–239.

Bett mit Zierbrett

DIE ROTE TAGESDECKE mit ihrem Muster aus Blumenkörben, Quasten und Kannen inspirierte dazu, das Muster auf das ganze Schlafzimmer zu übertragen. Nicht nur die Front des Nachttischs, auch der Lampenschirm und vereinzelte Wandstellen wurden mit diversen Elementen dieses Designs geschmückt. Vor allem bot es sich an, aus einer Faserplatte ein Zierbrett für das Kopfende des Betts zu sägen und das Motiv darauf zu wiederholen. Der besondere Effekt auf dem Zierbrett entsteht dadurch, dass das Schablonenmotiv durch zweifachen, leicht versetzten Auftrag in hellem Grau und Terrakottarot eine Schattierung erhält, die das Motiv plastisch hervortreten lässt. Verstärkt wird dieser Eindruck durch unterschiedlich dicken Farbauftrag.

❖ WERKZEUG UND MATERIAL ❖

Eine zugeschnittene Faserplatte (MDF)

Schrauben

Farbe, die zur Wandfarbe passt

Maßband

Senkblei

Bleistift

Vorlage für die Schablone (Kanne, s. S. 247)

Manilakarton, Azetatfolie oder Transparentpapier

Skalpell und Schneidematte

Abdeckband

Acrylfarbe in warmem Grau

Dispersionsfarbe in Terrakotta

Badezimmerschwamm

Feiner Pinsel

Polyurethanklarlack, mit lichtem Ocker getönt

1 Das Zierbrett wurde passend zum Motiv aus einer Faserplatte gesägt und nach der Fertigstellung mit Schrauben am Bettrahmen befestigt. Zunächst wurde es passend zur Wandfarbe gestrichen.

2 Die Mitte des Zierbretts bestimmen und mithilfe eines Senkbleis eine feine senkrechte Hilfslinie genau über die Mitte ziehen. Ausmessen, welche Größe das Motiv haben darf, damit es das Zierbrett gut ausfüllt.

3 Das Motiv auf Manilakarton oder Transparentpapier übertragen und mit dem Skalpell ausschneiden. Die senkrechte Mitte der Schablone bestimmen, mit der Mitte des Zierbretts zur Deckung bringen, dann etwas nach unten und nach links verschieben; mit Abdeckband am Brett befestigen. Die Schablonen mit einem Schwamm mit grauer Acrylfarbe austupfen.

4 Wenn die Farbe getrocknet ist, die Schablone mit der Mitte des Bretts zur Deckung bringen und mit dem Schwamm terrakottafarbene Dispersionsfarbe auftupfen. Die Konturen mit einem Pinsel nachziehen, um den plastischen Effekt zu verstärken.

5 Polyurethanklarlack mit etwas lichtem Ocker abtönen, um einen Antikeffekt zu erzielen, und das Zierbrett nach dem Trocknen mit zwei Schichten Lack streichen. Trocknen lassen und mit Schrauben am Bettrahmen befestigen.

Weitere Schablonierprojekte:
Schablonierte Balustrade, siehe Seiten 130–132; Schablonierter Küchenfries, siehe Seiten 148–149; Schablonierter Korbsessel, siehe Seiten 160–161; Paravent mit Schablonenmotiv, siehe Seiten 167–168; Schlafzimmerfries, siehe Seiten 172–174; Schablonierte Luftballons, siehe Seiten 184–185; Rahmen mit Mohnblumen, siehe Seiten 236–237; Schablonierter Spiegelrahmen, siehe Seiten 242–243; Kästchen mit Monogramm, siehe Seiten 244–245.

▲ Das Motiv als Wandschmuck wiederholen.

▲ Die Hilfslinien zur Deckung bringen.

▲ Das Motiv nicht durch Kissen verdecken.

Schlafzimmerfries

FÜR DIESEN WANDSCHMUCK eignen sich die hohen Wände von Altbauten. Er lässt die Wände optisch niedriger erscheinen. Der Vorhang mit seinem detailreichen Frucht- und Blumenmuster diente als Vorlage für den schablonierten Fries, der sich um die Wand des Schlafzimmers zieht. Nicht nur Einzelheiten des Musters wurden nach dem Vorhang gestaltet, auch die Farben wurden denen des Vorhangs angeglichen, sodass Wand und Vorhang eine harmonische Einheit bilden. Der Entwurf für die Schablone beansprucht Zeit; auch sollte man handwerkliches Geschick mitbringen. Wer nicht so kunstfertig ist, wählt für Vorhang und Fries lieber ein schlichtes modernes Design oder lässt sich von einem begabteren Menschen helfen.

❖ WERKZEUG UND MATERIAL ❖

Transparentpapier

Mustervorlage von einem Vorhang
oder Teppich

Bleistift

Dispersionsfarbe in verschiedenen Farbtönen

Marmeladengläser, Deckel und Teller
für die Farben

Zeichenpapier für Entwürfe

Manilakarton, Azetatfolie oder
Transparentpapier

Skalpell und Schneidematte

Wasserwaage

Ablösbarer Sprühkleber

Badeschwamm

1 Von einem Vorhang, Teppich o. Ä. ein Muster für die Schablone wählen, nach Bedarf anpassen und vereinfachen.

2 Von dem fertigen, auf die richtige Größe gebrachten Entwurf mehrere Fotokopien machen, auf denen man die Farbgebung ausprobieren kann. Dispersionsfarbe mit Acrylfarben in drei passenden Tönen in Marmeladengläsern, Deckeln, Tellern o. Ä. anmischen und die Vorlage damit so ausmalen, wie später schabloniert werden soll. Wer wenig Übung hat, sollte Muster und Farbverteilung einfach halten.

3 Bei dem gewählten Motiv wurden einige Partien so ausgespart, dass die Wandfarbe zu einer integrierten Farbe des Musters wird, beispielsweise die Schale der aufgeschnittenen Frucht und die leuchtende linke Seite der ganzen Frucht. Diese Bereiche muss man auf dem Entwurf durch Wandfarbe kennzeichnen, damit man sich später beim Schablonieren nicht vertut. Insgesamt muss man immer daran denken, dass später Schablonen geschnitten werden sollen, dass also eingefärbte Bereiche geschlossene Einheiten sein müssen, die durch zarte Stege verbunden sind. Beim Entwurf sollte man nicht mehr Farbschattierungen verwenden, als man später für die Schablone verwendet, also höchstens drei Farbtöne plus Wandfarbe.

▲ Die Farben des Motivs auf Papier planen.

▲ Das Motiv von einer Vorlage suchen.

▲ Das Muster übertragen und anpassen.

▲ Die Farben mischen und testen.

▲ Jede Farbe einzeln nachzeichnen.

4 Transparentpapier auf den fertigen Farbentwurf legen und für jede Farbe eine Schablone vorbereiten. Dafür jeweils nur die Umrisse der Felder nachziehen, die später in einer der Farben schabloniert werden.

5 Jede der für eine Farbe bestimmten Vorlagen auf Manilakarton, Azetatfolie oder Transparentpapier übertragen und mit dem Skalpell jeweils die Flächen ausschneiden, die später in dieser Farbe auf der Wand erscheinen sollen. Die genaue Mitte der Schablonen bestimmen und Positionsmarken anbringen.

6 Die passgenauen Schablonen seitlich zusätzlich genau auf der horizontalen Mittellinie V-förmig einschneiden: Das erleichtert später die genaue Positionierung.

7 Die Schablonen erst auf einem Stück Papier mit allen Farben ausprobieren und testen, ob alle Markierungen stimmen; eventuell korrigieren.

8 Die genauen Platzierungen der Bildmotive auf der Wand mit der Wasserwaage ausmessen und mit zarten Bleistiftstrichen markieren.

9 Die erste Schablone mit Sprühkleber auf der Wand befestigen und mit dem Schwamm in der entsprechenden Farbe austupfen. Die Schablone auf die nächste Markierung setzen und austupfen.

▲ Die Schablonen auf Papier testen.

10 Die nächste Schablone erst anlegen, wenn die Farbe restlos getrocknet ist. Also erst alle Motive in der einen und dann erst in der nächsten Farbe ausgestalten.

NÜTZLICHE TIPPS

• Ehe man die Schablone neu anlegt, immer erst prüfen, ob keine Farbe dahinter gelaufen ist. Falls doch, die Schablone abwaschen und trocknen lassen.

• Wenn man sauber und methodisch arbeitet, kann man die Dispersionsfarbe mit dem Schwamm dick auftragen. Die Schablone gerade nach vorn von der Wand abnehmen. Nicht nach unten wegziehen, damit keine Farbe verschmiert wird.

Weitere Schablonierprojekte:
Schablonierte Balustrade, siehe Seiten 130–132; Schablonierter Küchenfries, siehe Seiten 148–149; Schablonierter Korbsessel, siehe Seiten 160–161; Paravent mit Schablonenmotiv, siehe Seiten 167–169; Bett mit Zierbrett, siehe Seiten 170–171; Leopardenmuster, siehe Seiten 175–177; Schablonierte Luftballons, siehe Seiten 184–185; Rahmen mit Mohnblumen, siehe Seiten 236–237; Schablonierter Spiegelrahmen, siehe Seiten 242–243; Kästchen mit Monogramm, siehe Seiten 244–245.

▲ Bleistiftmarken auf der Wand helfen bei der korrekten Positionierung der Schablonen.

Leopardenmuster

DIE TYPISCHE FELLZEICHNUNG der Leoparden ist in der Mode seit jeher beliebt. Zwar ist es verpönt, echtes Leopardenfell zu verarbeiten, doch das Muster kann man gut nachbilden und gerade zum Schablonieren ist es ideal. Vor allem Stoffe für Kissen, Vorhänge, Schals oder Decken kann man mit dem attraktiven Muster gestalten. Aber man kann auch Wände, Lampenschirme, Schmuckkästchen oder andere Gegenstände damit verzieren. Man braucht zwei Schablonen, eine für die Innen-, eine zweite für die umgebenden Außenflecken. Da man das Motiv je nach der Fläche, auf die man es aufbringen will, eventuell in beachtlicher Größe braucht, eignet sich Azetatfolie für die Schablonen: Man kann sie abwaschen und beliebig wieder verwenden.

❖ WERKZEUG UND MATERIAL ❖

Stoff nach Wahl

Bügeleisen

Vorlage für die Schablonen (s. S. 247)

Papier

Bleistift

Stofffarbe in Siena natur und Schwarz

Ablösbarer Sprühkleber

Manilakarton, Azetatfolie oder Transparentpapier

Folienschreiber

Skalpell und Schneidematte

Löschpapier

2 kleine Stupfpinsel

Palette oder Farbtöpfchen

Küchenpapier

Sauberes Tuch

1 Den gewählten Stoff waschen, damit er keine Flecken oder Reste von Imprägnierung enthält. Trocknen und bügeln, damit er glatt ist.

2 Die Vorlagen mit dem Fotokopierer je nach Art des Gebrauchs eins zu eins oder vergrößert fotokopieren oder auf Transparentpapier durchzeichnen, auf Karopapier übertragen und nach der Anleitung auf Seite 61 vergrößern.

3 Die abgezeichneten Vorlagen übereinander legen und mit den ausgewählten Farben, Siena natur und Schwarz, kolorieren, um zu sehen, wie das Muster wirkt. Wenn die Farben trocken sind, die Rückseite der Azetatfolie für die Schablone mit Sprühkleber einsprühen, auf die ausgemalte Vorlage legen und mit dem Folienschreiber die Umrisse aller hellen Flecken durchzeichnen.

4 Dasselbe mit einem zweiten Stück Schablonenmaterial mit den dunklen Umrissen wiederholen.

5 Die beiden Schablonen nacheinander auf die Schneidematte legen und mit dem Skalpell ausschneiden. Bei Azetatfolie besonders vorsichtig sein, denn die Folie reißt leicht ein. Beide Schablonen markieren, damit man sofort sehen kann, wie sie richtig übereinander gehören.

6 Den Stoff flach gespannt auf eine Schicht Löschpapier legen. Die erste Schablone mit Sprühkleber auf den Stoff kleben. Den Stupfpinsel in eine kleine Menge der Stofffarbe tauchen, die man in eine Palette oder ein kleines Schälchen gegossen hat. Überschüssige Farbe an Küchenpapier abstreifen, dann die Schablonenfläche vorsichtig mit Farbe ausstupfen.

▲ Das Muster nach einer Vorlage zeichnen.

▲ Die Schablone vorsichtig ausschneiden.

▲ Die Farbe durch die Schablone auftragen.

▲ Die zweite Schablone passgenau auflegen und die Farbe aufstupfen.

• Wer vor der Idee zurückschreckt, zwei passgenaue Schablonen zuzuschneiden, nimmt einen dunklen Stoff, wie das Wildlederimitat auf der abgebildeten Tagesdecke, und verwendet nur die Schablone für die schwarzen Flecken.

• Die Schablonen mit warmem Wasser abwaschen, man kann sie dann wieder verwenden.

Weitere Schablonierprojekte:

Schablonierte Balustrade, siehe Seiten 130–132; Schablonierter Küchenfries, siehe Seiten 148–149; Schablonierter Korbsessel, siehe Seiten 160–161; Paravent mit Schablonenmotiv, siehe Seiten 167–169; Schablonierte Luftballons, siehe Seiten 184–185; Rahmen mit Mohnblumen, siehe Seiten 236–237; Kästchen mit Monogramm, siehe Seiten 244–245.

7 Die erste Farbe einige Stunden trocknen lassen, dann erst vorsichtig die Schablone abheben.

8 Die zweite Schablone passgenau auf den Stoff legen und die zweite Farbe mit dem anderen Stupfpinsel auftragen. Während der Arbeit die beiden Pinsel getrennt halten und nur für jeweils eine Farbe verwenden.

9 Die Farbe wiederum völlig trocknen lassen, dann erst vorsichtig die Schablone abheben.

10 Die erste Schablone neben oder unter dem fertigen Muster anlegen und die Stofffläche weiter mit dem Leopardenmuster füllen.

11 Wie beschrieben fortfahren, bis der Stoff vollständig vom Leopardenmuster bedeckt ist. Lücken je nach Größe mit einem einzelnen Musterelement oder mit schwarzen Flecken aus der freien Hand füllen.

12 Die meisten Stofffarben müssen durch Hitze fixiert werden, damit man den Stoff waschen oder reinigen lassen kann. Meist genügt es, den bemalten Stoff mit einem sauberen Tuch abzudecken und dann heiß zu bügeln.

▲ Die Schablone so lange neu anlegen, bis die Fläche bedeckt ist.

Antikisiertes Bettgestell

ES IST FRAGLICH, OB MAN ein altes eisernes Bettgestell auf einem Flohmarkt erwirbt und unter Mühen nach Hause schafft, um es dann mit viel Kraftaufwand und Geduld zu entrosten. Aber es könnte sich ein durchaus noch ansehnliches und nur wenig beschädigtes Gestell auf dem Dachboden finden. Möglicherweise aber hat man vor einigen Jahren ein eisernes Bettgestell erworben – es ist ja nie ganz aus der Mode gekommen – und möchte ihm nun einen anderen, nämlich einen antikisierten Anstrich geben. Unter diesen Voraussetzungen wird man sich der Aufgabe durchaus stellen und es wird sich zeigen, dass die Arbeit keineswegs überhand nimmt.

❖ WERKZEUG UND MATERIAL ❖

Warmes Seifenwasser, Tuch, eventuell Stahlbürste

Grob- und mittelkörniges Schleifpapier

Malerpinsel

Acrylmetallgrundierung

Dispersionsfarbe in Weiß, Rosa und Pistazie

Zwei feine Künstlerpinsel

Weiches Tuch

Pigmentpulver in Umbra natur

Acrylklarlack

Weicher Zugpinsel

Silbermetallicfarbe

1 Das Bettgestell gründlich mit Seifenwasser, einem Tuch und eventuell mit einer Stahlbürste reinigen. Wenn sich Farb- und Lackreste oder gar Rost an dem Gestell befinden, diese mit Schleifpapier sorgfältig entfernen. Mit dem Malerpinsel eine Schicht Acrylmetallgrundierung auftragen. (War der Rahmen rostig, Rostschutzgrundierung verwenden.) Trocknen lassen.

2 Den Rahmen mit einer Schicht weißer Dispersionsfarbe streichen, dabei sollte die Farbe keine Laufnasen bilden. Trocknen lassen, nach Bedarf eine zweite Schicht auftragen.

3 Mit einem feinen Künstlerpinsel Verzierungen und Ornamente des Rahmens mit rosa Dispersionsfarbe streichen, dann mit einem Tuch Teile der Farbe wieder abwischen, um so einen antiken Effekt zu erzeugen.

4 Mit einem Künstlerpinsel feine Linien in pistazienfarbener Dispersionsfarbe auf die Ornamente und Verzierungen setzen, um die Zeichnung der Elemente zu betonen. Trocknen lassen. Die Farbe mit mittelkörnigem Schleifpapier an einigen Stellen bis auf die Grundierung und an anderen nicht ganz so stark abschleifen, um Gebrauchsspuren zu imitieren.

5 In einem Marmeladenglas einen Esslöffel Pigmentpulver in Umbra natur mit Acryllack mischen und das gesamte Bettgestell damit streichen.

▲ Farbe abschleifen für den Antiklook.

Dazu einen Zugpinsel benutzen, der Pinselspuren hinterlässt. Den Lack unterschiedlich dick auftragen, aber Tränen oder Laufnasen vermeiden.

6 Zur Akzentuierung der Ornamente und Verzierungen zum Schluss mit einem Künstlerpinsel ein wenig Silbermetallicfarbe auftragen und gründlich trocknen lassen.

Weitere Antikisierungsprojekte:
Antikisierter Beistelltisch, siehe Seiten 104–105; Gestrichenes Schränkchen, siehe Seiten 198–199; Antikisierter Bauernstuhl, siehe Seiten 212–213.

▲ Alte Farbe und Rost abschleifen.

▲ Die Ornamente rosa streichen.

▲ Getönten Lack auftragen.

Schrank mit Putten

DIESER SCHRANK aus Massivholz besitzt innen auf einer Seite Regalfächer, auf der anderen eine Kleiderstange. Da er nur für wenige Stücke Platz bietet, aber selbst nicht viel Raum beansprucht, ist er ein ideales Möbel für ein kleines Gästezimmer. Die fla-chen Türen eignen sich ideal für ein Schablonenmotiv. Hier wurden zwei Engelchen gewählt, so genannte Putten, wie man sie im Barock und Rokoko liebte. Die alten Griffe wurden entfernt und durch Glasknäufe ersetzt. Als zusätzlicher Schmuck dienen zwei Silberquasten an den Knäufen.

❖ WERKZEUG UND MATERIAL ❖

Schraubenzieher

Holzkitt

Malerspachtel oder Kittmesser

Mittel- und feinkörniges Schleifpapier

Staubbindetuch

Grundierung

Seidenglanzlack auf Ölbasis als Voranstrich

Farbwanne

Heizkörperroller (Roller für Ölfarbe)

Malerpinsel

Alter Esslöffel

Transparente Öllasur

Farbeimer

Künstlerölfarbe in Schwarz

Terpentinersatz

Seidenglanzlack in Rosa

Stupfbürste

Saubere, fusselfreie Baumwolltücher

Azetatfolie

Vorlagen für Schablonen (s. S. 248)

Folienschreiber

Skalpell und Schneidematte

Ablösbarer Sprühkleber

Schablonen-Sticks in Schwarz und Weiß

Stupfpinsel

Acrylpinsel

Acryllasur, seidenmatt

Zwei Glasgriffe (wahlweise)

Zwei Silbertroddeln (wahlweise)

1 Die Griffe entfernen, weil sie beim Abschleifen und Streichen stören. Risse mit Holzkitt füllen, eventuell auch die Grifflöcher, falls man neue Knäufe anbringt. Sämtliche Flächen abschleifen, mit Staubbindetuch abwischen, dann eine Schicht Grundierung auftragen. Trocknen lassen.

2 Seidenglanzlack für den Voranstrich in die Farbwanne gießen und den ganzen Schrank mit dem Heizkörperroller streichen. Feinheiten mit dem Malerpinsel nachstreichen, trocknen lassen. Wo nötig, abschleifen und mit Staubbindetuch abwischen, dann eine zweite Schicht auftragen.

3 Einen Esslöffel transparente Öl-lasur in eine Farbkanne geben, eine Tubenbreite schwarze Künstlerölfarbe zufügen. Verrühren, bis die Lasur glatt ist. Weitere acht Löffel Lasur, vier Löffel Terpentinersatz und einen Löffel rosa Seidenglanzlack dazumischen, bis genügend Farbe für den Schrank vorhanden ist.

Ein dunkler Schrank aus Massivholz kann leicht aufgehellt werden.

4 Die Lasur über einem Schrankteil verstreichen und die Pinselspuren mit der Stupfbürste vertreiben. Die Lasur sollte nicht zu dick aufgetragen sein und nicht trocknen. Sofort zum nächsten Schritt übergehen.

▲ Die Grundierung mit einem Roller auftragen.

▲ Die Pinselspuren vertreiben.

5 Ein Baumwolltuch locker zur Rolle wickeln, an einer oberen Ecke ansetzen und mit den Fingern über die mit Lasur bestrichene Fläche rollen, dabei gleichmäßigen Druck ausüben. Hat man das Ende der Fläche erreicht, oben wieder ansetzen und so fortfahren, bis die ganze Fläche behandelt ist, dabei die Tuchansätze geringfügig überlappen lassen. Die letzten beiden Schritte so lange wiederholen, bis der ganze Schrank mit Lasur gestrichen und mit den Lappen gerollt ist.

6 Azetatfolie über die erste der Vorlagen auf Seite 248 legen, Umrisse mit Folienschreiber durchmalen. Rund um die Zeichnung einen breiten Rand zum Mischen der Farben und für die Markierungspunkte stehen lassen. Mit dem Skalpell die Umrisse

▲ Einen Baumwolllappen über die Lasur rollen, um den besonderen Effekt zu erzielen.

▲ Die Freiräume der ersten Schablone mit Hellgrau ausstupfen.

ausschneiden und Markierungspunkte einschneiden, die später eine genaue Positionierung ermöglichen. Die zweite Schablone ebenso fertigen.

7 Die erste Schablone auf der Rückseite mit Kleber einsprühen und auf die Schranktür kleben. Zurücktreten, Position der Schablone prüfen und eventuell korrigieren. Verpackung der Schablonen-Sticks aufreißen (hierzu die Packungsanweisung beachten).

Auf dem Folienrand Schwarz und Weiß zu hellem Grau mischen, mit dem Stupfpinsel aufnehmen und kreisförmig stupfend auf den Ausschnitten verteilen. Auch die Markierungspunkte zart ausstupfen, Folie vorsichtig abziehen.

8 Die Rückseite der zweiten Schablone mit Kleber besprühen und genau positioniert auf den Schrank kleben.

9 Wie zuvor die Schablonenfarben mischen, diesmal jedoch zu einem dunklen Grau, und etwas Schwarz zur Akzentuierung ungemischt lassen. Wie bereits beschrieben die Ausschnitte mit Dunkelgrau ausstupfen. Anschließend das Gesicht und andere feine Linien mit ungemischtem Schwarz einfärben.

▲ Die zweite Schablone dunkelgrau ausstupfen.

▲ Details des dunkler schablonierten Teils.

• Hat man keine Stupfbürste zum Vertreiben der Pinselspuren auf dem Lasuranstrich (Schritt 4), steckt man einen frischen Heizkörperroller auf und rollt damit vorsichtig über die Lasur.

• Während der Arbeit viele saubere, fusselfreie Lappen, Wasser und Lösungsmittel griffbereit haben, damit man verschmierte oder verlaufende Farbe sofort wegwischen kann.

Weitere Projekte mit Lasureffekten:
Gestrichene Wandpaneele, siehe Seiten 133–135; Wandsockel Ton in Ton, siehe Seiten 208–211.

10 Die Schablonenfolie abnehmen. Beide Schablonen mit einem Lappen und Terpentinersatz gründlich, aber vorsichtig reinigen und trocknen lassen. Indem man die beiden Schablonen umdreht, das Puttenmotiv seitenverkehrt wie beschrieben auf die zweite Schranktür aufbringen. Die Türen 24 Stunden trocknen lassen.

11 Mit einem Acrylpinsel zwei Schichten seidenmatte Acryllasur auf den ganzen bemalten Schrank auftragen. Die Lasur wirkt beim Auftrag milchig und scheint einen Schleier über das Objekt zu legen. Während sie trocknet, was rasch geschieht, wird sie aber durchsichtig. Die neuen Griffe anbringen und Silberquasten daranhängen.

NÜTZLICHE TIPPS

• Beim Schablonieren den Stupfpinsel nicht mit Farbe überladen: Die Farbe verschmiert und der luftige Effekt geht verloren. Man ist leicht versucht, zu viel Farbe aufzutragen, denn solange die Schablone noch über dem Motiv liegt, wirkt es viel blasser als nach der Abnahme der Folie.

▲ Ansicht der fertigen Putte.

Schablonierte Luftballons

Im Kinderzimmer, das zumeist auch das Schlafzimmer des Kindes ist, sind bunte Wandanstriche mit lustigen Motiven immer sehr willkommen. Da Kinder Luftballons mögen, sollte man sie als Dekoration so auf die Wand bringen, dass sie leicht zu schweben scheinen. Mit einfachen Schablonen und umweltfreundlichen Farben aus der Sprühdose ist das überhaupt kein Problem. Die einfache, klare Form macht den Kindern Freude, und der Erwachsene hat es leicht und kann frei bestimmen, wie viele Ballons er auf die Wand bringen will oder wie er sie anordnen möchte – ein Vorteil gegenüber den strengen Formen akkurater Schablonierarbeiten in anderen Räumen.

❖ WERKZEUG UND MATERIAL ❖

Lineal

Papier und Bleistift

Manilakarton, Azetatfolie oder Transparentpapier

Permanent-Marker (schwarz)

Skalpell und Schneidematte

Ablösbarer Sprühkleber

Papier zum Abdecken

Acrylfarben aus der Sprühdose in verschiedenen Farben

Mund-Nasen-Schutz

Abdeckband

Stecknadel

---

1 Für die Ballonschablone auf Papier eine gerade Linie von der Länge der gewünschten Luftballons zeichnen. Den oberen und den unteren Endpunkt mit einer Kurvenlinie verbinden, dann diesen halben Ballon ausschneiden. Den Umriss des halben Ballons auf Transparentpapier übertragen, die Vorlage um die Längsachse herum umklappen und den Umriss nochmals nachzeichnen – so wird der Ballon absolut symmetrisch. Die Ballonform ausschneiden.

2 Den Wandbereich rund um den Ballon mit Papier abdecken, die Schablone anlegen und mit Sprühfarbe aussprühen. Wenn die Farbe getrocknet ist, in die Sprühdüse einer Kontrastfarbe eine Stecknadel stecken und mit der blockierten Düse wenige fleckige Punkte aufsprühen. Als Glanzpunkt auf jeden Ballon an etwa derselben Stelle etwas Weiß aufsprühen. Mit einem schwarzen Permanent-Marker die Fäden der Luftballons aus der freien Hand aufmalen.

Weitere Schablonierprojekte:
Schablonierte Balustrade, siehe Seiten 130–132; Schablonierter Küchenfries, siehe Seiten 148–149; Schablonierter Korbsessel, siehe Seiten 160–161; Bett mit Zierbrett, siehe Seiten 170–172; Leopardenmuster, siehe Seiten 175–177.

▲ Die Kontrastfarbe aufsprühen.

▲ Die Grundfarbe aufsprühen.

▲ Die Ballons sollten sich teilweise überlappen.

Oft ist das Badezimmer mit unansehnlichen, aber nötigen Gegenständen wie Wäschekorb, Handtuchständern, Badezimmerschränkchen und anderem vollgestellt. Trotzdem kann das Bad eine interessante Herausforderung für Freunde der Farbeffekte sein. Mit ein wenig Planung lassen sich all die vielen Kleinigkeiten gut geordnet unterbringen, beispielsweise in hübsch gestrichenen oder dekorierten Schränkchen. Und natürlich kann man das ganze Badezimmer mit dem Flair eines Luxusbades versehen. Hat man alles fertig, lässt man sich ein wunderbar heisses Bad ein, legt sich in die Wanne und geniesst entspannt das Ergebnis seiner harten Arbeit.

Badezimmerprojekte

Spiegel und Türgriff mit Grünspaneffekt

Heutzutage ist es grosse Mode, Möbel und andere Gegenstände antik, ja geradezu abgenutzt aussehen zu lassen. Die Sachen können gar nicht verschossen, rostig, abgeblättert, schäbig und staubig genug erscheinen. Imitierter Grünspan ist sehr beliebt, denn er lässt sich gut nachmachen und wirkt immer sehr edel. Wenn Metalle wie Kupfer oder Bronze den Witterungseinflüssen ausgesetzt sind, korrodieren sie und bekommen eine grünlich graue Patina, die Grünspan genannt wird. Mit Farbe ist diese Patina leicht zu imitieren.

❖ WERKZEUG UND MATERIAL ❖

Heißes Seifenwasser und Lappen

Abdeckband

Marmeladengläser

Dispersionsfarben in Dunkelgrün, Pfefferminzgrün, Hellblau und Türkis

Schmale, flache Malerpinsel

Alte Esslöffel

Brennspiritus

Sieb

Schlämmkreide

Mehrere Künstlerpinsel (Schweinsborsten)

Tücher

Weißleim

1 Die Metallteile in heißem Seifenwasser gut abspülen, um Staub und Schmutz restlos zu entfernen. Mit einem Lappen gründlich abtrocknen. Den Spiegel mit Abdeckband vor Farbe schützen.

2 In einem Marmeladenglas oder einem ähnlichen Gefäß 1 Teil dunkelgrüne Dispersionsfarbe mit 3 Teilen Wasser verdünnen. Den Spiegelrahmen und die Türbeschläge mit dieser verdünnten Farbe streichen und trocknen lassen.

3 Für die Grünspanpaste je 1 Esslöffel Dispersionsfarbe in Hellblau, Pfefferminzgrün und Türkis in Marmeladengläser geben und mit je 2 Esslöffeln Spiritus verrühren. Jeweils so viel gesiebte Schlämmkreide einrühren, bis eine feste Paste entsteht.

4 Mit einem Schweinsborstenpinsel die Metallteile des Spiegels nacheinander mit den drei Farben streichen, dabei die Verteilung der Farben so zufällig wie möglich halten. Wenn die Grünspanfarben völlig getrocknet sind (es dauert nicht sehr lange), sämtliche gestrichenen Teile mit einem sauberen Pinsel, der in Wasser getaucht wurde, leicht abtupfen.

5 Während die Teile noch feucht sind, etwas Schlämmkreide darüber stäuben und mit der Fingerkuppe in den Vertiefungen verreiben. Hier und da ein wenig von der verdünnten dunkelgrünen Dispersion auf die Fläche träufeln. Dabei vorsichtig sein und nicht zu viel Farbe nehmen, um den Effekt nicht zu zerstören.

6 Wenn die Farbe zu trocknen beginnt, mit einem sauberen Tuch hier und da so viel abwischen, bis die dunkelgrüne Grundierung sichtbar wird, an ein paar exponierten Stellen sogar das blanke Metall.

7 Die Türbeschläge wie beschrieben mit den Farben und der Schlämmkreide behandeln.

8 Wenn alle Teile völlig trocken sind, mit einer Schicht verdünntem Weißleim (2 Teile Wasser auf 1 Teil Weißleim) versiegeln.

NÜTZLICHE TIPPS

• Kann man Dispersionsfarben in den gewünschten Farben nicht in der erforderlichen kleinen Menge bekommen, kann man nach Probedöschen fragen – die Menge reicht meist. Oder man tönt weiße Dispersionsfarbe mit Vollfarbe ab.

Weitere Antikisierungsprojekte:
Antikisierter Beistelltisch, siehe Seiten 104–105; Antikisiertes Bettgestell, siehe Seiten 178–179; Gestrichenes Schränkchen, siehe Seiten 198–199; Antikisierter Bauernstuhl, siehe Seiten 212–213.

▲ Grünspanpaste anmischen.

▲ Schlämmkreide mit dem Finger auftupfen.

Bad in mexikanischem Stil

W ARUM SOLLTE EIN BADEZIMMER nicht ein bisschen ausgeflippt und lustig aussehen? Nur zu oft wirken die großen, weißen Kachelwände kalt und klinisch, ein Eindruck, der durch helle Lampen noch verstärkt wird. Farben in einem einheitlichen Stil können für die nicht gekachelten Flächen und die Accessoires wahre Wunder wirken. Für dieses Badezimmer wurden Terrakottatöne und typische Muster verwendet, die man mit dem alten ländlichen Mexiko verbindet, wo sich altindianische mit spanischen Einflüssen vermischten. Hier ist Raum für ausgefallene Ideen, etwa die Zweckentfremdung von Blumentöpfen zum Aufbewahren von Badutensilien.

❖ WERKZEUG UND MATERIAL ❖

Transparent-, Zeitungs- und Schmierpapier

Bleistift oder Faserschreiber

Manilakarton, Azetatfolie oder Transparentpapier

Skalpell und Schneidematte

Dispersionsfarbe in warmem Terrakottaton

Ablösbarer Sprühkleber

Acrylfarben in verschiedenen Tönen

Badeschwamm

Grobkörniges Schleifpapier

Polyurethanklarlack und Hochglanzlack

Mund-Nasen-Schutz

Autolack, matt

1 Für die Schablonen wählt man typisch mexikanische Treppenmuster, Mäander und Sterne, überträgt sie auf Schablonenmaterial und schneidet sie aus.

2 Die Wände werden in der Tünchtechnik (s. S. 36–37) mit Dispersionsfarbe in warmem Terrakottaton gestrichen. Dann schabloniert man sie nach Geschmack mit den mexikanischen Mustern. Die Schablonen mit Sprühkleber an der Wand befestigen und zum Ausfüllen der Schablonenflächen Farben nach Wahl mit dem Schwamm aufstupfen. Um einen Antikeffekt zu erzielen, die Wand mit grobkörnigem Schleifpapier abschleifen. Nach dem Trocknen eine Schicht Polyurethanklarlack auftragen, damit die Wände vor Feuchtigkeit geschützt sind.

3 Wenn Holzflächen vorhanden sind, kann man sie in der gleichen Technik mit denselben Farben bemalen, man kann aber auch Holzverkleidungen aus Hartfaserplatten überhaupt erst anbringen, etwa als Badewannenumrandung und als Abdeckung des Spülkastens. Auch die Fensterrahmen kann man in dem gewählten Terrakottaton streichen. Will man den Stil möglichst strikt durchziehen, wird man auch den Toilettensitz in Holz wählen. Für allerlei Krimskrams und die im Bad benötigten Utensilien kann man ganz normale Blumentöpfe in unterschiedlichen Größen verwenden, denn sie erinnern am ehesten an altmexikanische Töpferkunst.

4 Am besten verwendet man neu gekaufte Blumentöpfe. Mit kleinen Schablonen oder aus freier Hand bemalt man sie mit leuchtend bunten Acrylfarben. Anregungen für Dekor und Farben holt man sich aus einschlägigen Sachbüchern zum Thema Mexiko. Man kann die Farbe mit dem Pinsel oder dem Schwamm auftragen.

5 Verwendet man Schablonen, sollte man sie aus Folie schneiden, die man eng anliegend wie einen Handschuh um die runden Töpfe legen kann. So verhindert man, dass die Farbe verschmiert oder an Stellen läuft, wo sie nicht erwünscht ist.

▲ Die Farbe mit Schleifpapier antikisieren.

▲ Das Motiv direkt auf dem Topf entwerfen.

▲ Farbauftrag mit dem Schwamm.

Auch die Entwürfe für die Töpfe macht man auf diese Art (siehe Abbildung unten Mitte). Man legt das Papier für den Entwurf eng um den Topf, fixiert es mit Sprühkleber und zeichnet dann sein Dekor auf. So kann man den Rand und die Fläche passgenau füllen. Den Entwurf überträgt man dann auf die Schablonenfolie und schneidet mit dem Skalpell auf der Schneidematte die Schablone aus. Mit dem Schwamm tupft man dann die Farbe auf. Man lässt sie trocknen und streicht die Töpfe zum Schutz mit einigen Schichten Hochglanzlack.

▲ Das Glas mit mattem Autolack besprühen.

6 Natürlich kann man zuletzt auch die Fenster und die gläserne Duschwand in das Projekt mit einbeziehen. Billiges Strukturglas sieht meist nicht sehr gut aus und lichtdurchlässiges Milchglas ist teuer. Eine billige, interessante Alternative ist normales Fensterglas, das man mit mattem Autolack besprüht. Es wirkt dann wie zartes Milchglas und ist nützlich: Das Glas bleibt lichtdurchlässig, und dennoch ist man vor neugierigen Blicken von außen hinreichend geschützt.

Auch hier kann man ausgezeichnet mit Schablonen arbeiten, und zwar mit positiven oder negativen Bildern. Man schneidet zum Beispiel eine Schablone und klebt sie mit ablösbarem Sprühkleber auf das Fenster. Sprüht man nun den Autolack darauf, bleibt nur das Muster auf dem Glas, der Rest des Glases bleibt klar. Umgekehrt kann man die Ausschnitte auf das Glas kleben und die gesamte Scheibe besprühen, sodass die Scheibe wie Milchglas aussieht und lediglich die Muster klar bleiben. Bei der Arbeit mit Autolack immer einen Mund-Nasen-Schutz tragen.

NÜTZLICHE TIPPS

• Man muss Schablonen nicht unbedingt mühevoll selbst schneiden. Viele Muster und Dekors gibt es als fertige Schablonen im Handel, aber auch normale Haushaltsgegenstände kann man als Schablonen verwenden, zum Beispiel alte Spitzenbänder oder Tortendeckchen. Geeignet sind alle Gegenstände mit flacher, durchbrochener Fläche. Aber auch in der Natur gesammelte Blätter kann man als Schablonen verwenden.

• Fensterscheiben und Spiegel kann man auf einfache Art mit einem Rand verzieren, indem man sie mit Abdeckband beklebt. Man kann das Abdeckband aber auch so aufkleben, dass einfache geometrische Muster – Rechtecke, Quadrate, Dreiecke – oder auch kompliziertere Designs entstehen.

Weitere Schablonierprojekte:
Schablonierte Balustrade, siehe Seiten 130–132; Schablonierter Küchenfries, siehe Seiten 148–149; Schablonierter Korbsessel, siehe Seiten 160–161; Paravent mit Schablonenmotiv, siehe Seiten 167–169; Schablonierte Luftballons, siehe Seiten 184–185; Rahmen mit Mohnblumen, siehe Seiten 236–237; Kästchen mit Monogramm, siehe Seiten 244–245.

▲ Haushaltsgegenstände wie Tortendeckchen können als Schablonen dienen.

Duschwand mit Fischen

AUF EINEM EXQUISITEN Badezimmerteppich fand sich ein sehr hübsches, vom Art déco inspiriertes Fischmotiv. Die Umrisse dieses Motivs kann man vereinfacht zu einer Schablone umgestalten, mit der sich das Motiv dann auf die glatte Plastikwand der Duschkabine oder auf die Fensterscheiben im Badezimmer bringen lässt. Es gibt zwei Methoden, klares Glas wie milchig oder wie geätzt aussehen zu lassen, die beide effektiv sind und dabei sehr viel billiger als echtes geätztes Glas.

Die einfachere besteht darin, das Glas mit kleberbeschichteter Folie zu bekleben, entweder am Stück oder mit sorgfältig ausgeschnittenen Motiven. Die zweite Möglichkeit, die noch echter wirkt, wird hier vorgestellt.

❖ WERKZEUG UND MATERIAL ❖

Vorlage für die Schablone

Manilakarton, Azetatfolie oder Transparentpapier

Faserschreiber oder Permanent-Marker

Skalpell oder Cutter und Schneidematte

Ablösbarer Sprühkleber

Papier zum Abdecken

Mund-Nasen-Schutz

Glas-Sprayfarbe für Eisblumeneffekte oder Emailspray (Autolack)

Schablone nötigen Felder teilen kann. Falls nötig vergrößert man die Vorlage mit dem Fotokopierer oder frei von Hand. Das hier gewählte Fischmotiv wies bereits die nötigen Felder auf und hatte die richtige Größe.

2 Das Motiv zunächst auf Transparentpapier, später dann von diesem auf das Schablonenmaterial übertragen. Wie man sieht, wurde die Form auf die nötigen Umrisse reduziert: Alle Details, selbst die Augen, wurden ausgelassen.

3 Mit einem Skalpell oder Cutter die Schablone sorgfältig ausschneiden. Dabei eine Schneidematte unterlegen, um die Arbeitsfläche nicht zu beschädigen. Erst die kleinen Flächen ausschneiden, denn je mehr weggeschnitten wird, desto instabiler wird die Struktur.

1 Man macht einen eigenen Entwurf oder lässt sich von einem Design inspirieren. Wichtig ist, dass man die Vorlage in die für die

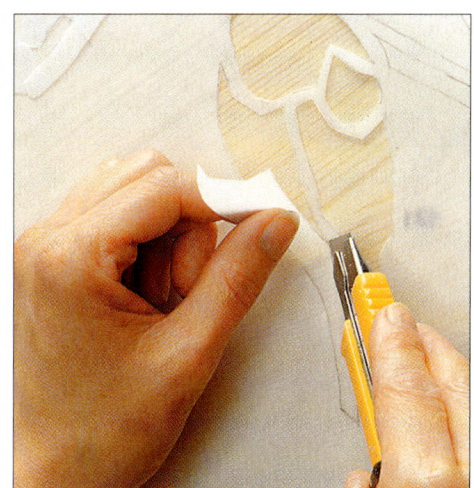
▲ Die Schablone mit dem Cutter ausschneiden.

4 Die Rückseite der Schablone mit ablösbarem Sprühkleber einsprühen und auf der Fläche an der gewünschten Stelle ankleben. Die Schablone fest andrücken, alle Luftblasen und Falten in den Stegen vorsichtig wegdrücken und die Stege glätten.

▲ Ein leicht zu vereinfachendes Motiv.

▲ Motiv auf Schablonenmaterial übertragen.

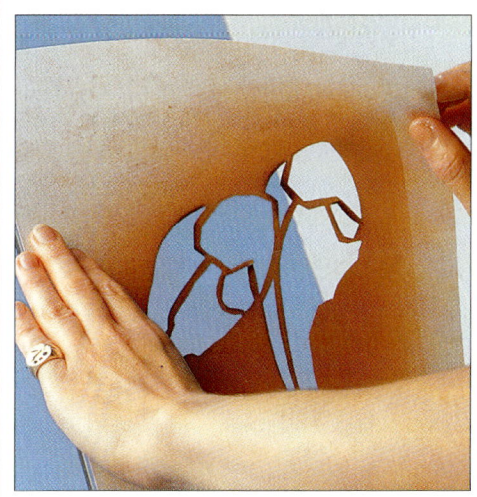
▲ Schablone flach auf das Glas legen.

▲ Das Glas rund um die Schablone herum abdecken.

NÜTZLICHE TIPPS

• Das Spray ist beim Auftrag klar und bekommt seinen Eisblumeneffekt erst beim Trocknen. Die Schablone erst dann abziehen, wenn die Farbe trocken ist.

• Man kann das Spray für Glas und Plastik verwenden, im Falle von Plastik aber erst die Hinweise auf der Spraydose lesen. Autolack ist sehr gut für Kacheln geeignet, denn er ist widerstandsfähig und wasserabstoßend. Jede Sprühdose erst auf einem Probestück oder Papier ausprobieren, denn jeder Sprühmechanismus reagiert anders, wenn man auf den Sprühknopf drückt.

Weitere Schablonierprojekte:

Schablonierte Balustrade, siehe Seiten 130–132; Schablonierter Küchenfries, siehe Seiten 148–149; Schablonierter Korbsessel, siehe Seiten 160–161; Paravent mit Schablonenmotiv, siehe Seiten 167–169; Schablonierte Luftballons, siehe Seiten 184–185; Rahmen mit Mohnblumen, siehe Seiten 236–237; Kästchen mit Monogramm, siehe Seiten 244–245.

5 Die Flächen rund um die Schablone sorgfältig und weiträumig mit Papier abdecken, damit keine Farbe an unerwünschte Stellen kommt. Einen Mund-Nasen-Schutz anlegen und die Farbe sehr dünn in kurzen Sprühintervallen aufsprühen. Trocknen lassen und wiederholen.

6 Nach einigen Minuten eine Ecke der Schablone lösen und den Effekt prüfen. Eventuell ist eine weitere Schicht Farbe nötig. Vorher wiederum die ganze Umgebung gut abdecken. Kleine Fehler können vorsichtig mit einem Cerankochfeldschaber abgekratzt werden.

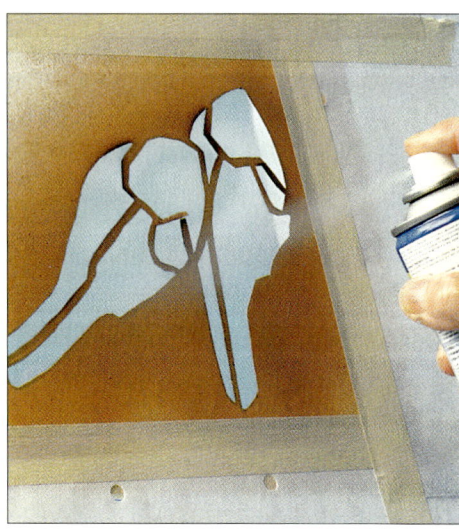

▲ In kurzen Intervallen sprühen.

▲ Die Schablone vorsichtig anheben und den Farbeffekt prüfen.

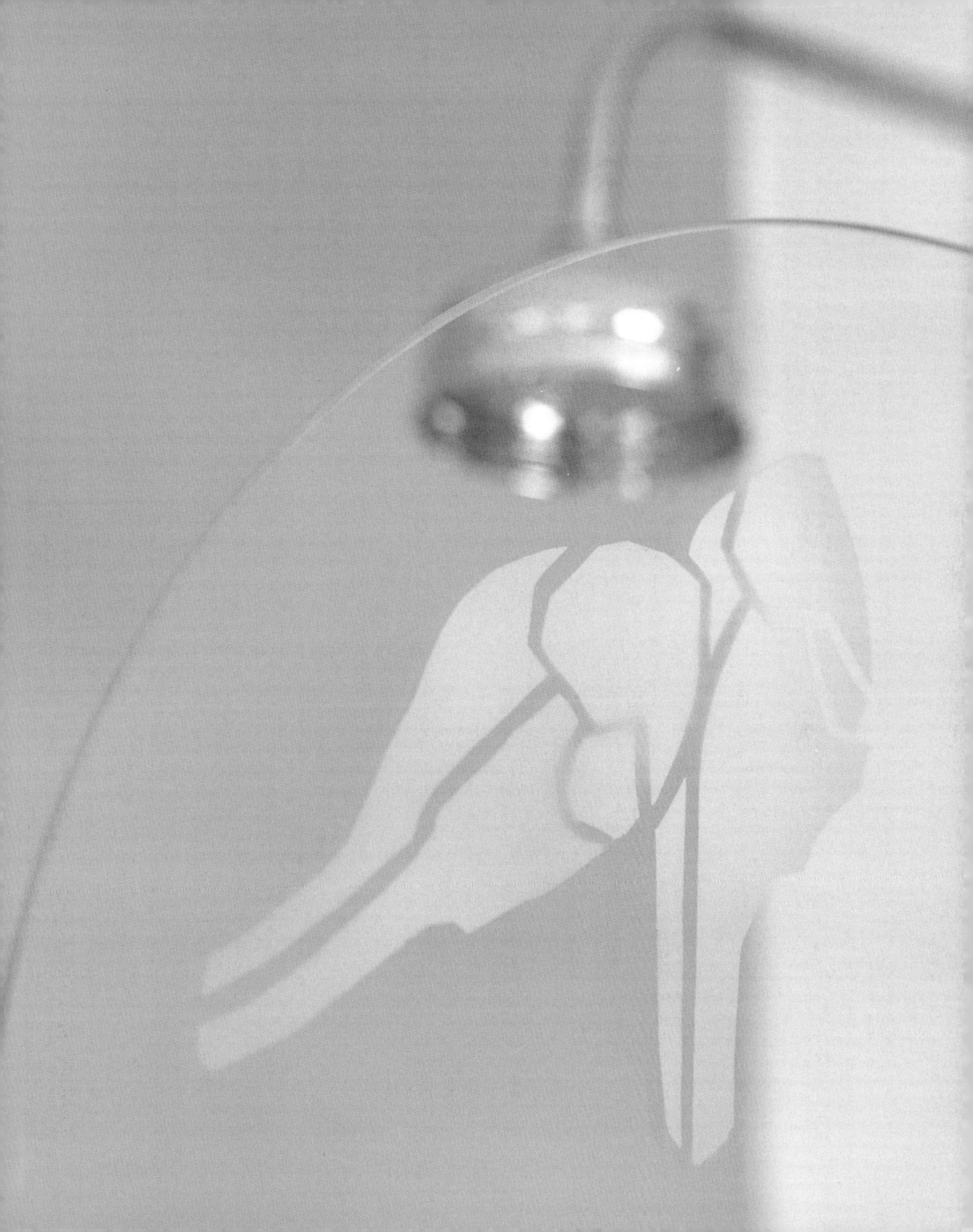

Holzwand mit Kalktünche

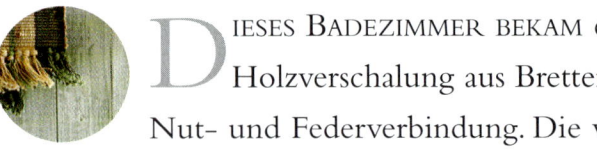

DIESES BADEZIMMER BEKAM eine Holzverschalung aus Brettern, mit Nut- und Federverbindung. Die winzige Fuge zwischen den Brettern bildet eine feine Ziernut. Der fertige Anstrich wirkt so, als hätte der Maler nicht mehr genügend Farbe zur Verfügung gehabt – aber genau das ist der gewünschte Effekt dieser Tünchtechnik, die übrigens auch auf Putz-

wänden gut funktioniert. Selbstverständlich braucht sich die Holzverschalung nicht im Badezimmer zu befinden. Es kann auch eine geschützte Balkontrennwand, eine Wand im Wintergarten oder eine Holztür sein.

Die Arbeit geht rasch und die Farben trocknen schnell; man kann das renovierte Badezimmer also bald wieder benutzen.

❖ WERKZEUG UND MATERIAL ❖

Breite, flache Malerpinsel
in verschiedenen Breiten

Holzgrundierung

Schmaler, flacher Malerpinsel

Farbe nach Wahl (Vinylfarbe auf Wasserbasis
oder Seidenglanzlack auf Ölbasis)

Dieselbe Farbe in einer helleren Tönung
für den Streifeneffekt

Ein Stück Probeholz

---

1 Das rohe Holz muss vor dem Streichen mit einem breiten Flachpinsel unbedingt mit einer wasserfesten Grundierung von bester Qualität geschützt und abgesperrt werden: Die Grundierung bewahrt das Holz vor Feuchtigkeit und bildet eine Haftbrücke für die spätere Farbe.

2 Wenn die Grundierung getrocknet ist, kann man eine Schicht der gewählten Basisfarbe auftragen. Vinylfarbe auf Wasserbasis kann man verwenden, wenn die Grundierung von bester Qualität war. Sonst ist es besser, in einer Nasszelle einen Seidenglanzlack auf Ölbasis zu verwenden.

3 Für den speziellen Kalkeffekt verwendet man eine sehr helle Abtönung der Basisfarbe. Der Deckel des Farbeimers ist dabei eine ideale Palette, denn man nimmt mit der Borstenspitze eines schmalen Flachpinsels nur wenig Farbe auf.

4 Den Pinsel ganz leicht über die gestrichene Oberfläche führen, sodass die Borsten die Fläche nur so eben streifen. Man arbeitet wahlweise von oben nach unten oder umgekehrt, aber immer in Maserungsrichtung des Holzes. Der Pinsel soll hauch-

▲ Der Farbeimerdeckel dient als Palette.

feine Streifen hinterlassen, die dann, wenn der Pinsel keine Farbe mehr enthält, in sanften, aufwärts und abwärts geführten Pinselbewegungen verstrichen werden.

Weitere Kalktünchprojekte:
Gekalkter Bilderrahmen, siehe Seiten 230–231.

▲ Das Holz sorgfältig grundieren.

▲ Die Basisfarbe aufstreichen.

▲ Farbe hauchfein mit dem Pinsel auftragen.

Badezimmerschränkchen

BADEZIMMERSCHRÄNKCHEN SIND unerlässlich, um notwendige Kleinigkeiten möglichst übersichtlich vor Feuchtigkeit und Staub geschützt aufzubewahren. Wer individuelle Stücke bevorzugt, wird unbehandelte Holzschränkchen kaufen und sie selbst dekorativ herrichten. Zwei Vorschläge werden hier vorgestellt: ein zart abgetöntes Karomuster und ein mit Schablonen aufgebrachtes Efeumuster, das sich wie ein Mäander über die Oberfläche des Schränkchens zieht. Solche Stücke passen auch in eine Küche oder in einen anderen Raum.

Gestrichenes Schränkchen

❖ WERKZEUG UND MATERIAL ❖

Mittelkörniges Siliziumkarbidpapier

Staubbindetuch

Breiter, flacher Malerpinsel

Gouachefarben in Altweiß und Rosa

Lineal

Kreide

Abdeckband in gewünschter Karobreite

Dispersionsfarbe in Hell- und Dunkelrosa

Schmaler, flacher Malerpinsel

Acryllasur

Palette oder alter Teller

Klarlack

1 Griffe und Knäufe entfernen. Die gesamte Oberfläche mit Schleifpapier abschleifen und mit Staubbindetuch abwischen. Mit dem breiten Flachpinsel zwei oder drei Schichten Altweiß auftragen. Trocknen lassen.

2 Mit Lineal und Kreide das Karomuster aufzeichnen. Abdeckband so aufkleben, dass nur die dunklen Felder unbedeckt bleiben. Diese mit dem breiten Flachpinsel mit rosa Gouachefarbe ausmalen. Farbe trocknen lassen, dann die senkrecht laufenden Abdeckbänder entfernen. Lediglich die Felder, die hell bleiben sollen, sind weiterhin abgedeckt. Hellrosa Dispersionsfarbe mit den Gouachefarben mi-schen und auftragen, trocknen lassen und Abdeckband entfernen.

3 Auf einem Teller Acryllasur mit rosa Gouachefarbe mischen. Mit einem schmalen Flachpinsel alle Kanten am Schränkchen, an den Schubladen die Deckplatte sowie die Knäufe streichen. Trocknen lassen. Alle gestrichenen Flächen mit nassem Schleifpapier bearbeiten. Trocknen lassen, mit Staubbindetuch abwischen. Zwei Schichten Klarlack auftragen.

Weitere Antikisierungsprojekte:
Antikisierter Beistelltisch, siehe Seiten 104–105; Aufgemalte Eichendielen, siehe Seiten 113–115; Antikisierter Bauernstuhl, siehe Seiten 212–213.

Schabloniertes Schränkchen

❖ WERKZEUG UND MATERIAL ❖

Schleifpapier

Staubbindetuch

Flacher Malerpinsel

Gouachefarben in Altweiß und Salbeigrün

Manilakarton, Azetatfolie oder Transparentpapier

Faserschreiber

Skalpell und Schneidematte

Abdeckband

Stupfpinsel

Acryllasur

Palette oder alter Teller

Klarlack

1 Das Schränkchen abschleifen und den Staub abwischen. Griffe und Knäufe abschrauben. Mit einem Flachpinsel zwei oder drei Schichten Gouachefarbe in Altweiß auftragen, zwischen den Aufträgen die Farbe trocknen lassen.

2 Ein Motiv nach Wahl auf Schablonenmaterial übertragen und mit dem Skalpell ausschneiden. Die genauen Positionierungen der Schablone markieren. Schablone mit Abdeckband fixieren; will man dabei über Unebenheiten schablonieren, die Schablone besonders gut und plan befestigen.

3 Die Schablonenflächen mit dem Stupfpinsel in Salbeigrün von innen nach außen ausstupfen.

4 Auf einem Teller Acryllasur mit salbeigrüner Gouachefarbe mischen. Alle Kanten an dem Schränkchen sowie an den Schubladen und die Deckplatte damit streichen. 24 Stunden trocknen lassen.

5 Zwei oder drei Schichten Klarlack aufstreichen und die alten Knäufe durch Porzellanknäufe ersetzen.

Weitere Schablonierprojekte:
Bett mit Zierbrett, siehe Seiten 170–171.

Badezimmer im Marmorlook

Wer ein geräumiges Bad in einer Altbauwohnung – gar noch mit frei stehender alter Wanne – hat, aber der Meinung ist, dieses Bad sei langweilig und zu groß, der kann daraus einen kleinen Luxussalon im Marmorlook machen. Aber auch bereits vorgestrichene Wände anderer Räume kann man als Grundlage für diese simple Technik verwenden. Es wird hier kein echter Marmor imitiert, denn dazu braucht man viel Übung.

Hier wird ein Anstrich ohne Lasur und Spezialpinsel vorgeschlagen, der in seinem leicht diagonalen Fluss lediglich an Marmor erinnert und doch verblüffend wirkt.

❖ WERKZEUG UND MATERIAL ❖

Seidenglanzlack auf Ölbasis in 3 Farben nach Wahl (zum Beispiel dunkles Beige, helles Beige und Altweiß, je 1 Liter)

3 Farbwannen

Hartborstiger, breiter Flächenstreicher

Schmierpapier

Abdeckband

1 Das Zimmer zum Streichen vorbereiten. Fußböden und Sockelleisten mit Folie abdecken, alle Abdeckungen von Schaltern und Steckdosen entfernen. Die drei Farben jeweils 1 cm hoch in eine Farbwanne gießen. Es wird hier Seidenglanzlack auf Ölbasis empfohlen, weil er nach dem Trocknen wasserabstoßend ist und deutlich langsamer trocknet als Dispersionsfarbe, sodass man sich bei der Arbeit nicht zu sehr beeilen muss.

2 Man beginnt mit der dunkelsten Farbe. Die Borstenspitzen des Flächenstreichers in die Farbe stupfen, die Borsten nicht zu viel Farbe aufnehmen lassen. Wenn Farbe abtropft, diese erst auf Schmierpapier abstreifen, ehe man den Pinsel auf die Wand setzt.

3 Indem man jeweils Flächen von etwa 60 Quadratzentimetern bearbeitet, stupft man die Farbe, wie auf der Abbildung unten links zu sehen, auf die Wand. Man arbeitet so, dass eine diagonale Fließrichtung entsteht, in der sich die Farbstränge wie Flussarme treffen. Den Pinsel mit stupfenden Bewegungen senkrecht auf die Wand setzen, die Farbe nicht streichen, den Pinsel nicht ziehen! Außerdem aufpassen, dass die Farbe keine X-Formen bildet.

4 Ist die Farbe aus dem Pinsel aufgebraucht, geht man sofort zur nächsthelleren über und bringt sie entlang der dunkleren Farbe auf. Dabei sorgt man für einen sanften Verlauf durch Überblendung. Man stupft mit der helleren Farbe in den Rand der dunkleren und wieder zurück. Da beide Farben noch nass sind, mischen sie sich. Danach zur dritten Schattierung übergehen (in unserem Fall Altweiß) und wie beschrieben verfahren und die Farbe überblenden.

▲ Mit der hellsten Farbe überblenden.

5 Wo man Korrekturen für notwendig hält, in der richtigen Farbe nacharbeiten oder auch ganze Linienverläufe nachtupfen oder allzu starke Farbkontraste durch Stupfen mildern. Die beschriebenen Schritte so lange wiederholen, bis die Wände zur Zufriedenheit marmoriert sind. Trocknen lassen, Abdeckbänder entfernen und alle Abdeckungen an Schaltern und Steckdosen wieder anbringen.

Weitere Marmorierungsprojekte:
Marmorierter Frisiertisch, siehe Seiten 162–163;
Marmorierter Blumentopf, siehe Seiten 214–215.

▲ Zuerst die dunkelste Farbe nehmen.

▲ Sofort danach die mittlere Farbe aufstupfen.

▲ Korrekturen in feuchter Farbe vornehmen.

Die Renovierung eines vernach-
lässigten alten Gartenmöbels
kann sehr kreativ und sehr
wirtschaftlich sein, denn neue
Gartenmöbel sind teuer. Man
kann alten Stücken eine persönliche Note verleihen und
ausserdem Geld sparen. Man
kann die Stücke dem Garten
anpassen, egal ob es ein wilder
Naturgarten oder ein gepfleg-
ter Ziergarten ist, der einer
bestimmten Stilrichtung folgt.
In Wintergärten lassen sich
Projekte realisieren, die für das
Haus zu dramatisch erscheinen,
andererseits aber zu fragil sind,
als dass man sie den Einflüssen
des Wetters aussetzen könnte,
wie es im Garten, auf der offenen
Terrasse oder dem ungeschützten Balkon der Fall wäre.

Projekte für Garten und Wintergarten

Lackierte Gartenmöbel

GARTENMÖBEL MÜSSEN DEM Einfluss der Elemente standhalten. Sind sie dafür nicht ausgerüstet oder werden sie nicht entsprechend gepflegt, können sie rasch unansehnlich werden. Hier waren es zwei alte schmiedeeiserne Stühle und ein Tisch mit Eisengestell und Holzlattenplatte, die diesen Zustand erreicht hatten. Abhilfe schaffte eine gründliche Reinigung inklusive Entrostung der Eisenteile. Autolack aus der Sprühdose verlieh den Stücken auf einfachste Weise neuen Glanz. Für die Stühle mussten dann nur noch neue Kissen besorgt werden.

❖ WERKZEUG UND MATERIAL ❖

Heißes Seifenwasser und Lappen

Feine Stahlwolle

Rostentferner

Abbeizmittel und Kratzeisen

Mittel- und feinkörniges Schleifpapier

Staubbindetuch

Holzgrundierung

Malerpinsel

Zinkstaubgrund (Sprühdose)

Autolack in Farbe nach Wahl

Mund-Nasen-Schutz

Aus diesen sperrmüllreifen Gartenmöbeln wurde eine Zierde für die Gartenterrasse.

1 Die Stühle und den Metallteil des Tischs mit Seifenwasser abwaschen. Farb- und Lackreste und losen Rost mit Stahlwolle abreiben.

2 Wenn das Metall vollkommen trocken ist, Rostflecken mit Rostentferner behandeln und mit Stahlwolle nacharbeiten, bis das reine Metall zum Vorschein kommt.

3 Die hölzerne Tischplatte abbeizen und die Lackreste mit einem Kratzeisen entfernen. Mit Schleifpapier abschleifen und den Schleifstaub vollständig mit einem Staubbindetuch abwischen. Das Holz mit Holzgrundierung streichen, dabei darauf achten, dass der Anstrich möglichst glatt wird.

4 Wenn die Holzgrundierung getrocknet ist, erneut abschleifen und abwischen. Die Metallteile des Tischs und die Stühle mit Zinkstaubgrund einsprühen. Er dient als Rostschutz und als Grundierung.

5 Sämtliche Flächen der Gartenmöbel mit Autolack einsprühen. Dabei einen Mund-Nasen-Schutz tragen und möglichst im Freien arbeiten. Den Lack in mehreren dünnen Schichten aufsprühen, sodass sich keine Lacknasen bilden. Für die Stühle passende Kissen kaufen oder selbst nähen.

NÜTZLICHE TIPPS

• Beim Arbeiten mit Sprühfarben entsteht unweigerlich Farbnebel, der sich weit verteilt. Man muss also den Arbeitsraum großflächig abdecken. Gegenstände von überschaubarer Größe kann man in einen aufgeschnittenen Pappkarton stellen. Um größere Gegenstände sollte man eine Art Paravent aus Pappe errichten, wenn man Farbe aufsprüht.

Weitere Tisch- und Stuhlprojekte:
Esstisch mit Schottenmusterborte, siehe Seiten 100–101; Dekorative Stühle, siehe Seiten 102–103; Antikisierter Beistelltisch, siehe Seiten 104–105; Tische mit Freihandbemalung, siehe Seiten 110–112; Tisch mit Pastellanstrich, siehe Seiten 122–123; Gestrichene Stühle, siehe Seiten 144–145; Stuhl mit Efeublättern, siehe Seiten 150–151; Schablonierter Korbsessel, siehe Seiten 160–161; Antikisierter Bauernstuhl, siehe Seiten 212–213.

▲ Das Holz des Tischs gut abschleifen.

▲ Erst Zinkstaub, dann Lack aufsprühen.

Handbemalter Kasten

EIN SOLCHER HANDBEMALTER Kasten mit verschieden großen Schubfächern passt gut in einen Wintergarten – ein idealer Aufbewahrplatz für allerlei Kleinigkeiten, die man für die Gartenpflege braucht, für Gummihandschuhe, Gartenschere, Bast, Kordel und Samentütchen. Unbehandelte Spanholzkästen dieser Art bekommt man in Baumärkten. Sollte man nur ein Exemplar mit Knäufen oder Griffen auf den Schubladen bekommen, so schraubt man diese ab, streicht und bemalt das Kästchen und schraubt dann die Originalknäufe oder passende neue wieder auf. Die Vorlage für das hier verwendete Blumenornament findet sich auf Seite 248. Es passt in der Höhe genau auf die Schubladen und die Grifflöcher fügen sich harmonisch ein. Man kann dieses Motiv per Fotokopie auf die entsprechende Größe bringen oder ein völlig anderes Motiv wählen.

WERKZEUG UND MATERIAL ❖

Dispersionsfarbe in Dunkelrot und Weiß

Malerpinsel

Feinkörniges Schleifpapier

Abdeckband

Bleistift

Transparentpapier

Schneiderkopierpapier (rot)

Feiner, runder Künstlerpinsel

Acrylfarbe in Zinnober- oder Karminrot

Feine Stahlwolle

Wasserlöslicher Klarlack, matt

Klares Wachs

Weiches Tuch

Dieser Kasten wurde in einem Baumarkt gekauft.

▲ Flächen und Kanten abschleifen.

▲ Motiv auf den Kasten durchpausen.

1 Sämtliche Außenflächen des Kastens mit zwei Schichten dunkelroter Dispersionsfarbe streichen. Die erste Schicht gründlich trocknen lassen, ehe man die zweite aufträgt. Danach in gleicher Weise zwei Schichten weiße Dispersionsfarbe auftragen.

2 Die weiße Farbe mit feinkörnigem Schleifpapier überarbeiten, sodass stellenweise das Rot durchschimmert. Die Schubkästen mit Abdeckband befestigen, sodass man die Vorderfront als zusammenhängende Fläche bemalen kann.

3 Das Motiv von Seite 248 (oder nach Wahl ein anderes) auf Transparentpapier übertragen und durch neues Anlegen auf die entsprechende Länge bringen. Schneiderkopierpapier auf die Schubkästen legen, das Transparentpapier mit dem Motiv genau darauf platzieren. Das Motiv mit etwas Druck genau nachzeichnen und so nacheinander auf die Holzflächen übertragen.

4 Das Motiv mit einem feinen Künstlerpinsel mit roter Acrylfarbe ausmalen. Dabei langsam und ruhig arbeiten.

▲ Mit feinem Künstlerpinsel rot ausmalen.

5 Die Farbe trocknen lassen, dann die Motivfelder mit feiner Stahlwolle abschleifen. Alle gestrichenen Flächen mit einer Schicht wasserlöslichem mattem Klarlack streichen und mit Wachs einreiben.

Weitere Freihandprojekte:
Getünchtes Eichensideboard, siehe Seiten 98–99; Küchenaccessoires, siehe Seiten 138–141; Küchenstuhl (Tassenmotive), siehe Seiten 146–147; Gestrichene Bilderrahmen, siehe Seiten 232–233.

Wandsockel Ton in Ton

U̲NGEWÖHNLICHE W̲ANDANSTRICHE können aus einem Wintergarten einen oft und gern genutzten Raum machen. Für diesen lichtdurchfluteten Wintergarten wurde der Eierstab gewählt, ein Ornament aus Ei-formen und Pfeilspitzen, das von Zierleisten der antiken Baukunst her bekannt ist. In Büchern über Kunstgeschichte und alte Architektur wird man leicht eine Vorlage finden, die man fotokopieren und für die eigenen Zwecke vereinfachen und auf die richtige Größe bringen kann. Wenn man beim Fertigen der Schablone das Motiv gleich mehrmals nebeneinander setzt, braucht man keine Positions-marken auf der Wand anzubringen, denn das erste Motiv kann passgenau über das letzte Motiv auf der Wand gelegt werden.

❖ WERKZEUG UND MATERIAL ❖

Motiv zum Übertragen

Manilakarton, Azetatfolie oder Transparentpapier

Skalpell und Schneidematte

Wasserwaage

Bleistift

Maßband

Acrylfarbe in warmem Grau mit etwas Dispersionsfarbe vermischt

Malerpinsel

Weiße Acrylfarbe

Palette oder Teller

Klarlack, matt

Leichter Karton

Winkelmaß

Senkblei

Abdeckband

Öllasur

Leinöl

Ölpigment in Umbra natur

Terpentinersatz

Zugpinsel

Pinsel mit groben Borsten

beliebte Motiv des Eierstabs vielleicht fertig. Man muss allerdings auf die benötigte Größe achten: etwa 5 cm Höhe. Will man die Schablone selbst entwerfen, findet man Vorlagen in kunstgeschichtlichen Büchern.

2 Die Vorlage auf Manilakarton, Azetatfolie oder Transparentpapier übertragen und mit einem Skal-pell oder Cutter auf einer Schneide-matte als Unterlage die Schablone schneiden. Eine zweite Schablone nur mit dem Eimotiv schneiden; diese wird zum Schattieren angelegt.

3 Auf der Wand die Höhe bestim-men, in der man das Ornament anbringen will. Die traditionelle Höhe liegt bei exakt einem Drittel der Raumhöhe, man sollte sich also etwa in diesem Bereich bewegen. Niedrige Räume erscheinen durch eine niedrig angesetzte Zierleiste etwas höher. Hohe

▲ Mit einem warmen Grau schablonieren.

Räume wirken durch eine höher ver-laufende Zierleiste niedriger. Auch sollte man nur freie Wände wählen, auf denen die Leiste voll zur Geltung kommt, also keine Wände mit großen Fensterfronten, Heizungen oder vielen Möbeln. Mit Wasserwaage, Maßband und Bleistift die Verlaufshöhe des Or-naments markieren.

4 In einer Zimmerecke beginnend kann man bis zur anderen Ecke hin über die Wand arbeiten. Man mischt Acrylfarbe in warmem Grau mit etwas Dispersionsfarbe im Farbton der Wandfarbe und betupft die ausgeschnit-tenen Felder mit einem stumpfen, fast trockenen Pinsel.

5 Hat man eine Schablone mit Mo-tivwiederholung, legt man das erste Motiv über das letzte fertige, denn so garantiert man genaue Ab-stände.

1 Da sowohl gedruckte Vorlagen, nach denen man sich Schablonen schneiden kann, als auch bereits fertig ausgeschnittene Schablonen im Fachhandel erhältlich sind, gibt es das

▲ Das Eierstabornament abzeichnen.

▲ Schattieren mit der Schablone.

6 Zum Schattieren der Eiform kann man ebenfalls eine Schablone verwenden. Man mischt weiße Acrylfarbe mit der Dispersionsfarbe der Wand und stupft die Farbe mit dem Pinsel auf. Das geht schneller und wird gleichmäßiger, als wenn man per Hand schattiert. Ob man die Schattierung auf die linke oder rechte Seite setzt, hängt vom Lichteinfall des Raums ab.

▲ Die Kartonstreifen zur Platzierung und Breitenbestimmung der Streifen benutzen.

7 Möchte man Streifen unter die Zierleiste setzen, bestimmt man die Breite dieser Streifen anhand der Länge der Wand. Man sollte vermeiden, dass an einer Ecke nur ein halber Streifen sitzt.

8 Ein Stück leichten Karton in der exakten Breite und Länge der Streifen zurechtschneiden. Mit dem Winkelmaß sicherstellen, dass der Karton rechtwinklig ist. Den Karton als Vorlage verwenden, um auf der Wand die Positionierung der Streifen zu markieren. Die Ausrichtung mit Senkblei und Wasserwaage kontrollieren.

9 Entlang der exakten Kanten einige Streifen Abdeckband aufkleben. Die Kante des Bandes muss genau auf den Markierungen verlaufen, damit die Streifen dem entsprechen, was man ausgemessen hat.

10 Aus Öllasur, etwas mattem Klarlack, einem Spritzer Leinöl und etwas Umbranatur-Ölpigment, das man in Terpentinersatz gelöst hat, eine passende Farbe anmischen.

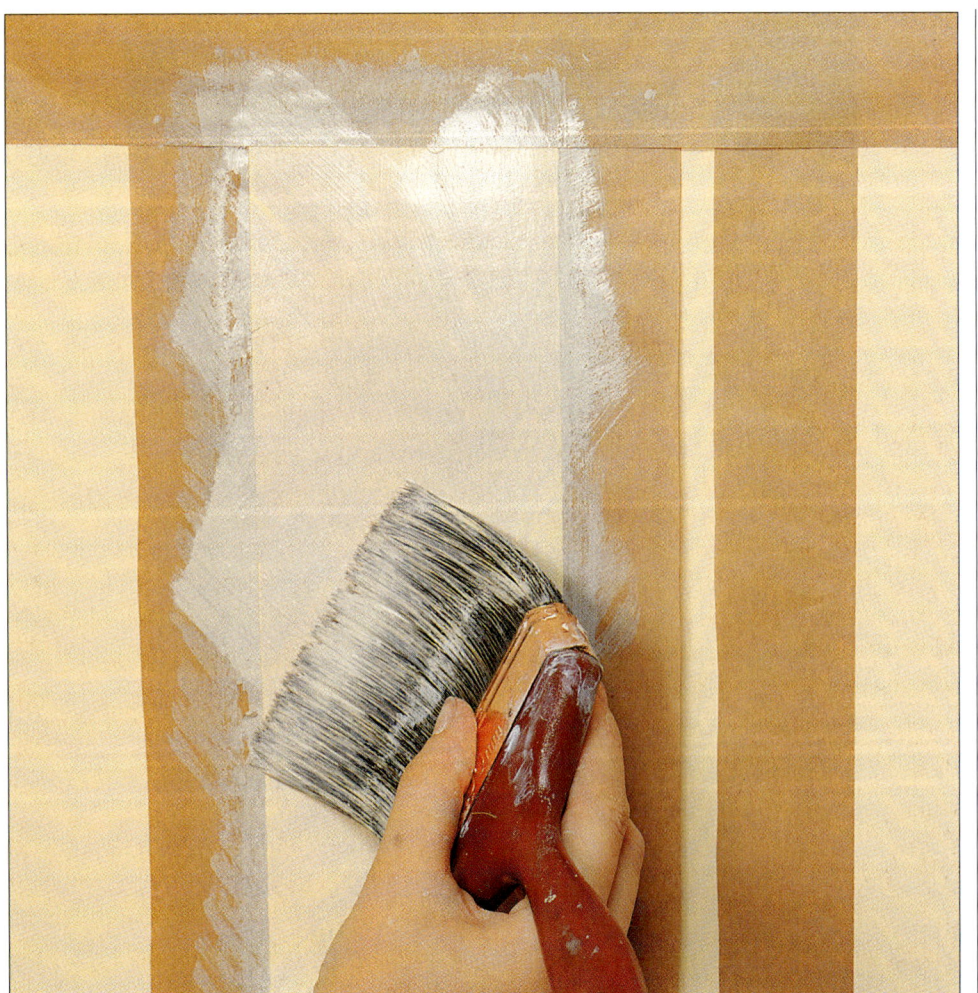

▲ Die Flächen um die Streifen herum abdecken und die Lasur mit schräger Pinselführung auftragen.

ten Winkel zur Wand halten: So werden sehr sanfte, feine Streifen entstehen, die den Feldern eine warme Struktur verleihen. Hat man für die Streifen Dispersionsfarbe verwendet, sollte man sie mit Klarlack überstreichen. Bei der langsam trocknenden Öllasur ist das nicht nötig.

NÜTZLICHE TIPPS

• Am einfachsten zu berechnen und zu malen sind Streifen von einheitlicher Breite.

• Beim Kauf des Abdeckbands ist wichtig, dass es nicht zu fest haftet oder schon aufgebrachte Farbe nicht wieder ablöst. Es gibt hochwertiges Band in unterschiedlichen Breiten, das sich leicht löst und dennoch wieder verwenden lässt. Mit solchem Band sind Streifen ganz besonders leicht zu meistern, denn es lässt sich sehr gerade ankleben. Langes Ausmessen kann man sich sparen, wenn man Band in der gewünschten Streifenbreite nimmt.

• Für eine Wandbemalung der hier vorgestellten Art könnte man natürlich einfacher zu handhabende Dispersionsfarbe verwenden. Soll die Wandbemalung aber einen Heizkörper integrieren, muss man eine Ölfarbe verwenden, denn eine Dispersionsfarbe wird auf einem Heizkörper, der im Winter benutzt wird, niemals halten.

• Bemerkt man beim Entfernen des Abdeckbands, dass Lasurfarbe darunter geraten ist, entfernt man sie rasch mit einem Wattestäbchen, das man in Terpentinersatz getaucht hat.

• Es empfiehlt sich immer, eine Malerarbeit an einer Stelle zu beginnen, die später hinter einem Möbelstück verborgen sein wird. Man kann sich dann unbefangen mit der Technik vertraut machen und sogar Korrekturen bei der Farbmischung oder dem Schablonenschnitt vornehmen.

• Da für dieses Projekt eine Lasur auf Ölbasis verwendet wurde, war ein Klarlacküberzug zum Schutz der Farbe nicht nötig. Verwendet man Dispersionsfarbe, so muss man bedenken, dass sie je nach Qualität unterschiedlich leicht verkratzt. Dementsprechend sollte man einen Klarlack (matt oder seidenglänzend) aufbringen.

▲ Einen Pinsel mit harten, trockenen Borsten durch die feuchte Lasur ziehen.

11 Mit einem Zugpinsel diese Lasur in diagonal geführten Strichen auf die Streifenfelder auftragen. Die Abdeckung übermalen, ohne dass Farbe darunter gerät.

12 Solange die Lasur noch feucht ist, einen Pinsel mit trockenen groben Borsten von oben nach unten über die Lasur ziehen. Dabei den Pinsel fast im rech-

Weitere Wandprojekte:

Wände mit Karomuster, siehe Seiten 94–97; Mit Farbe getünchte Wand, siehe Seiten 124–125; Gestrichene Wandpaneele, siehe Seiten 133–135; Schablonierter Küchenfries, siehe Seiten 148–149; Schlafzimmerfries, siehe Seiten 172–173; Badezimmer im Marmorlook, siehe Seiten 200–201.

Antikisierter Bauernstuhl

DIESEN GRIECHISCHEN Bauernstuhl mit seiner geflochtenen Sitzfläche und der abgeblätterten blauen Farbe kann man sich leicht im Garten vor einem weiß getünchten Haus in Griechenland vorstellen, daneben ein gedeckter Tisch mit griechischem Salat, Fladenbrot und eine Flasche Retsina. Das typisch mediterrane Blau ist eine Mischung aus Pigmentpulver in Himmelblau und Ultramarinblau, die mit weißer Dispersionsfarbe verrührt wurden. Statt Dispersionsfarbe kann man auch Öl- oder Vinylfarbe nehmen und zwischen den Farbschichten den Reißlack auftragen, was dann allerdings zu einem etwas anderen Effekt führt. Einem rustikal eingerichteten Wintergarten oder einer geschützten Terrassenecke wird der Stuhl in jedem Fall Urlaubsflair verleihen.

❖ WERKZEUG UND MATERIAL ❖

Weiße Dispersionsfarbe und Farbpigment in zwei Blautönen

Flache Malerpinsel

Reißlack (Peelingmedium)

Mittelkörniges Schleifpapier

Schleifklotz

Klarlack auf Wasserbasis, matt

Ausgangsmaterial war dieser unscheinbare Stuhl.

1 Die hellere der beiden Dispersionsfarben auf den vorbereiteten Stuhl streichen, dabei unordentlich vorgehen und einige Stellen ungestrichen lassen.

2 Den Reißlack auf die trockene Dispersionsfarbe auftragen – je dicker die Lackschicht, desto stärker die Risse in der später aufgetragenen Farbe. Ehe man den zweiten Farbanstrich aufträgt, den Reißlack erst trocknen lassen. Empfehlenswert ist eine Trocknungszeit von mindestens vier Stunden oder über Nacht.

3 Auch die dunklere Dispersionsfarbe wieder in unordentlicher Weise aufstreichen, dennoch möglichst viel der helleren Grundfarbe bedecken. Schnell und zügig arbeiten und schon gestrichene Stellen nicht mehr als einmal überstreichen, weil der Reißlack sonst seine Reaktionsfähigkeit verliert. Trocknen lassen.

4 Ein Stück Schleifpapier mittlerer Körnung um einen Schleifklotz legen und die Farbe damit leicht abschleifen. Den Stuhl mit ein oder zwei Schichten mattem Klarlack auf Wasserbasis streichen, dabei sehr rasch arbeiten, um den Reißlack nicht zu

▲ Eine Schicht Reißlack auftragen.

reaktivieren. Die erste Lackschicht vor Auftrag der nächsten trocknen lassen. Der so gestrichene Stuhl sollte nicht im Freien stehen.

▲ Die hellere Farbe zuerst auftragen.

Weitere Antikisierungsprojekte:
Antikisierter Beistelltisch, siehe Seiten 104–105; Antikisiertes Bettgestell, siehe Seiten 178–179.

▲ Durch Abschleifen der Farbe antikisieren.

Dekorative Blumentöpfe

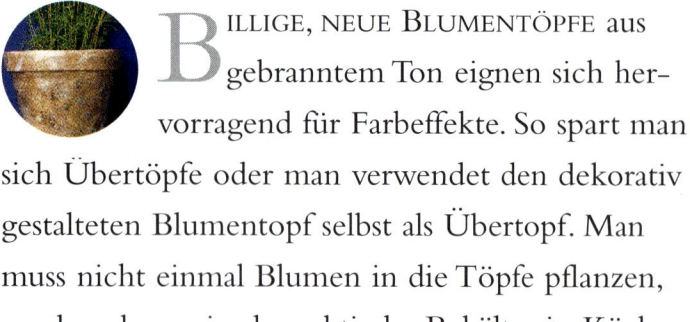

BILLIGE, NEUE BLUMENTÖPFE aus gebranntem Ton eignen sich hervorragend für Farbeffekte. So spart man sich Übertöpfe oder man verwendet den dekorativ gestalteten Blumentopf selbst als Übertopf. Man muss nicht einmal Blumen in die Töpfe pflanzen, sondern kann sie als praktische Behälter in Küche oder Bad verwenden. Sollen die Töpfe im Freien stehen, müssen sie mit Wasser abstoßendem Klarlack, am besten einem Lack auf Ölbasis, vor Witterungseinflüssen geschützt werden. Farben oder Lacke auf Ölbasis kann man über solchen auf Wasserbasis anwenden, aber niemals darf man umgekehrt wasserlösliche Lacke über Ölfarbe streichen.

Marmorierter Blumentopf

❖ WERKZEUG UND MATERIAL ❖

Universalgrundierung auf Wasserbasis

Malerpinsel

Künstleracrylfarben in Perlmutt, lichtem Ocker, Perlweiß und Kohlschwarz

Palette oder Teller

Acryllasur

Stupfpinsel

Klarsichtfolie

Klarlack auf Wasserbasis, seidenglänzend

1 Den sauberen Topf innen und außen mit Universalgrundierung streichen und trocknen lassen. Den Topf mit ein oder zwei Schichten Künstleracrylfarbe in Perlmutt außen und innen streichen. Zwischen jedem Auftrag trocknen lassen.

2 Als Nächstes auf die Außenseite des Blumentopfs eine großzügige Schicht Acryllasur auftragen.

3 Auf eine Palette großzügige Portionen von Acrylfarben in lichtem Ocker, Perlweiß und Kohlschwarz geben. So kann man eine einheitliche Marmorierung vornehmen, ohne die Arbeit unterbrechen zu müssen.

4 Mit dem Stupfpinsel verteilt man die drei Farben auf der noch feuchten Lasur in unregelmäßigen Abschnitten. Um den Marmoreffekt zu erzielen, wickelt man ein Stück Klarsichtfolie um den Topf, drückt es an, zieht es wieder ab, legt es erneut an und drückt es fest und wiederholt das so oft, bis einem das Ergebnis gefällt. Den Topf 24 Stunden trocknen lassen, dann zum Schutz zwei oder drei Schichten seidenglänzenden Klarlack auf Wasserbasis auftragen.

Weitere Marmorierungsprojekte:
Marmorierter Frisiertisch, siehe Seiten 162–163.

Mit dem Schwamm gefärbter Blumentopf

❖ WERKZEUG UND MATERIAL ❖

Universalgrundierung auf Wasserbasis

Malerpinsel

Künstleracrylfarben in Hellblau, Ultramarinblau und Perlweiß

Palette oder Teller

Naturschwamm

Küchenpapier

Klarlack auf Wasserbasis, seidenglänzend

1 Den sauberen Topf innen und außen mit Universalgrundierung streichen und trocknen lassen. Mit ein oder zwei Schichten Künstleracrylfarbe in Hellblau außen und innen streichen. Zwischen jedem Auftrag trocknen lassen.

2 Auf eine Palette großzügige Portionen von Acrylfarben in Hellblau, Ultramarinblau und Perlweiß geben. So kann man eine gleich bleibende Farbmischung vornehmen. Den angefeuchteten Schwamm in die drei Farben stupfen, beginnend mit der dunkelsten. Erst auf Küchenpapier stupfen, dann den Topf mit dem Schwamm betupfen. Auf diese Weise den ganzen Topf mit der Farbe betupfen. Jedes Mal wenn man den Schwamm neu einfärbt, Überschuss erst auf Küchenpapier abstreifen.

3 Den Topf 24 Stunden trocknen lassen, dann zwei oder drei Schichten seidenglänzenden Klarlack auf Wasserbasis auftragen.

Weitere Schwammfärbeprojekte;
Bedruckter Boden, siehe Seiten 128–129.

Farbige Blumentöpfe

DIESE BLUMENTÖPFE WURDEN mit grellen Dispersionsfarben gestrichen. Da der gebrannte Ton der Töpfe porös und saugfähig ist, braucht man keine Grundierung. Durch die Verwendung von Reißlack kann man den Anstrich wie abblätternde alte Farbe aussehen lassen, wobei eine Farbe unter der anderen hervorblitzt. Da die wasserlösliche Farbe schnell trocknet, kann man sie fast sofort wieder überstreichen, falls einem die aufgetragene Farbe doch nicht so gut gefallen sollte. Erst wenn die Töpfe lackiert sind, ist die Farbe dauerhaft geschützt.

❖ WERKZEUG UND MATERIAL ❖

Dispersionsfarbe in Farben nach Wahl

Malerpinsel

Reißlack (Peelingmedium)

Flacher Künstlerpinsel

Klarlack, stumpf

1 Eine Schicht Dispersionsfarbe in einer Farbe nach Wahl auf einen sauberen neuen Tontopf auftragen und trocknen lassen. Die Risse erscheinen später in dieser Grundfarbe. Benutzt man den Topf als Pflanzgefäß, nur außen streichen; soll er einem anderen Zweck dienen, auch innen streichen.

2 Auf die getrocknete Grundfarbe den Reißlack auftragen, dabei den Pinsel in derselben Richtung wie beim Farbauftrag führen. Den Reißlack trocknen lassen, dann eine zweite Schicht auftragen.

3 Wenn der Reißlack vollständig getrocknet ist, trägt man die zweite Dispersionsfarbe auf. Die Farbe satt auftragen und den Pinsel dabei in derselben Richtung wie vorher bei Auftrag des Lacks führen. Die soeben gestrichene Fläche nicht noch einmal überstreichen. Sobald die Farbe trocknet, zeigen sich Risse und die Untergrundfarbe wird dahinter sichtbar.

▲ Den Reißlack auf die erste Farbe streichen.

4 Den oberen Topfrand mit einem Künstlerpinsel in der ersten Farbe streichen oder, falls man ihn rissig wünscht, die beschriebene Prozedur mit Unterfarbe, Lack und Oberfarbe in umgekehrter Reihenfolge wiederholen. Auf den getrockneten Topf zwei Schichten stumpfen Klarlack auftragen.

Weitere Reißlackprojekte:
Antikisierter Bauernstuhl, siehe Seiten 212–213.

▲ Erste Dispersionsfarbe aufstreichen.

▲ Dann die zweite Farbe aufstreichen.

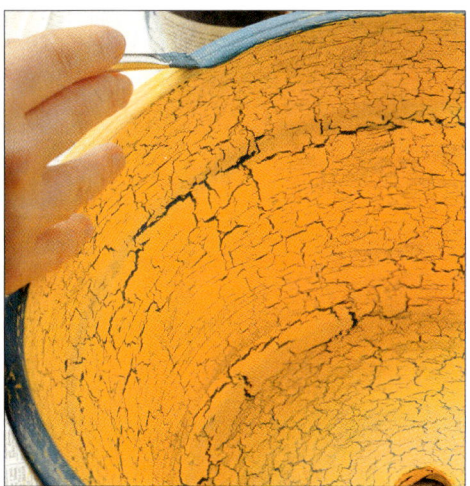
▲ Den Rand mit dem Künstlerpinsel nachziehen.

Bemaltes Tischtuch

DIESE STRAPAZIERFÄHIGE Tischdecke aus leichtem Segeltuch ist
genau das Richtige für ein Frühstück im
Garten. Ein nicht zu schweres Stück Leinwand in
der entsprechenden Größe wurde mit einem breiten Flachpinsel in einem sehr einfachen Karomuster
mit Stofffarben regelrecht gestrichen. Statt das Tuch
mühevoll zu säumen, wurde der Saum mit doppelseitig beschichtetem Klebeband geklebt. An den
Ecken wurden große Ösen eingeschlagen, durch die
man eine Kordel ziehen kann, an der Gewichte
befestigt werden, damit das Tuch sich draußen im
Wind nicht selbstständig macht. Hat man natürlich
gelochte Steine, kann man die verwenden, doch es
gibt auch spezielle Gewichte. Eine solche Decke im
Auto ist praktisch für ein Picknick.

❖ WERKZEUG UND MATERIAL ❖

Ein Stück Baumwollsegeltuch

Schere

Zollstock

Tapezierschiene oder langes Lineal

Bleistift

Stofffarbe

Altes Marmeladenglas

Flacher Malerpinsel

Bügeleisen

Probestück aus Baumwollsegeltuch

Schwarzer Faserschreiber

Doppelseitig beschichtetes Klebeband

Stempel mit Blattmotiv

Stempelkissen, schwarz

Ösen

Gerät zum Einstanzen der Ösen

Hammer

Kordel

Gewichte oder durchbohrte Steine

1 Das Baumwollsegeltuch nach
Bedarf rechteckig oder quadratisch
zurechtschneiden oder gleich gerade zugeschnitten kaufen.

2 Das Tuch alle 10 cm entlang den
Kanten markieren, dann mit
einem Bleistift entlang einer
Tapezierschiene oder einem langen
Lineal gerade Linien über den Stoff
ziehen, bis in waagrechter und senk-
rechter Richtung Hilfslinien für die
Farbstreifen aufgemalt sind.

3 Die Stofffarbe aus dem Gläschen
in ein altes Marmeladenglas um-
füllen. Das Gläschen als Maß
verwenden und sechsmal mit Wasser
gefüllt zur Farbe geben. Die verdünnte
Farbe lässt sich leichter mit dem breiten
Pinsel verstreichen und reicht auch viel
weiter. Hat man eine kräftige Farbe
gewählt, leidet die Intensität unter der
Verdünnung nicht sehr.

▲ Die Streifenbreite markieren.

4 Mit einem breiten, flachen Ma-
lerpinsel streicht man entlang der
Hilfslinien Streifen in einer
Richtung auf den Stoff. Dringt die
Farbe nicht sofort in das Segeltuch ein,
ist mehrmaliges Überstreichen nötig.
Die Streifen sollten gerade sein, aber
die Kanten können leicht verlaufen.

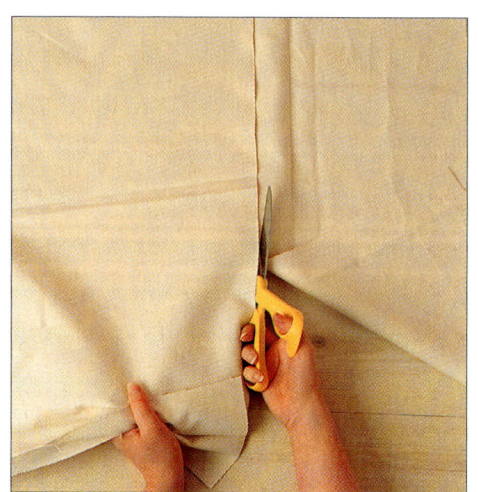
▲ Das Segeltuch passend schneiden.

▲ Die Streifen mit Stofffarbe aufmalen.

▲ Die Querstreifen aufmalen.

5 Die Streifen der einen Richtung erst vollkommen trocknen lassen, dann die Streifen der anderen Richtung im rechten Winkel zu den ersten Streifen aufstreichen.

6 Die Farbe durch Bügeln mit dem heißen Bügeleisen fixieren. Ein Tuch über das gefärbte Segeltuch legen, um die Farbe nicht zu verbrennen, und methodisch bügeln, damit keine Stelle ausgelassen wird.

▲ Den Saum ankleben und mit Bügeleisen befestigen.

▲ Die Farbe durch Bügeln fixieren, dabei durch ein Tuch schützen.

7 Auf der linken Seite des Tuchs rundum am Rand einen Streifen doppelseitig beschichtetes Klebeband aufkleben. Den Stoff umschlagen und den Umschlag mit dem fast kalten Bügeleisen fest andrücken. Die rechte Seite nach oben legen und alle Schnittkaros rasch mit einem dicken, schwarzen Faserschreiber umranden. Die Striche müssen nicht sehr korrekt sein. Also kein Lineal verwenden, sondern aus der freien Hand arbeiten.

▲ Die Karos mit Faserstift umranden.

▲ Die Ösen in den Ecken einschlagen.

8 In jedes umrandete Karo aus der freien Hand eine einfache Blattform zeichnen. Wer sich das nicht zutraut, kann einen Stempel mit Blattmotiv und ein schwarzes Stempelkissen verwenden. Mit einem speziellen Gerät zum Stanzen der Ösen in alle vier Ecken je eine große Öse stanzen und einen mit einer Kordel befestigten Stein oder ein anderes Gewicht daranhängen, damit das Tischtuch bei Wind nicht wegfliegen kann.

NÜTZLICHE TIPPS

• Auf manchen Stoffen verlaufen Stofffarben ähnlich wie Wasserfarben auf feuchtem Aquarellpapier, ein Effekt, den man je nach Wunsch nutzen kann.

• Das Baumwollsegeltuch ist so dicht gewebt, dass die Farbe nicht auf die Rückseite durchdringt. Andere Stoffe haben diesen natürlichen Schutz nicht. Damit man die Unterlage nicht verschmutzt, muss man eine dicke Lage Zeitungspapier und darüber Löschpapier unter den Stoff legen.

• Ist das mehrfach gefaltete Segeltuch an den Ecken zu dick, um die Öse mit dem Hammer hindurchzuschlagen, muss man zunächst mit der Schere Löcher vorschneiden, die groß genug sind für die Öse.

• In Geschäften, die Dekorationsbedarf anbieten, kann man nach den gebrauchten Steinen fragen. Dort gibt es unter Umständen auch täuschend echt aussehende Imitate aus Metall oder andere Gewichte.

▲ Eine Kordel durch die Ösen ziehen und das Tuch mit Steinen oder Gewichten beschweren.

Weitere Stofffärbeprojekte:
Leopardenmuster, siehe Seiten 175–177.

Jedes der kleinen Stücke, die in diesem Kapitel vorgestellt werden, kann dazu dienen, den Look, den man einem Raum gegeben hat, abzurunden. Da es sich um Einzelstücke handelt, kann man mehr als bei jedem fertig gekauften Stück auf Harmonie mit bereits vorhandenen Stücken hinwirken.

Die meisten Projekte sind schnell gemacht und einfach. Unbearbeitete Holzkästen, einfache Bilderrahmen und andere Kleinmöbel gibt es als Rohlinge in vielen Baumärkten, anderes kann man für wenig Geld auf Flohmärkten finden. Und warum sollte man nicht einmal für einen guten Freund oder für ein Familienmitglied ein ganz besonderes Geschenk mit Farbeffekten selbst gestalten?

Geschenke und kleine Projekte

Lampenfuß und -schirm im Schildpatteffekt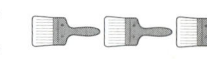

ES GIBT VERSCHIEDENE METHODEN, Lacke so zu verwenden, dass man einen Schildpatteffekt erzielt. Die folgende Methode erzeugt zwar ein Imitat, doch die Arbeit macht viel Spaß. Ein unansehnlicher Lampenfuß aus dem Trödelladen wird so ein kleines Schmuckstück. Nur der Schirm ist ein preiswerter neuer Rohling aus dem Laden. Auch ihn kann man mit einem Schildpatteffekt versehen. Da der Lampenfuß mit mehreren dicken Schichten grüner Ölfarbe gestrichen worden war, musste er zunächst gründlich abgebeizt werden.

❖ WERKZEUG UND MATERIAL ❖

Feinkörniges Schleifpapier

Staubbindetuch

Grundierung

Schmale, flache Malerpinsel

Seidenglanzlack auf Ölbasis in warmem Gelb

Künstlerölfarben in Umbra natur, Siena gebrannt, Ockerrot und Schwarz

Transparente Öllasur

Palette, Teller oder Glasplatte

Runder Künstlerpinsel in der Anzahl der Farben

Terpentinersatz

Palettmesser

Dachshaarschlichtpinsel

Goldbronzepulver

Acryllack

Polyurethanklarlack, seidenglänzend

Der Lampenfuß war mit Ölfarbe gestrichen und musste abgebeizt werden, ehe der Schildpatteffekt aufgebracht werden konnte.

1 Den Lampenfuß, wenn er gestrichen war, abbeizen. Wenn das Holz trocken ist, mit feinkörnigem Schleifpapier schleifen und mit einem Staubbindetuch abwischen. Fuß und Schirm mit Grundierung streichen und trocknen lassen. Drei Schichten Seidenglanzlack in warmem Gelb auftragen und jede Schicht 24 Stunden trocknen lassen. Abschleifen und mit Staubbindetuch abwischen.

2 Jeweils etwas von den Künstlerölfarben und der transparenten Öllasur auf eine Palette geben. Mit einem runden Künstlerpinsel etwas Terpentinersatz oder Terpentinöl aufnehmen und die Umbra natur damit verdünnen. Mit dem Palettmesser Öllasur aufnehmen und mit der Farbe vermischen. Ist alles gut vermischt, noch etwas Terpentin zugeben, bis die Farbe die Konsistenz von flüssiger Sahne hat. Die Farbe unregelmäßig, aber einer Diagonale folgend in kommaförmigen Flecken auf den Lampenschirm setzen.

3 Die anderen Farben wie beschrieben anrühren und in der gleichen Weise auf den Schirm auftragen. Dabei von Siena gebrannt mehr, vom roten Ocker weniger nehmen und weiterhin der diagonalen Richtung folgen. Zuletzt von der schwarzen Lasurmischung kleine kommaförmige Flecken dazwischensetzen. Mit dem Dachshaarschlichtpinsel die Formen leicht vertreiben und die Farben ineinander übergehen lassen.

4 24 Stunden trocknen lassen. Goldbronzepulver mit Acryllack mischen und den Schirm oben und unten mit einem schmalen Goldrand versehen. Den Fuß ebenso bemalen, zuletzt mit einer Schicht Polyurethanklarlack streichen.

Weitere Lampenprojekte:
Lampe mit krakeliertem Fuß und Schirm, siehe Seiten 116–117.

▲ Farbe in kommaförmigen Flecken auftragen. | ▲ Farbflecken mit dem Pinsel schlichten.

Kästchen im Malachiteffekt

KLEINE KÄSTEN AUS unbehandeltem Holz, dafür gedacht, von Hobby-künstlern bemalt und verziert zu werden, gibt es in einschlägigen Geschäften. Manchmal sind auch edle Cognacs, Zigarren oder Weine in stabile Holzkästchen verpackt, die man mit allerlei Farbeffekten und anderen Techniken wie etwa Découpage veredeln kann. Anhand dieses Kästchens soll gezeigt werden, wie man den Glanz polierten Malachits mit Farben nachgestalten kann. Die Technik erfordert einige Zeit und Mühe, doch das Ergebnis ist diesen Aufwand wohl wert.

❖ WERKZEUG UND MATERIAL ❖

Schraubenzieher

Feinkörniges Schleifpapier

Staubbindetuch

Lederleim (in Perlen oder Tafeln)

Alter Kochtopf und ein größerer Topf

Sieb

Vergolder-Schlämmkreide

Weicher Pinsel zum Auftrag des Gessos

Kleiner Pinsel

Holzgrundierung

Lack

Leinöl

Terpentinersatz

Seidenglanzlack auf Ölbasis in Hellgrün

Bleistift

Lineal

Transparente Öllasur

Künstlerölfarben aus der Tube in Chromgrün und Siena gebrannt

Wellpappe

Tuch

Hochglanzlack

Granatpapier

Mit der nicht ganz einfachen Technik wird aus einem solchen Kästchen ein wunderschönes Geschenk.

1 Scharniere, Deckel und Beschläge abschrauben, damit sämtliche Holzflächen ungehindert bearbeitet werden können. Alle Holzflächen mit feinkörnigem Schleifpapier sehr sorgfältig glätten und mit einem Staubbindetuch gut abwischen.

2 Gesso, eine besondere Art der Grundierung, ist der Schlüssel zum Gelingen dieser Technik.

▲ Gesso rasch und in geradem Zug auftragen.

Dazu mischt man 1 Teil Lederleim in einem alten Kochtopf mit 16 Teilen kaltem Wasser. Zunächst gibt man aber nur 6 Teile Wasser zu und lässt den Leim 2 Stunden quellen. Dann erst das restliche Wasser zugeben und den Kochtopf im Wasserbad in den größeren Topf stellen und den Leim bei milder Hitze verflüssigen. Vom Herd nehmen, ein wenig vom flüssigen Leim beiseite tun, in den Rest so viel Vergolder-Schlämmkreide sieben, bis sie etwa 6 mm unter der Oberfläche des Leims steht. Vorsichtig verrühren. Über Nacht in den Kühlschrank stellen.

3 Mit einem weichen Pinsel den beiseite gestellten, nicht mit Schlämmkreide vermischten Lederleim auf die Flächen des Kästchens streichen. Trocknen lassen. Den anderen Gesso im Wasserbad wieder handwarm erwärmen und mit einem weichen Pinsel in gleichmäßigem geradem Pinselzug auftragen. Sobald die Oberfläche nicht mehr glänzt, die nächste Gesso-schicht mit dem weichen Pinsel auf-stupfen. Den Gesso handwarm halten. Jedes Mal wenn der Glanz verschwunden ist, eine neue Schicht aufstupfen, insgesamt sollten es mindestens fünf Schichten sein. 24 Stunden trocknen lassen.

▲ Gessooberfläche abschleifen.

▲ Mindestens zwei Schichten hellgrünen Seidenglanzlack auftragen.

4 Die Gessooberfläche mit feinem Schleifpapier glatt schleifen. Dabei entsteht viel Schleifstaub, man arbeitet also an einem Ort, der leicht zu säubern ist, und keinesfalls dort, wo man die spätere Malarbeit durchführen will: Der Staub würde die Arbeit ruinieren.

5 Auf die gut abgewischte Oberfläche eine Schicht Grundierung auftragen, die aus folgender Mischung besteht: 1 Teil Holzgrundierung, 1 Teil Lack, 1 Teil Terpentinersatz, ½ Teil Leinöl. Über Nacht trocknen lassen.

6 Alle Flächen leicht abschleifen und abwischen. Dann mindestens zwei Schichten Seidenglanzlack auf Ölbasis in Hellgrün auftragen. Jede Schicht über Nacht trocknen lassen, abschleifen und abwischen.

7 Mit Bleistift und Lineal unregelmäßige Felder markieren, die die Oberfläche des Kastens bedecken und jeweils an den Kanten enden.

8 Aus transparenter Öllasur und Künstlerölfarben in Chromgrün unter Zugabe von ein wenig Siena gebrannt ein sattes, dunkles Malachitgrün mischen. Die Siena gebrannt soll lediglich verhindern, dass die grüne Farbe einen zu deutlichen Blaustich aufweist.

▲ Mit Bleistift und Lineal unregelmäßige Felder aufzeichnen.

▲ Wellpappe für das Muster verwenden.

▲ Überschüssige Farbe entlang der Feldlinien abwischen.

Granatpapier leicht abschleifen. Wieder Lack auftragen und anderntags abschleifen. Es werden mehrere Schichten nötig sein, bis der gewünschte Hochglanz erreicht ist. Die letzte Schicht nicht abschleifen.

NÜTZLICHE TIPPS

• Die Innenseite des Kastens kann man streichen – eine Kontrastfarbe wie dunkles Rot bietet sich an, aber auch Schwarz ist sehr effektvoll. Man kann das Kästchen auch mit Samt ausschlagen.

• Es könnte hilfreich sein, ein Stück echten Malachit oder eine gute Fotografie bei der Arbeit neben sich zu haben. Man kann dann die typische Maserung des Steins studieren und den Effekt naturalistisch gestalten.

Weitere Steinimitatprojekte:
Porphyrbilderrahmen, siehe Seiten 106–107; Marmorierter Frisiertisch, siehe Seiten 162–163; Spiegel- und Türgriff mit Grünspaneffekt, siehe Seiten 188–189; Badezimmer im Marmorlook, siehe Seiten 200–201; Lampenfuß und -schirm im Schildpatteffekt, siehe Seiten 224–225.

---

9 Mit einem Pinsel die angemischte Malachitfarbe auf einige der vorgezeichneten Felder, die nicht aneinander stoßen, auftragen. Von einem Stück Wellpappe entlang einem Lineal oder einer Tapezierschiene ein Stück abreißen, das wenig länger ist als die markierte Fläche. Die Pappe mit der Risskante durch die feuchte Lasur ziehen und dabei Wellenlinien hinterlassen. Die Zugrichtung in jedem Feld ändern, um die typische Maserung des Malachits möglichst naturgetreu zu imitieren. Mit einem sauberen, fusselfreien Lappen Lasur, die über die Feldgrenzen hinweg verschmiert wurde, wegwischen. Die Lasur über Nacht trocknen lassen. Am nächsten Tag die restlichen Felder wie beschrieben bearbeiten und die überschüssige Lasur abwischen. Wiederum über Nacht trocknen lassen. Sollten noch Felder frei sein, die Prozedur nochmals wiederholen.

10 Das Kästchen mit einem sauberen, trockenen Lappen abwischen. Eine Schicht Hochglanzlack auftragen, über Nacht trocknen lassen. Die Schicht mit feinem

▲ Mehrere Schichten Hochglanzlack auftragen.

Gekalkter Bilderrahmen

KALKEN IST EINE TRADITIONELLE Technik, mit der man einst Wand-, Boden- und Möbelhölzer durch den ätzenden Kalk vor schädlichen Insekten und Pilzbefall schützte. Heutzutage imitiert man diese Technik mit weißer Pigmentpaste oder Kalkwachs lediglich wegen des interessanten Farbeffekts. Da es nur noch um den optischen Effekt geht und die heute verwendeten Pasten keinen echten Kalk enthalten, kann man mit ungeschützten Händen arbeiten. Wir verwenden Kalkwachs, es gibt aber auch Pigmentpaste auf Wasserbasis. Man wendet sie wie beschrieben an, trägt aber auf das fertige Stück eine Schicht Klarwachs auf. Wenn man mit Kiefernholz arbeitet, muss man es mit einer Drahtbürste aufrauen und dann mit dunkler Dispersionsfarbe streichen.

❖ WERKZEUG UND MATERIAL ❖

Drahtbürste

Dunkle Dispersionsfarbe oder Holzbeize

Flacher Malerpinsel

2 weiche Tücher

Kalkwachs oder Pigmentpaste

Sehr feine Stahlwolle (0000)

Klarwachs

Die hier verwendete Technik verwandelt das blasse Holz in einen dekorativen Rahmen.

1 Um die Holzporen zu öffnen, das unbehandelte Holz mit einer Drahtbürste sehr kräftig abschrubben, dabei immer in der Richtung der Holzmaserung arbeiten. Das kann etwa 15 Minuten dauern.

2 Den Rahmen mit dunkler Dispersionsfarbe streichen, die mit 2 Teilen Wasser auf 1 Teil Farbe verdünnt wurde. Die Farbe etwa eine Minute einziehen lassen, dann die überschüssige Farbe mit einem weichen Tuch abwischen. Wenn die Farbe getrocknet ist, das Kalkwachs mit feiner Stahlwolle auftragen und in das Holz in Richtung der Maserung einreiben. Mindestens 30 Minuten trocknen lassen.

3 Den gekalkten Rahmen wiederum mit Stahlwolle mit Klarwachs einreiben und damit überschüssiges Kalkwachs entfernen. Das Klarwachs erneut trocknen lassen, dann mit einem weichen Tuch zu einem matten Glanz polieren.

Weitere Kalkprojekte:
Holzwand mit Kalktünche, siehe Seiten 196–197.

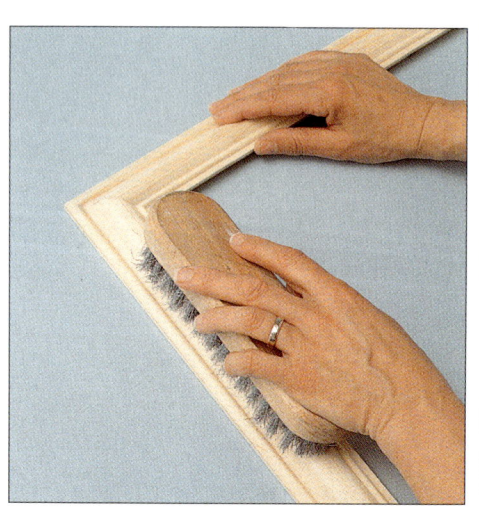

▲ Den Rahmen mit einer Drahtbürste abreiben.

▲ Überschüssige Farbe abwischen.

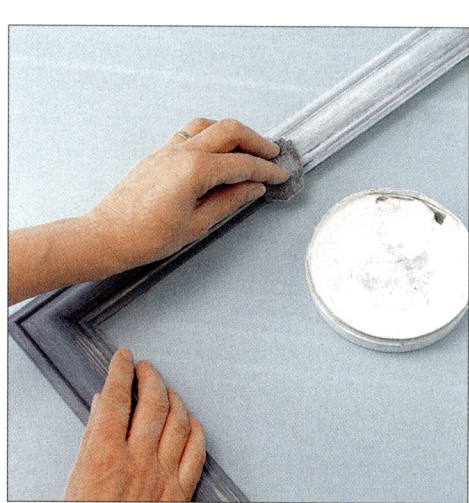

▲ Das Kalkwachs mit Stahlwolle auftragen.

Gestrichene Bilderrahmen

ERST DIE KLEINIGKEITEN wie Sofakissen oder Bilderrahmen runden die Dekoration eines Raumes ab. Indem man bestimmte Motive überall im Raum wiederholt, kann man den Eindruck von Beständigkeit, Harmonie und Behaglichkeit erzeugen. Muster auf Vorhängen, Teppichen oder Polstermöbeln bieten sich zur Wiederholung an. Breite, flache Rahmen für Bilder oder Spiegel, auf denen ein Muster genügend Platz hat, sind dafür ideal. Der Gesamtrahmen muss nicht groß sein, auch Stehrahmen eignen sich hervorragend. Kann man die gewählten Motive nicht eins zu eins auf den Rahmen übertragen, muss man sie verkleinern oder vergrößern.

Karierter Rahmen

❖ WERKZEUG UND MATERIAL ❖

Feinkörniges Schleifpapier

Staubbindetuch

Motivvorlage

Dispersionsfarbe in passenden Farbtönen

Feine Malerpinsel

Abdeckband

Lineal

Künstlerpinsel

Permanent-Marker

Klarlack

1 Den Rahmen abschleifen, Schleifstaub mit einem Staubbindetuch abwischen, dann den Rahmen mit Dispersionsfarbe in passendem Grundton streichen. Mit Abdeckband gerade Linien erzeugen und Farbe in den jeweiligen Zwischenräumen so auftragen, dass das Karo der Vorlage nachgemalt werden kann. Feine und feinste Linien mit Permanent-Markern oder Faserschreibern und Lineal aufzeichnen. Zwei Schichten Klarlack auftragen.

Weitere Rahmenprojekte:
Porphyrbilderrahmen, siehe Seiten 106–107.

▲ Das Stoffmuster übertragen.

Rahmen (Blumenmuster)

❖ WERKZEUG UND MATERIAL ❖

Motivvorlage

Dispersionsfarbe in passendem Hintergrundton

Feine Malerpinsel

Schere

Schneiderkopierpapier

Künstlerpinsel

Künstleracrylfarben nach Wahl

1 Den vorbereiteten Rahmen mit der Dispersionsfarbe grundieren und trocknen lassen. Das Motiv direkt von der Vorlage mit Kopierpapier auf den Rahmen übertragen. Hier wurden zunächst mit hellblauer Farbe die Blütenumrisse gemalt, dann wurden die Leerräume in der Mitte dunkelblau gefüllt. Mit feinstem Künstlerpinsel wurden mit Künstleracrylfarbe, wieder in Hellblau, die Einzelheiten aufgemalt.

Weitere Rahmenprojekte:
Rahmen mit Mohnblumen, siehe Seiten 236–237.

▲ Das Muster direkt durchpausen.

Rahmen mit goldenen Birnen

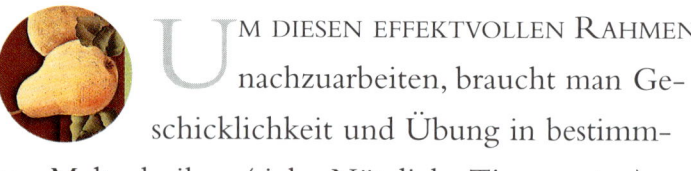

Um diesen effektvollen Rahmen nachzuarbeiten, braucht man Geschicklichkeit und Übung in bestimmten Maltechniken (siehe Nützliche Tipps, unten). Unter diesen Voraussetzungen kann man wunderschön bemalte Bilderrahmen schaffen, die das eigene Heim schmücken oder als Geschenke dienen. Dieser gestuft erscheinende Rahmen – tatsächlich ist er flach, die Stufe ist nur gemalt – mit dem verlockenden Birnenmotiv ist selbst so sehr ein Bildwerk, dass er sich eher als Rahmen für einen Spiegel als für ein Bild eignet.

❖ WERKZEUG UND MATERIAL ❖

Feinkörniges Schleifpapier

Dispersionsfarben in Indischrot, Oxidgelb, Turnersgelb, Tannengrün, Moosgrün, Altweiß, Umbra gebrannt, Naphtolrot hell

Universalgrundierung

2 Schwämme

Transparentpapier

Kopierpapier

Kopierstift

Kreide

Flacher Künstlerpinsel

Alte Zahnbürste

Linienpinsel

Abdeckband

Reißlack

Seidenglanzklarlack auf Wasserbasis und Pinsel

1 Den Rahmen leicht schleifen. Dispersionsfarben in Indischrot zu gleichen Teilen mit Grundierung mischen, eine Schicht mit dem Schwamm auftragen. Abschleifen und eine Schicht ungemischtes Indischrot auftragen.

2 Das Birnenmotiv frei entwerfen. Mit Kopierpapier und -stift auf die vier Seiten des Rahmens übertragen, dabei entsprechend drehen.

3 Mit Kreide eine Linie rund um den Rahmen ziehen, die den Rahmen auf allen Seiten teilt. Mit dem Flachpinsel mit gebrannter Umbra entlang der Innenkante des Kreidestrichs schattieren (siehe Nützliche Tipps). Ebenso die Umrisse des Birnenmotivs mit gebrannter Umbra schattieren. Den Flachpinsel mit Tannen- und Moosgrün mischfüllen und die äußeren Blätter ausmalen. Die Blätter zwischen den Birnen erst nach den Früchten ausmalen.

4 Die dunklen Birnen mit Oxidgelb, die hellen mit Turnersgelb grundieren. Zum dunklen Schattieren der Birnen den Flachpinsel mit der Grundfarbe füllen, dann eine Spur Indischrot mit der Pinselseite aufnehmen. Den Pinsel auf der Palette hin und her streichen und so die Farben von dunkel nach hell mischen und diese Mischungen abgestuft auf die Birnen auftragen. Zur Aufhellung der Ränder Grundfarbe mit Altweiß mischen und zum Rand hin in immer hellerer Gradierung auftragen.

5 Zur Verstärkung der Schattierung mit dem trockenen Pinsel etwas Grundfarbe und Indischrot über dunkle Stellen, Grundfarbe und Altweiß mit trockenem Pinsel über den hellsten Stellen vermalen.

6 Zur Betonung der Rundung der hellen Birnen Naphtolrot mit dem trockenen Pinsel auftragen, die Schattierung der dunklen Birnen mit Moosgrün betonen. Mit einer alten Zahnbürste über beide Birnen ein wenig Indischrot spritzen.

7 Die Birnenstängel mit dem Linienpinsel in Oxidgelb malen und mit Indischrot dünn übermalen, sodass ein leicht heller Rand entsteht. Den Blütenansatz der hellen Birnen mit gebrannter Umbra malen.

▲ Schattierung erzeugt plastische Eindrücke.

8 Die Innenhälfte des Rahmens mit Abdeckband maskieren, auf den äußeren Rahmenteil Reißlack auftragen (Birnen aussparen); wenn er trocken ist, mit dem Schwamm eine Schicht Indischrot auftragen. Das Band abziehen und die Farbe trocknen lassen. Auf den gesamten Rahmen zwei bis drei Schichten Klarlack aufbringen.

NÜTZLICHE TIPPS

• Zur Ausmalung sind ein paar besondere Techniken hilfreich:

• Pinsel füllen: Den Pinsel hin und her durch die Farbe auf der Palette ziehen, dann den Pinsel auf einer sauberen Stelle der Palette ausstreichen, bis er die Farbe voll aufgenommen hat.

• Mischfüllen: Den Pinsel wie beschrieben füllen, dann durch die zweite Farbe ziehen.

Weitere Rahmenprojekte:
Porphyrbilderrahmen, siehe Seiten 106–107; Vergoldeter Spiegelrahmen, siehe Seiten 119–121; Gekalkter Bilderrahmen, siehe Seiten 230–231; Gestrichene Rahmen, siehe Seiten 232–233; Rahmen mit Mohnblumen, siehe Seiten 236–237.

Rahmen mit Mohnblumen

DIE ZARTEN BLÜTEN DES ROTEN Klatschmohns erinnern an einen heißen, sonnigen Hochsommertag. Bei diesem Projekt sorgt die Kombination von Scharlachrot und feurigem Orange für eine warme, anheimelnde Atmosphäre. Die gelappten Blätter, die fragilen Blüten mit dem typisch dunklen Grund, die runden Samenkapseln, sanft nickende Knospen und dazwischen ein paar dicke Hummeln fügen sich zu einem harmonischen Ganzen.

Farben und Formen vermitteln das Gefühl, man wandere durch ein sommerliches Kornfeld, in dem hier und da eine Feuerblume oder Klatschmohn leuchtet.

❖ WERKZEUG UND MATERIAL ❖

Universalgrundierung

Dispersionsfarbe in lichtem Ocker

Künstleracrylfarben in Umbra gebrannt, hellem Orange, Scharlachrot und dunklem Orange

Acryllasur

Stupfpinsel

Motivvorlagen
(für Mohnblüten und Blätter, s. S. 249)

Transparentpapier

Bleistift

Manilakarton, Azetatfolie oder
Transparentpapier

Skalpell und Schneidematte

Ablösbarer Sprühkleber

Flacher Künstlerpinsel

Klarlack

1 Den Rahmen mit Universalgrundierung absperren, trocknen lassen und mit zwei Schichten Dispersionsfarbe in lichtem Ocker streichen.

2 Acryllasur und Künstleracrylfarbe in gebrannter Umbra durch Wasserzugabe bis zur Konsistenz von flüssiger Sahne vermischen und mit großzügigen Pinselstichen über dem Rahmen verstreichen, um ihm einen Hauch der Farbe zu geben.

3 Die Positionierung der Schablonen mit Papierausschnitten planen. Für die großen Motive der Blüten und Blätter siehe Seite 249. Hat man sie verteilt, entwirft man aus freier Hand die kleineren Motive und verteilt sie in den Zwischenräumen.

4 Die Entwürfe der Motive auf Manilakarton, Azetatfolie oder Transparentpapier übertragen und mit Skalpell oder Cutter auf der Schneidematte zu Schablonen ausschneiden. Auf der Rückseite mit Sprühkleber einsprühen, auf den Rahmen kleben und mit der gewählten Farbe ausfüllen.

5 Für die große Mohnblüte drei Schablonen schneiden, je eine für jede verwendete Farbe (zwei Farben für Blütenblätter, die dritte für die dunkle Mitte). Die Schablonen nacheinander passgenau anlegen und die Farbe auftragen. Zur Kontrolle der genauen Positionierung der Schablone das Transparentpapier mit dem ganzen Motiv darüber legen.

6 Die feinen äußeren und inneren Schmalseiten mit einem flachen Künstlerpinsel scharlachrot streichen und zuletzt zum Schutz des Rahmens zwei Schichten Klarlack auftragen.

Weitere Schablonierprojekte:
Schablonierte Ballustrade, siehe Seiten 130–133; Küchenstuhl (Tassenmotive), siehe Seiten 146–147; Schablonierter Küchenfries, siehe Seiten 148–149; Schablonierter Korbsessel, siehe Seiten 160–161; Paravent mit Schablonenmotiv, siehe Seiten 167–169; Schlafzimmerfries, siehe Seiten 172–174; Schrank mit Putten, siehe Seiten 180–183.

▲ Das Design mit Papierausschnitten planen.

▲ Die Position mit dem Original vergleichen.

▲ Die Farbe mit einem Stupfpinsel auftragen.

Zeitungsständer

EIN ALTER ZEITUNGSSTÄNDER aus Holz bekam in null Komma nichts ein attraktives neues Gesicht. Insgesamt betrug die Arbeitszeit inklusive Trocknungszeiten nur einige Stunden. Für das Motiv wurde eine Schablone verwendet, zur klareren Definition der Abbildung wurden die einzelnen Elemente mit einem dicken Faserschreiber umrahmt. Aufgeklebte Zeitungsausschnitte runden den Gesamteffekt ab. Hier wird gezeigt, dass Schablonen nicht unbedingt verspielte rundliche Formen haben müssen, sondern sich auch für geometrische Entwürfe eignen. Soll ein solcher Zeitungsständer ein Geschenk werden, kann man bei den Zeitungsausschnitten Schlagzeilen wählen, die einen Bezug zur beschenkten Person haben.

❖ WERKZEUG UND MATERIAL ❖

Zeichenpapier

Bleistift

Vorlage für das Motiv

Künstleracrylfarben in Farben nach Wahl

Flache Malerpinsel

Manilakarton, Azetatfolie oder Transparentpapier

Skalpell oder Cutter, Schneidematte

Ablösbarer Sprühkleber

Stupfpinsel

Dicker, schwarzer Faserschreiber

Alte Zeitungen

Weißleim

Klarlack

1 Zeichenpapier in der Größe der zu schablonierenden Fläche zurechtschneiden und aus der Fantasie oder nach einer Vorlage ein Motiv entwerfen. Fotokopieren und kolorieren, damit man beim Schablonieren einen Anhaltspunkt hat.

2 Das Motiv auf Manilakarton, Azetatfolie oder Transparentpapier übertragen und mit dem Skalpell oder Cutter auf der Schneidematte eine Schablone ausschneiden. Zunächst die kleinen Felder ausschneiden, damit die Schablone möglichst lange stabil bleibt, erst zum Schluss die großen Felder. Die Schablone auf der Rückseite mit Sprühkleber einsprühen, auf den Zeitungsständer kleben und mit dem Stupfpinsel in den gewählten Farben ausfüllen. Die Schablone abziehen. Alle Farbfelder mit dem schwarzen Faserschreiber umranden, um sie deutlicher hervorzuheben.

3 Schlagzeilen o. Ä. aus Zeitungen ausschneiden, mit Weißleim aufkleben und umranden. Wenn Leim und Farbe getrocknet sind, auf den ganzen Zeitungsständer zum Schutz mehrere Schichten Klarlack auftragen.

NÜTZLICHE TIPPS

• Damit die Buchseiten ein wenig verstaubt aussehen, stupft man mit einem trockenen Pinsel in Richtung des Seitenverlaufs etwas Grau auf die in Altweiß schablonierten Flächen.

• Es gibt fertig geschnittene Schablonen zu kaufen. Doch selbst entworfene Schablonen sind natürlich individueller.

Weitere Schablonierprojekte:
Schablonierte Ballustrade, siehe Seiten 130–132; Schablonierter Küchenfries, siehe Seiten 148–149; Schablonierter Korbsessel, siehe Seiten 160–161; Paravent mit Schablonenmotiv, siehe Seiten 167–169; Schablonierte Luftballons, siehe Seiten 184–185; Kästchen mit Monogramm, siehe Seiten 244–245.

▲ Zeitungsausschnitte sammeln.

▲ Einige Details des Motivs.

CD-Kasten mit Stempelmotiv

EIN MUSTER MIT STEMPELN aufzubringen ist eine einfache Methode, eine Fläche mit sich wiederholenden Motiven zu schmücken. Ein fester Gummi- oder Holzstempel ist für eine größere Arbeit, die nach klaren Umrissen verlangt, gut geeignet. Da das Schneiden der Stempel die größte Arbeit ist, sollte man klare Muster wählen, die sich problemlos anei-

nander reihen lassen, wie beispielsweise dieses folkloristische Motiv von einem Stück Webstoff. Für diesen CD-Kasten waren lediglich zwei Stempel nötig: einer mit Zackenmuster und versetzten Quadraten, der andere mit einem fließend gerundeten Zweigmuster, das einen Kontrast zur Strenge der geometrischen Form bildet. Die verwendeten Farben spiegeln die der Stoffvorlage.

❖ WERKZEUG UND MATERIAL ❖

Mustervorlage oder ein eigener Entwurf

Bandmaß

Bleistift

Transparentpapier

Hartgummi

Skalpell oder Cutter, Schneidematte

Weißleim

Schaumstoff

Kleine Holzklötzchen

Schmierpapier

Haushaltsschwamm

Künstleracrylfarben in Farben nach Wahl

Ein einfaches Muster als Vorlage wählen.

1 Man kann sein Stempeldesign entweder völlig frei selbst entwerfen oder eine Mustervorlage verwenden, zum Beispiel aus einem Buch. Hier war es das folkloristische Webmuster eines Stoffs. Ausmessen, wie groß der Stempel sein soll. Hier galt die Schubladenbreite als Maß.

2 Die Vorlage auf die richtige Größe bringen (s. S. 61), dann auf Transparentpapier und von dort auf das Gummi übertragen. Das Muster mit einem Skalpell oder Cutter ausschneiden. Mit Weißleim den Schaumstoff auf einen passenden Holzklotz kleben, das Gummimotiv darauf setzen, fest anpressen und trocknen lassen.

3 Den Stempel mit einem Schwamm mit Acrylfarbe satt einstreichen und auf einem Stück Schmierpapier einen Probedruck machen. Den Stempel, falls erforderlich, korrigieren und ausprobieren, wie viel Farbe und Druck erforderlich sind. Beherrscht man die Technik, den Kasten bedrucken.

Weitere Stempelprojekte:
Bedruckter Boden, siehe Seiten 128–129; Stuhl mit Efeublättern, siehe Seiten 150–151.

▲ Stempelfarbe mit Schwamm auftragen.

▲ Detail des Stempelmusters.

Schablonierter Spiegelrahmen

DIESER SPIEGELRAHMEN mit seinem zarten Motiv aus Efeuranken ist ein ideales Projekt für Anfänger, die mit Farbeffekten noch kaum Erfahrungen gesammelt haben. Die Arbeit geht schnell und leicht, man sieht also sofort Erfolge. Ausgangsmaterial ist ein Rahmen aus unbehandeltem Kiefernholz (im Baumarkt erhältlich), der nicht erst lange vorbereitet werden muss. Den Spiegel kann man sich beim Glaser passgenau bestellen, er wird ihn auf Wunsch auch am Rahmen befestigen. Das einfache Rankenmotiv (siehe Seite 248) ist leicht zu schneiden. Anfänger sollten die Schablone so gestalten, dass sie das Motiv in der erforderlichen Anzahl von Folgen aufweist, denn das neue Anlegen von Schablonen ist nicht ganz einfach.

❖ WERKZEUG UND MATERIAL ❖

Feinkörniges Schleifpapier

Staubbindetuch

Vinylfarbe, seidenmatt, in hellem Steingrau

Acrylfarbe in lichtem Ocker

Alter Teller

Haushaltsschwamm

Vorlage für die Schablone (s. S. 248)

Bleistift

Manilakarton, Azetatfolie oder Transparentpapier

Skalpell und Schneidematte

Lineal

Ablösbarer Sprühkleber

Flacher Malerpinsel

Polyurethanklarlack, matt

1 Den Rahmen mit feinkörnigem Schleifpapier abschleifen und den Schleifstaub mit einem Staubbindetuch abwischen. Dann zwei Schichten Vinylfarbe auftragen.

2 Etwas Acrylfarbe mit der Grundfarbe mischen und mit einem Schwamm auf den Rahmen auftragen. Wenn die Farbe vollständig getrocknet ist, den Rahmen erneut ganz leicht mit dem Schleifpapier abschleifen. Den Schleifstaub mit dem Staubbindetuch abwischen.

3 Das Motiv von Seite 248 auf Transparentpapier durchzeichnen und so oft wiederholen, bis es zur Seitenlänge des Spiegelrahmens passt. Oder nach echten Efeublättern ein eigenes Motiv entwerfen. Die Blätter auf Papier legen und die Umrisse nachfahren, dann durch einen sich schlängelnden Stängel verbinden.

4 Die Schablone auf den Rahmen legen, die ausgeschnittenen Flächen mit dem Schwamm mit Acrylfarbe austupfen. Schablone reinigen, seitenverkehrt auf die andere Rahmenseite legen und austupfen. 12 Stunden trocknen lassen, dann zwei Schichten Klarlack auftragen. Den Klarlack zwischen jedem Auftrag trocknen lassen.

NÜTZLICHE TIPPS

• Die Schablone gründlich reinigen, ehe man sie mit der vorher betupften Seite erneut anlegt!

Weitere Schablonierprojekte:
Schablonierte Balustrade, siehe Seiten 130–132; Stuhl mit Schweinchen, siehe Seiten 144–145; Schablonierter Küchenfries, siehe Seiten 148–149; Schablonierter Korbsessel, siehe Seiten 160–161; Paravent mit Schablonenmotiv, siehe Seiten 167–169; Schlafzimmerfries, siehe Seiten 172–174; Schrank mit Putten, siehe Seiten 180–183; Schablonierte Luftballons, siehe Seiten 184–185; Rahmen mit Mohnblumen, siehe Seiten 236–237.

▲ Lichten Ocker mit dem Schwamm auftupfen.

▲ Das Efeublattmotiv zeichnen.

▲ Schablonenfelder austupfen.

Kästchen mit Monogramm

EIN PERSÖNLICHERES GESCHENK als einen Gegenstand mit einem Monogramm gibt es kaum. Es könnte ein Geburtstagsgeschenk oder ein Hochzeitsgeschenk mit den Vornameninitialen der Eheleute sein. Ausgangsmaterial für dieses Projekt war ein simples Holzkästchen, das zunächst gestrichen wurde. Die Schablone für das Motiv muss sehr sorgfältig ge-

schnitten werden. Eine Vorlage für den Blattkranz findet sich auf Seite 249, Schablonen für Initialen in unterschiedlichen Schrifttypen gibt es fertig zu kaufen. Diese bieten sich an, wenn man künstlerisch nicht begabt ist, denn diese Schablonen müssen äußerst akkurat geschnitten sein. Die erforderliche Abdeckung kostet viel Zeit, aber der Aufwand lohnt sich, wie man sieht.

❖ WERKZEUG UND MATERIAL ❖

Wasserlöslicher Lack in dunkler Eiche

Kleiner Malerpinsel

Zeichenpapier

Bleistift

Lineal

Zirkel

Monogrammschablone oder aus Zeitungen geschnittene Großbuchstaben

Transparentpapier

Vorlage für das Kranzmotiv (s. S. 249)

Manilakarton, Azetatfolie oder Transparentpapier

Skalpell und Schneidematte

Ablösbarer Sprühkleber

Sprühfarbe in lichtem Ocker und dunkler Umbra

Zackenschere

1 Das Kästchen mit zwei oder drei Schichten Lack in dunkler Eiche streichen. Die genauen Deckelmaße des Kastens auf Zeichenpapier

übertragen. Durch diagonale Linien die genaue Mitte bestimmen, mit dem Zirkel einen Kreis zeichnen, der die Lage des Blattkranzes bestimmt.

2 Die Initialen per Fotokopie auf die erforderliche Größe bringen und im Kreis zu einem Monogramm arrangieren. Den Blattkranz von Seite 249 anhand des Kreises in passender Größe auf das Papier übertragen.

3 Blattkranz und Monogramm auf Schablonenmaterial übertragen und mit dem Skalpell oder Cutter auf einer Schneidematte eine Schablone sorgfältig ausschneiden. Alle Felder des Kastens, die nicht besprüht werden sollen, gut abdecken. Die Schablone genau platzieren und mit ablösbarem Sprühkleber fixieren.

4 Eine Schicht lichten Ocker aufsprühen. Trocknen lassen, dann eine dünne Schicht Umbra darüber sprühen.

▲ Zuerst Ocker, dann Umbra aufsprühen.

5 Für die Zackenkanten mit der Zackenschere Manilakarton als Abdeckung zurechtschneiden, auf die Fronten aufkleben und den Kasten mit lichtem Ocker besprühen. Trocknen lassen und nochmals eine Schicht von dem zuerst verwendeten Lack auf die Kanten auftragen.

Weitere Kastenprojekte:
Handbemalte Truhe, siehe Seiten 164–167; Handbemalter Kasten, siehe Seiten 206–207.

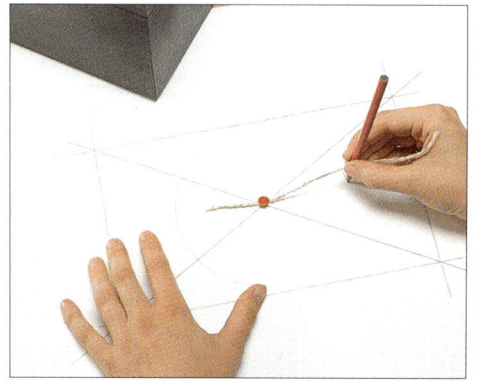

▲ Wer keinen Zirkel hat, behilft sich so.

▲ Initialen und Blattkranz vereinen.

▲ Abdeckung, um Zackenkante zu sprühen.

Vorlagen

Bemalte Gläser und Karaffe, siehe Seiten 92–93
(Vergrößerung auf 58 %)

Schablonierte Balustrade, siehe Seiten 130–132

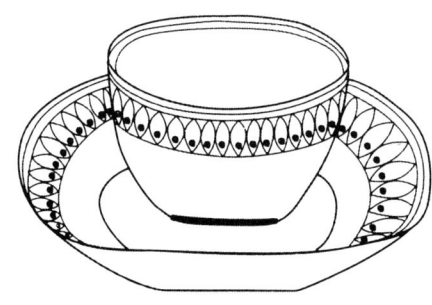

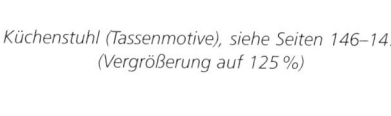

Küchenstuhl (Tassenmotive), siehe Seiten 146–147
(Vergrößerung auf 125 %)

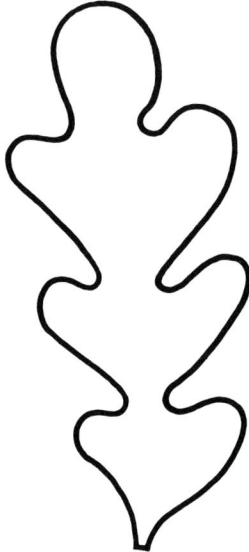

Stuhl mit Schweinchen, siehe Seiten 144–145
(tatsächliche Größe)

Handbedruckte Truhe, siehe Seiten 164–166
(Vergrößerung auf 74 %)

Bett mit Zierbrett, siehe Seiten 170–171
(Vergrößerung auf 200 %)

Paravent mit Schablonenmotiv, siehe Seiten 167–169
(Vergrößerung auf 200 %)

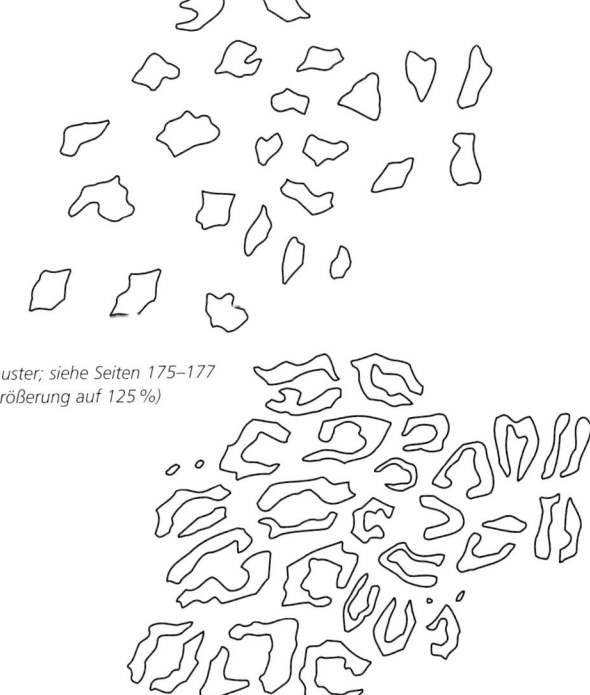

Leopardenmuster; siehe Seiten 175–177
(Vergrößerung auf 125 %)

Bett mit Zierbrett, siehe Seiten 170–171
(Vergrößerung auf 200 %)

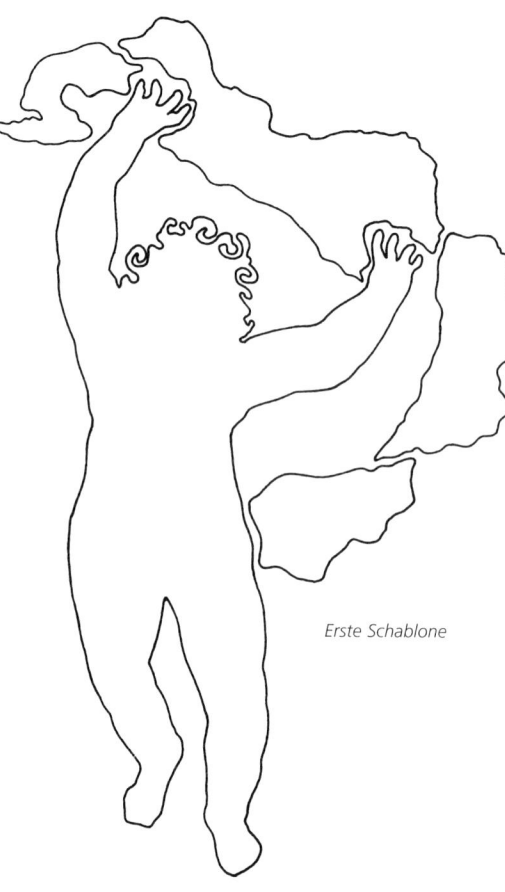

Erste Schablone

Handbemalter Kasten, siehe Seiten 206–207
(Vergrößerung auf 125 %)

Schrank mit Putten, siehe Seiten 180–183
(tatsächliche Größe)

Zweite Schablone

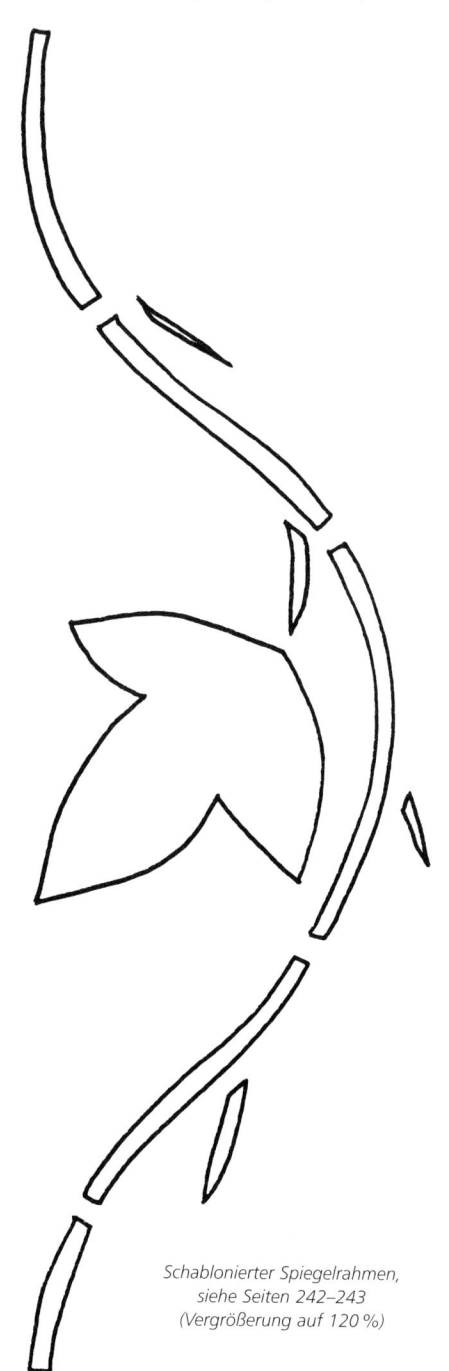

Schablonierter Spiegelrahmen,
siehe Seiten 242–243
(Vergrößerung auf 120 %)

Rahmen mit Mohnblumen, siehe Seiten 236–237
(Hauptmotive, für Blüte drei Schablonen schneiden)
(Vergrößerung auf 105 %)

Kästchen mit Monogramm, siehe Seiten 244–245 (Initialen selbst einfügen)
(Vergrößerung auf 110 %)

Glossar

Die Bandbreite der Farben und anderen Materialien, die man für Reparaturen und Dekorationstechniken verwenden kann, ist enorm groß.

Welche Utensilien oder Produkte man auch immer verwendet, man richte sich immer nach den Anweisungen des Herstellers. Außerdem achte man auf hinreichenden Schutz während der Arbeit und arbeite in gut belüfteten Räumen.

ABBEIZMITTEL

Chemische Mittel zur Entfernung von alten Anstrichen aus Farben und Lacken sind in zahlreichen Arten im Handel. Bezüglich Eignung und Anwendung beachte man die Herstellerhinweise. Immer in gut belüfteten Räumen arbeiten, am besten im Freien. Große Möbelstücke professionell abbeizen lassen.

ACRYLGRUNDIERUNG

Eine rasch trocknende Grundierung, mit der man unbehandeltes Holz absperrt. Manche Sorten kann man auch für Metall und Mauerwerk verwenden.

ACRYLLACK

Ein Klarlack auf Wasserbasis, der lange hält, nicht vergilbt und rasch trocknet. Er ist als matt, seidenmatt und glänzend im Handel, kann aber nur als Schutzlack für Farben und Anstriche auf Wasserbasis verwendet werden.

Man trägt ihn am besten mit einem Acrylpinsel mit Nylonborsten auf. Es gibt auch Acryllacke, die stumpf trocknen. Da sie jedoch Kreide enthalten, überziehen sie die Grundfarbe wie mit einem Nebel, wenn man mehrere Schichten aufträgt. Für Découpagearbeiten mit mattem Erscheinungsbild kann man sie also nicht verwenden.

ACRYLLASUR

Eine geruchsneutrale, milchige Substanz auf Wasserbasis, die der Farbe Gleitfähigkeit verleiht, sodass man sie auf einer vorbehandelten glatten Oberfläche frei bewegen kann. Acryllasur kann man mit Dispersionsfarbe, Künstleracrylfarbe, Pigmentpulvern und anderen Farben auf Wasserbasis tönen. Auf dem Behälter wird die Verwendung genau erklärt. Meist mischt man Farbe und Lasur in einem Verhältnis von 1:4 bis 1:6. Der Anstrich wird seidenmatt, kann aber mit Acryllack glänzend gemacht werden. In Dosen abgefüllte Lasurfertigmischungen sind in vielen Farben erhältlich.

ANLEGEMITTEL

Leicht klebriger Haftgrund für Blattgold. Vergoldungspulver haftet auf ganz normalem Lack. Für Blattgold braucht man ein Anlegemittel auf Wasser- oder Ölbasis. Je nach Marke und Art benötigen sie zum Trocknen 20 Minuten (Acrylhaftgrund) bis 24 Stunden (Anlegeöl).

ANTIKISIEREN

Verschiedene Techniken, um ein Objekt alt und viel benutzt erscheinen zu lassen. Dazu gehört auch die Verwendung von Reißlack, der überzeugend den Effekt von abblätternder Farbe erzeugt.

AZETATFOLIE

Sehr strapazierfähiges, transparentes Schablonenmaterial, auf das man Motive direkt übertragen kann. Allerdings braucht man dafür einen Folienschreiber. Die Folie vorsichtig mit einem scharfen Skalpell schneiden, denn sie reißt leicht.

BEIZE

Wässrige Lösungen von Farbstoffen (Wasserbeizen) oder Farbstofflösungen auf der Grundlage organischer Lösungsmittel (Rustikalbeizen) zum Abdunkeln rohen Holzes. Es gibt die Beizen gebrauchsfertig in verschiedenen Farbtönen, die man miteinander mischen kann.

Rohes Holz kann man damit dunkler färben, doch dunkles Holz kann man damit nicht aufhellen. Man kann Beize auch zur Abtönung von Farben verwenden.

BIMSMEHL

Zu feinem Pulver gemahlener Bimsstein oder Tripel. Wird meist zum Polieren verwendet, doch kann man es auch wie Pigmentpulver Farben beimischen, mit denen man bestimmte Farbeffekte ausführen möchte, beispielsweise die Imitation von Grünspan.

BLACK-BISON-WACHS

Siehe Wachsfirnis.

BLATTGOLD

Nicht nur Gold, auch andere Metalle wie Silber und Platin sind als hauchfeine Blätter erhältlich. Es gibt Blattgold lose und zum Abziehen von transparenter Folie, auf der es durch eine Wachsschicht haftet. Man sollte nur dieses Blattgold verwenden, denn es ist sehr viel leichter zu handhaben. Der Fachhandel hält es in Bogen verschiedener Größen bereit. Professionelle Vergolder verwenden so genannte Vergolderkissen, um das Blattgold glatt aufzubringen.

Für die Zwecke eines Hobbybastlers genügt ein weicher Pinsel oder ein Seidenschal. Die Metalloberfläche nicht berühren, sondern mit der Trägerfolie nach oben möglichst genau platzieren, durch leichten Druck auf das Anlegemittel aufbringen, dann die Folie abziehen.

BLATTMETALLE

Bronze, Aluminium und Kupfer gibt es wie Blattgold als hauchdünne Schichten auf einer Folie aufgezogen. Diese auch als Transfermetalle bezeichneten Blattmetalle sind relativ preiswert und eine gute Alternative zu echtem Blattgold oder -silber. Blattmetalle werden meist in Heften zu je 25 Blatt angeboten. Sie sind leicht zu handhaben, denn man kann sie samt der Trägerfolie schneiden. Man benötigt aber, wie für echtes Blattgold, ein Anlegemittel.

BOLUS

Auch Siegelerde genannt, ist eine spezielle braune Farbe, die sowohl als Grundierung als auch als eine Art Spachtelmasse dient, mit der kleine Risse, Unebenheiten und Fehlstellen gefüllt werden, wenn man Holz zum Vergolden vorbereitet. Bolus ist gebrauchsfertig im Handel und lässt sich sehr fein abschleifen.

BRENNSPIRITUS

Lösungsmittel und Verdünner für bestimmte Farben. Mit feiner Stahlwolle verrieben, dient er zur Entfettung von Oberflächen und als Pinselreiniger, wenn man zum Beispiel Schellack oder andere nicht wasserlösliche Farben verstrichen hat.

DÉCOUPAGE

Das französische Wort Découpage bezeichnet eine Technik, bei der ausgeschnittene Bildmotive auf ein Werkstück geklebt und dann mit so vielen Lackschichten überstrichen werden, bis die Ränder des aufgeklebten Bildes vollständig bedeckt sind und das Bild wie ein aufgemaltes Original wirkt.

DISPERSIONSFARBE

Eine üblicherweise für Wandanstriche verwendete wasserlösliche Farbe. Man kann sie mit anderen wasserlöslichen Farben, darunter Acrylfarben, mischen und tönen. Auch Holz kann man mit Dispersionsfarben streichen. Damit die Farbe geschützt ist, streicht man Klarlack darüber.

DRAHTBÜRSTE
Bürsten, deren Borsten aus feinem Draht bestehen, sind ein geeignetes Werkzeug, um große Metallgegenstände von abblätternder Farbe oder Rost zu reinigen.
Obwohl für kleine Flächen Handbürsten am besten sind, gibt es, zumal für große Flächen, auch Bürsten, die man auf die Bohrmaschine aufsetzen kann. Außerdem verwendet man Drahtbürsten zum Öffnen der Holzmaserung, wenn man eine Pigmentpaste oder Kalkwachs aufbringen will, um den Effekt des Kalkens zu imitieren.

EMAILFARBE
Sehr glatte, rasch trocknende Farben aus Metalloxiden. Besonders für die Bemalung von Metalloberflächen wie Emailtöpfen und -kannen geeignet. Zur Verdünnung braucht man spezielle Lösungsmittel, zum Beispiel Terpentinersatz.

FLÜSSIGHOLZ
Zum Ausbessern von Rissen und Vertiefungen in Holz gibt es flüssiges Holz in allen gängigen Holzarten fertig zu kaufen. Es lässt sich nach dem Trocknen sehr gut abschleifen.

GEBINDE
Fachsprachlicher Ausdruck für die Behälter, in denen Farben verkauft werden. Das können große Plastikeimer mit Dispersionsfarbe für den Wandanstrich, aber auch kleine Döschen mit Ölfarbe sein.

GESSO
Meist aus Lederleim und Vergolder-Schlämmkreide hergestellte Grundierung zur Absperrung der Poren von unbehandeltem Holz. Der von Künstlern zur Grundierung von Leinwänden vor der Ölmalerei verwendete Gesso ist

im Künstlerbedarfshandel als Fertigprodukt zu haben.

GLASFARBEN
Transparente Farben auf Kunstharzbasis, die auf Glas und Kunststoffen haften. Bei Kunststoffen erst testen, wie sie mit der Farbe reagieren. Für Eisblumeneffekte gibt es auch Sprühfarben.

GOLDCREME
In kleinen Töpfchen erhältlich, wird sie von Vergoldern zur Ausbesserung von Fehlstellen verwendet. Da sie aber sehr leicht zu handhaben ist, kann man sie auch zum Vergolden kleiner Objekte verwenden, vor allem aber, um Akzente zu setzen. Man trägt die Creme mit den Fingern auf und poliert mit einem Lappen nach, sobald sie trocken ist.

GOLDPULVER
Auch als Silber-, Bronze- oder Kupferpulver zu haben, kann es auf Anlegemittel aufgebracht werden, aber auch mit Medium zu Goldfarbe gemischt werden.

GRUNDIERUNG AUF ÖLBASIS
Eine langsam trocknende, strapazierfähige Grundierung, die man verwendet, wenn man Gegenstände aus Metall oder Plastik streichen möchte, auf denen wasserlösliche Farben nicht haften. Nach Auftrag der Grundierung muss man mit Produkten auf Ölbasis weiterarbeiten.

GRÜNSPAN
Eine grünblaue Patina, die sich unter Witterungseinflüssen auf Kupfer und Bronze bildet. Dieser so genannte Grünspan ist sehr leicht mit Farbe zu imitieren, und entsprechend kann man einen Gegenstand aus Holz oder anderem Material wie aus Kupfer oder Bronze bestehend erscheinen lassen.

HOLZVERSIEGLER
Diese Absperrung auf Spiritusbasis ist ideal zur Aufbringung

auf neues, abgebeiztes, dunkles oder sehr astiges Holz. Für einzelne Astknoten kann man Mittel auf Ölbasis nehmen, aber nur wenn die Oberfläche später nicht mit wasserlöslicher Farbe gestrichen werden soll. Holzversiegler ist eine ideale Grundlage zum Wachsen.

JAPANSPACHTEL
Ein flexibler breitflächiger Spachtel, mit dem man Spachtel- und Kittmassen auftragen und nahtlos verstreichen kann.

KALKWACHS
Eine dicke Paste aus klarem Wachs und weißem Pigment, deshalb auch oft Pigmentpaste genannt, die man verwendet, um Holz wie gekalkt aussehen zu lassen. Man öffnet die Holzporen mit einer Drahtbürste und reibt dann das Kalkwachs mit feiner Stahlwolle oder einem Lappen ein. Den Überschuss mit einem Tuch abwischen, dann die Oberfläche mit einem weichen Lappen mit neutralem Wachs polieren.

KOHLEPAPIER
Zum Durchpausen verwendetes beschichtetes Papier, das zwischen das Papier mit dem Motiv und die Unterlage, auf die es übertragen werden soll, gelegt wird.
Das Kohlepapier, das man früher verwendete, um beim Schreiben mit der Schreibmaschine mehrere Durchschläge zu erhalten, ist für diese Art der Übertragung gut geeignet, kann aber wegen seiner Beschichtung auch zu unerwünschten Verschmierungen führen.

KRAKELEE
Typisches Netzwerk feiner Risse auf einer Oberfläche. Zur künstlichen Nachahmung des Effekts braucht man zwei Lacke, einen Grundlack auf Ölbasis und einen schnell trocknenden Reißlack auf Wasserbasis. Sie sind in Fertigsets (Krakelürenlack) im Angebot.

KRAKELÜRENLACK
Siehe Krakelee.

KÜNSTLERACRYLFARBEN
Schnell trocknende, strapazierfähige, beständige Farben auf Wasserbasis für viele Farbeffekte und zum Färben von Acryllasur. Sie werden meist in Tuben in sehr vielen Farbtönen angeboten.

KÜNSTLERÖLFARBEN
Sie trocknen langsamer als Acrylfarben und können nur mit Lösungsmitteln verdünnt werden. Es gibt sie in Tuben in vielen Farben. Man kann sie untereinander mischen und zum Färben von Öllasur verwenden.

KÜNSTLERPINSEL
Rund- und Flachpinsel mit unterschiedlichen Tier- oder Synthetikhaaren, die sehr feines Malen erlauben. Empfindlicher und teurer als Malerpinsel, aber für manche Techniken wie etwa Freihandmalen unerlässlich.

LACKFARBE
Sie ist in Sprühdosen und flüssig zum Vermalen mit dem Pinsel in Dosen erhältlich. Immer mehrere dünne Schichten auftragen und zwischendurch trocknen lassen. Trägt man zu dicke Schichten auf, können Laufnasen entstehen.

LACKMALSTIFT
In Läden für Künstlerbedarf, guten Papierwarengeschäften und ähnlichen Läden erhältlich, handelt es sich um Stifte, die mit Lackfarbe gefüllt sind. Damit die Kugel, auf der die Farbe verteilt wird, nicht verklebt, muss man den Stift während der Arbeit immer wieder mit aufgesetzter Kappe kräftig durchschütteln.

LEDERLEIM
Der in Künstlerbedarfsgeschäften erhältliche Leim wird zur Herstellung von Gesso verwendet.

Man kann ihn auch auf Leinwand und Papier auftragen, um das Eindringen von Farbe oder Wasser zu verhindern. Der in Perlen oder Tafeln angebotene Leim muss zunächst quellen und dann im Wasserbad erwärmt und dabei verflüssigt werden.

MALERFARBEN AUF ÖLBASIS

Ölfarben und -lacke gibt es als matt, seidenmatt, glänzend und hochglänzend trocknende Varianten. Sie sind strapazierfähiger als wasserlösliche Dispersionsfarben und können nicht mit diesen zusammen verwendet werden. Ölfarben sind giftig und sollten deshalb nur in gut belüfteten Räumen verstrichen werden. Als Lösungsmittel braucht man Terpentinersatz, den man auch zum Reinigen der Pinsel benötigt. Ölfarben trocknen langsam und sollten immer nur dünn, dafür aber in mehreren Schichten aufgetragen werden.

MALERPINSEL

Von Malern, Tapezierern und Anstreichern zum Streichen und Lackieren verwendete Pinsel in unterschiedlichsten Formen, zum Beispiel Flach- und Ringpinsel mit Naturhaar- oder Kunstfaserborsten. Sie unterscheiden sich von den Künstlerpinseln durch ihre gröbere Machart.

MALSPACHTEL

Er dient vor allem dem Farbauftrag, kann aber auch als eine Art kleiner Palette benutzt werden. Man gibt wenig Farbe darauf, die man dann mit dem Pinsel rasch vermalt. So kann man die restliche Farbe zugedeckt halten und verhindern, dass sie zu schnell austrocknet.

MANILAKARTON

Durch Leinöl oder Schellack wasserfest gemachter, fester und doch leicht schneidbarer Karton, der zur Herstellung von Schablonen verwendet wird. Allerdings gibt es ihn meist nur in den Größen DIN A2 und DIN A3, was ungünstig ist, wenn man größere Motive oder viele Wiederholungen machen möchte. Da der Karton undurchsichtig ist, muss man das Motiv unter Umständen erst auf Transparentpapier und von dort im Abdruckverfahren auf den Karton übertragen.

MDF

Häufig verwendetes Kürzel für mitteldichte Faserplatten, die aus stark komprimierten Holzresten hergestellt werden. Da sie eine glatte Oberfläche haben, lassen sie sich sehr gut streichen und gut aussägen. Man bekommt die Platten in Baumärkten in verschiedenen Größen und Stärken und kann sie dort meist auch auf Bestellung zuschneiden lassen.

MEDIUM

Flüssigkeit, mit der eine Malfarbe verdünnt werden kann, ohne ihre Haftstärke oder Deckkraft zu mindern; auch die Flüssigkeit, in der die Farbpigmente gelöst sind.

MÖBELWACHS

Klare Wachse werden meist auf eine Lackgrundierung aufgetragen, um einen sanften Glanz zu erzielen. Je mehr Schichten man aufträgt, desto intensiver zeigt sich später der hervorgerufene Glanz.
Mit Möbelwachs kann man auch sehr effektvoll den Eindruck einer Alterung erzielen. Man kann das Wachs auf gestrichene oder reine Holzoberflächen an Stellen auftragen, wo die Farbe nicht haften soll. Klares Flüssigwachs ist dafür besonders gut geeignet, doch gibt es auch zahlreiche gefärbte Wachse. Siehe auch Wachsfirnis.

NATURSCHWÄMME

Sie haben eine größere Saugkraft und sind intensiver strukturiert als synthetische Schwämme. Deshalb können sie mehr Feuchtigkeit aufnehmen und lassen interessantere Muster entstehen, wenn man sie für bestimmte Techniken verwendet. Da Naturschwämme ziemlich teuer sind, sollte man sie pfleglich behandeln und nach dem Gebrauch immer sehr gut ausspülen.

ÖLLASUR

Öllasur wird aus Leinöl, Trocknungsmittel, Schlämmkreide und Ölen hergestellt und ist als Fertigprodukt im Handel. Mit Farben gemischt dient sie als Mittel für viele Farbeffekte, bei denen eine langsame Trocknung wünschenswert ist, wie etwa beim Marmorieren. Da die Farbe lange klebrig und nass bleibt, kann man sich mit der Bearbeitung mehr Zeit lassen als beim Arbeiten mit Acryllasur, die ziemlich schnell trocknet.

PALETTMESSER

Mit diesem Gerät aus biegsamem Stahl, das es in Geschäften für Künstlerbedarf gibt, wird die Malerpalette gereinigt, Farbe angemischt und auch aufgetragen.

PEELINGMEDIUM

Siehe Reißlack.

PERMANENT-MARKER

Spezielle Faserschreiber, um Folien zu beschriften oder Entwürfe zum Schablonieren auf Azetatfolie zu übertragen. Die Stifte schmieren und verlaufen nicht und lassen sich nicht abwischen.

PIGMENT

Farbpulver, die mit einem Bindemittel gemischt zu einem Mal- oder Zeichenmedium werden. Man unterscheidet zwischen organischen Pigmenten für Erdfarben wie Ocker, Umbra und Siena und anorganischen Pigmenten mineralischen und chemischen Ursprungs. Pigmente, die man in Gläschen in Pulverform kaufen kann, lassen sich mit Dispersionsfarben, Acryl-, Öl- und Weißleimmedium sowie Flüssigwachs mischen.

PLATTPINSEL

Schmaler, flacher Malerpinsel mit einem platten Stil, der auch als Lineal verwendet werden kann. Diese für feine Lackierarbeiten gedachten Pinsel haben gerade, abgewinkelt oder gekröpft angesetzte Borsten.

PORZELLANKITT

Ein Spezialkitt zum Ausbessern von Schadstellen, ausgeschlagenen Rändern oder Sprüngen in Porzellan, Steingut u. Ä.

REISSLACK

Eine milchige, auch Peelingmedium genannte Substanz, die man zwischen zwei Farbschichten oder zwischen Holz und Farbe aufträgt. Sobald die Farbe zu trocknen und dabei zu schwinden beginnt, zeigen sich die erwünschten Risse auf der Oberfläche.

ROSTSCHUTZGRUNDIERUNG

Unabdingbar für Gegenstände aus Stahl oder Eisen, die sich im Freien befinden, die mit wasserlöslichen Farben gestrichen werden sollen oder die bereits angerostet waren. Solche Gegenstände muss man gründlich entrosten, ehe man die Grundierung aufträgt. Einfach ist der Auftrag von Zinkstaubgrund aus der Sprühdose.

SCHABLONEN-STICKS

In Plastik eingeschweißte Farbstangen auf Ölbasis zum Ausstupfen von Schablonen. Die Farben sind untereinander mischbar. Vor Verwendung die Herstellerhinweise beachten.

SCHABLONIEREN

Eine Technik, bei der mit einer Schablone ein Muster auf eine Fläche aufgebracht wird. Die Schablonen können aus Manilakarton, Azetatfolie oder Transparentpapier mit dem Skalpell oder Cutter selbst geschnitten werden, man kann aber auch Vorlagen für Schablonen oder bereits geschnittene Schablonen kaufen. Geeignete Farben sind sowohl wasserlösliche Dispersions- und Acrylfarben als auch Ölfarben und Schablonen-Sticks.

SCHABLONENTUPFER
Siehe Stupfpinsel.

SCHELLACK
Ein in der Natur vorkommendes, von Schildläusen abgesondertes Harz, das mit Brennspiritus vermischt einen schnell trocknenden Lack ergibt. Dieses traditionelle Produkt wird noch heute in der Möbelrestaurierung und zur Herstellung von Möbelpolitur verwendet. Man trägt Schellack auf kleine Flächen mit dem Pinsel auf und verreibt ihn dann mit einem Ballen aus fusselfreiem Tuch. Schellack wird in verschiedenen Farben und auch unter unterschiedlichen Bezeichnungen angeboten. Klaren Schellack kann man zur Versiegelung von Holz, Papier und Farbe verwenden. Braune oder granatfarbene Möbelpolitur nimmt man zum Beizen und Antikisieren, und zwar zusätzlich zur Versiegelung. Emaillack ist transparenter Schellack, dem Farbe zugesetzt wurde.

SCHLEIFPAPIER
Es wird verwendet, um Oberflächen für den Farbauftrag vorzubereiten oder Anstriche zu antikisieren. Es besteht aus einer Unterlage aus Papier oder Leinwand und einer Schleifschicht aus mineralischem Material, zum Beispiel aus Glas-, Granat-, Schmirgel-, Flint- oder Siliziumkarbidkörnchen. Es gibt unterschiedlich feine Körnungen von grob bis sehr fein, wobei der Feinheitsgrad durch Zahlen angegeben ist: je höher die Zahl, desto feiner die Körnung. Man beginnt immer mit dem groben Papier und verwendet dann immer feinere Grade, bis der erwünschte Schliff erreicht ist. Zum Abschleifen glatter Flächen legt man das Papier um einen Schleifklotz aus Holz, Hartgummi oder Kork. So kann man das Papier besser halten und die Schleiffläche liegt völlig plan auf, greift also besser. In Baumärkten gibt es auch spezielle Kunststoffklötze mit Klemmvorrichtungen und besandete Schleifschwämme zum Abschleifen von Profilleisten. Siehe auch Siliziumkarbidpapier.

SCHLICHTPINSEL
Ein breiter Flachpinsel mit langen, weichen, biegsamen Borsten zum Vertreiben von Farbe bei bestimmten Techniken wie beispielsweise dem Marmorieren und anderen Effekten mit Lasurmitteln. Für gute Ergebnisse sollte man einen Dachshaarschlichtpinsel verwenden, der leider nicht billig ist. Man bekommt ihn in Geschäften für Künstlerbedarf und in vielen Baumärkten. Zur Not tut es auch ein Pinsel mit Schweinsborsten.

SCHNEIDERKOPIERPAPIER
Zum Durchpausen verwendetes Papier, das zwischen das Papier mit dem Motiv und die Unterlage, auf die es übertragen werden soll, gelegt wird. Dieses Kopierpapier schmiert nicht so leicht wie Kohlepapier.

SIKKATIV
Mittel zur Verkürzung der Trocknungszeit. Trocknungsbeschleuniger können allen Farben beigemischt werden, wegen ihrer Nebenwirkungen sind sie jedoch umstritten. Bei wasserlöslichen Farben sind sie kaum nötig, doch bei der Verarbeitung von Öllasuren, die mit Künstlerölfarben getönt wurden, sind sie nahezu unverzichtbar.

SILIZIUMKARBIDPAPIER
Dieses Schleifpapier kann man trocken und feucht (nicht nass) verwenden, weshalb es auch Nass-Trocken-Papier genannt wird. Feinkörniges Papier dieser Sorte ist gut zum Polieren von handbemalten oder schablonierten Holzflächen geeignet. In diesem Fall verwendet man das Papier trocken, damit sich kein schmierender Farbbrei bildet.

SKALPELL
Ein besonders scharfes Schneidemesser zum Schneiden von Schablonen mit feinen Details und zum Ausschneiden von Bildern für Découpagearbeiten. Als Unterlage immer eine Schneidematte verwenden.

SPRÜHFARBEN
In Spraydosen abgefüllte Farben, die man einfach auf die Oberfläche sprüht. Es gibt sie in allen Farben und Arten. Wasserlösliche Acrylfarbe, speziell für die Innendekoration entwickelt, ist für nahezu alle Oberflächen geeignet, darunter Holz, Metall, Gips, Kunststoff und Glas. Man kann sie zum Schablonieren kleiner Gegenstände nehmen, aber auch als Grundfarbe großer Flächen wie Türblättern und Schränken. Für Metall und Glas gibt es auch spezielle Emailfarben und Polyurethanlacke. Man sprüht mehrere dünne Schichten auf, denn so verhindert man, dass die Farbe zu dick wird und tropft. Beim Arbeiten mit Sprühfarben entsteht unweigerlich Farbnebel, der sich weit verteilt. Man muss also den Arbeitsraum großflächig abdecken. Gegenstände von überschaubarer Größe kann man in einen aufgeschnittenen Pappkarton stellen. Um größere Gegenstände sollte man eine Art Paravent aus Pappe errichten, wenn man Farbe aufsprüht. Bei Verwendung von Sprühfarben immer einen Mund-Nasen-Schutz tragen.

STAHLWOLLE
Es gibt sie in verschiedenen Feinheitsgraden von sehr fein (0000) bis rau (00) und man verwendet sie zum Schleifen von Holz, Glas und Metall, aber auch zum Auftragen von Wachs oder Kalkwachs sowie zur Entfernung oder zum Dämpfen von Farben. Mit Terpentinersatz getränkt, dient Stahlwolle zur Reinigung von Holzmöbeln. Bei sanfter Anwendung verursacht feine Stahlwolle keine Kratzer, hinterlässt aber sehr saubere, glatte Oberflächen. Da die Wolle aus feinsten Stahlfäden besteht, die sich bei der Arbeit lösen können, sollte man unbedingt einen Mund-Nasen-Schutz und Gummihandschuhe tragen.

STAUBBINDETUCH
Vielseitige, lange haltbare, ölige Tücher, die ideal sind zum Reinigen von Holz, Metall und anderen frisch abgeschliffenen Oberflächen (außer Glas). Sie nehmen Staub und Schmutz im Tuch haftend auf und hinterlassen für die folgende Arbeit völlig saubere Flächen. Kann man sie in Baumärkten oder ähnlichen Geschäften nicht bekommen, kann man sie sich selbst herstellen, indem man ein sauberes, fusselfreies gesäumtes Stück Baumwolltuch oder eine Stoffwindel mit warmem Wasser befeuchtet und dann gründlich mit Terpentin tränkt. Dann 1–2 Esslöffel Firnis darüber spritzen. Das Tuch kräftig durchwalken, um den Firnis zu verteilen. Das leicht klebrige Tuch in einem Glas mit Schraubverschluss aufbewahren. Gelegentlich mit Wasser oder Terpentin befeuchten, damit es klebrig bleibt.

STAUBPINSEL
Ein buschiger Pinsel mit sehr weichen Borsten, meist aus Eichhorn- oder Kamelhaar. Dieser runde Pinsel wird vor allem zum Auftragen von Goldpulver verwendet oder zum Entfernen von überschüssigem Blattgold beim Vergolden. Ein normaler Make-up-Pinsel ist ein brauchbarer Ersatz.

STUPFPINSEL

Runde Pinsel mit harten, dichten, gerade abgeschnittenen Borsten, die es in verschiedenen Größen gibt.

Man benutzt sie für die Stupfen oder Tüpfeln genannte Technik, bei der zwei Farben in winzigen Pünktchen ineinander gesetzt werden oder auf unifarbenem Grund eine feine Struktur erzeugt werden soll. Für große Flächen verwendet man handtellergroße Bürsten. Ein normaler Ringpinsel kann als preiswerter Ersatz verwendet werden. Stupfpinsel sind außerdem auch für bestimmte Arten des Schablonierens geeignet, man nennt sie deshalb auch Schablonentupfer.

TERPENTINERSATZ

Dient als Verdünner für Farben auf Ölbasis und transparente Öllasuren, als Pinselreiniger und zum Entfernen von Ölfarbenflecken.

TRADITIONELLE FARBEN

Eine Abart der üblichen Dispersionsfarben, die statt der künstlichen Pigmente natürliche und Kreide enthalten. Nach dem Trocknen sind diese Farben völlig matt und deutlich heller als die nasse Farbe in der Dose. Die meisten dieser Farben enthalten moderne Bindemittel, verkratzen allerdings leicht und müssen mit Wachs oder Lack geschützt werden. Das wiederum lässt die Farbe nachdunkeln und nimmt ihr das kalkig matte Aussehen.

TRANSPARENTPAPIER

Ein beständiges, durchsichtiges, leicht schneidbares Papier, das man zum Übertragen von Motiven und zum Schablonieren verwenden kann. Die billigste Variante ist das so genannte Butterbrotpapier. In guten Papierwarengeschäften gibt es starkes Transparentpapier in Blöcken oder Rollen.

TROCKNUNGSBESCHLEUNIGER

Siehe Sikkativ.

TROMPE-L'œIL.

Ein französischer Ausdruck, der »Augentäuschung« bedeutet und eine Malweise beschreibt, bei der reale Gegenstände wie beispielsweise Fenster oder Treppen mit malerischen Mitteln vorgetäuscht werden. Die Malweise war besonders im Manierismus und Barock beliebt.

VERGOLDEN

Eine Dekorationstechnik, bei der Blattgold oder auch andere Blattmetalle oder Metallpulver dauerhaft auf eine vorbereitete Oberfläche aufgebracht werden.

VERTREIBEN

Fachausdruck, der besagt, dass man eine Farbe nach dem Pinselauftrag mit einem speziellen Schlichtpinsel so behandelt, dass die Streichspuren des Pinsels verschwinden.

WACHSFIRNIS

Eine Mischung aus verschiedenen Wachsen, die resistent ist gegen Wasser und Fingerabdrücke. Sie eignet sich also gut als Schutzanstrich. Man kann den Firnis auf gestrichene Möbel auftragen, vor allem zur Versiegelung krakelierter und antikisierter Anstriche. Es gibt das Wachs in verschiedenen Farben. Doch Vorsicht, einige können Vergilbungen verursachen!

WEISSLEIM

Der auch PVAC-Leim genannte Leim hat die traditionellen Glutin- oder Knochenleime, die vor Gebrauch erwärmt werden müssen, nahezu abgelöst. Als Leim kann man ihn kalt verwenden, muss die verleimten Werkstücke aber spannen, bis der Leim bindet. Der Leim kann auch als Lack und mit Wasser verdünnt als Farbmedium und -binder verwendet werden. Man kann ihn dann mit Acrylfarben, Gouache, wasserlöslichen Beizen und Pigmenten mischen.

ZUGPINSEL

Dieser Pinsel, der fast wie ein normaler Flachpinsel zum Streichen aussieht, unterscheidet sich von diesem durch etwas längere, härtere und gröbere Borsten. Er wird durch feuchte Lasur gezogen, um beispielsweise falsche Holzmaserung zu imitieren.

Register

A

Abbeizmittel 14
Abschleifen 13
Abtönen von Farbe 40
Acrylfarbe 25
Acryllack 26
Alkydharzfarben 66
Anlegemittel 68
Antikisieren 54
    Antikisierter Bauernstuhl 212
    Antikisierter Beistelltisch 104
    Antikisiertes Bettgestell 178
    Gestrichenes Schränkchen 198
    Inspirationsquellen 80
    Spiegel und Türgriff mit Grün-
        spaneffekt 188
    Vergolden 70
Antikisierter Beistelltisch, 104
Architektur als Inspirationsquelle 76
Aufgemalte Eichendielen 113
Azetatfolie 62

B

Bad in mexikanischem Stil 190
Badezimmerprojekte 187 ff
Balustrade, schablonierte 130
Bauernmalerei 58
    Strichführung 58
Beistelltisch, antikisierter 104
Bettgestell, antikisiertes 178
Bilderrahmen siehe Rahmen
Bimsstein 16
Black-Bison-Wachs 19
Blätter als Inspirationsquelle 82
Blattgold 69
Bleihaltige Farben 14
Blumen
    Bauernmalerei 58
    Blumenmuster (Rahmen) 232
    Blumentöpfe, dekorative 214
Blüten als Inspirationsquelle 82

C

CD-Kasten mit Stempelmotiv 240
Cutter 20

D

Dekorierpinsel 30
Dispersionsfarbe, Schablonieren
    mit 65
Drahtbürste 13
Drucken mit Stempeln 72
    Bedruckter Boden 128
    CD-Kasten mit Stempelmotiv
        240
    Handbedruckte Truhe 164

    Stuhl mit Artischockenmuster
        102
    Stuhl mit Efeublättern 150
Durchpausen 20
Duschwand mit Fischen 193

E

Efeublätter, Stuhl mit 150
Eichendielen, aufgemalte 113
Eiche, Holzoberflächeneffekte 50
Eichensideboard, getünchtes 98
Eisernes Schlüsselbrett 140
Esszimmerprojekte 89 ff

F

Farben, Arten 24 ff
Farbroller 31
Farbtünchen 36
    Getünchtes Eichensideboard 98
    Mit Farbe getünchte Wand 124
Fische, Duschwand mit 193
Freihandmalen 57
    Eisernes Schlüsselbrett 140
    Esstisch mit Schottenmusterborte
        100
    Getünchtes Eichensideboard 98
    Gewürzregal 139
    Handbedruckte Truhe 164
    Handbemalter Kasten 206
    Kochbuchständer 138
    Küchenaccessoires 138
    Löffelhalter 140
    Rahmen mit goldenen Birnen
        234
    Tische mit Freihandbemalung
        110
Friese
    Schablonierter Küchenfries 148
    Schlafzimmerfries 172
Frisiertisch, marmorierter 162
Frottage 39
    Paravent mit Schablonenmotiv
        167
Füllmittel 16
Fußböden
    Aufgemalte Eichendielen 113
    Bedruckter Boden 128
    Geometrisch bemalter Boden 90

G

Gartenprojekte 203 ff
Gemüsestempel 72, 73
Geometrisch bemalter Boden 90
Geschenke und kleine Projekte 223
Gesprungene Farbe 55
Gestrichene Flächen schablonieren 63

Gewürzregal 139
Glas, schablonieren 64
Glasfarben 28, 56
    Bemalte Gläser und Karaffe 92
    Leuchtend bemalte Gläser 155
Glaspapier 13
Goldeffekt 69
Goldene Birnen, Rahmen mit 234
Gouache 25
Granatpapier 13
Graniteffekt 46
    Kamin im Graniteffekt 126
Grundfarben 31
Grundierung 16–17, 24, 26, 28
Grünspan 44
    Spiegel und Türgriff mit Grün-
        spaneffekt 188
Gummistempel 72

H

Haftgrund 68
Handbemalter Kasten 206
Hartfaserplatte, vorbereiten 21
Heißluftpistole 14
Himmel malen 53
Hochglanzlack 26
Holz
    als Inspirationsquelle 78
    Holz beizen 51
    Schablonieren 64
    Vorbereitung 21
Holzbeize 26
Holzoberflächeneffekte 50
    Aufgemalte Eichendielen 113

I

Inspirationsquellen 75 ff

K

Kacheln, schablonieren 63
Kalken von Holz 51
    Gekalkter Bilderrahmen 230
    Holzwand mit Kalktünche 196
Kamin im Graniteffekt 126
Karierter Rahmen 232
Kartoffelstempel 72, 73
    Stuhl mit Efeublättern 150
Kästen
    CD-Kasten mit Stempelmotiv 240
    Handbedruckte Truhe 164
    Handbemalter Kasten 206
    Kästchen im Malachiteffekt 226
    Kästchen mit Monogramm 244
Kochbuchständer 138
Kohlepapier 63
Kommoden siehe Schränkchen

Komplementärfarben 31
Krakelee 55
Krakelierungen 54
    Lampe mit krakeliertem Fuß
        und Schirm 116
    Uhrschränkchen mit Paneel 142
Kratzer 13
Kreidige Farbe 33
Küchenaccessoires 138
Küchenfarbe 28
Küchenpapier 31
Küchenprojekte 137
Kunst als Inspirationsquelle 86
Kunsthandwerkerfarbe 28
Künstleracrylfarben 25
    Schablonieren mit 65
Künstlerölfarben 25
Künstlerpinsel 30
Kunststoffe, Vorbereitung 21

L

Lacke 17, 26
    Abbeizen 15
Lampen
    Lampe mit krakeliertem Fuß
        und Schirm 116
    Lampenfuß und -schirm im
        Schildpatteffekt 224
Landschaften malen 53
Lapislazulieffekt 49
Lasur 25, 26, 34, 54
Läufer oder Tränen 33
Ledereffekt 49
Lederleim 17
Leopardenmuster 175
Löcher füllen 16
Löffelhalter 140

M

Mahagonieffekt 50
Malachiteffekt 45
    Kästchen im Malachiteffekt 226
Malspachtel 31
Manilakarton 62
Marmorieren 46
    Badezimmer im Marmorlook 200
    Marmorierter Blumentopf 214
    Marmorierter Frisiertisch 162
Maserung 50
Maskieren 67
MDF, Vorbereitung 21
Melamingrundierung 28
Metall
    als Inspirationsquelle 78
    Vorbereitung 21
Metalleffekte 44
    Grünspan 44, 188

Mexikanischer Stil, Bad im 190
Mischen von Farbe 31
Möbelwachs 19
Mohnblumen, Rahmen mit 236
Motive
    Durchzeichnen 20
    Übertragen 62
    Verkleinern und Vergrößern 61
Motivübertragung 62

N

Nass-Trocken-Papier 13

O

Oberflächen reinigen 12
Oberflächen vorbereiten 12 ff, 21
Ölfarben 24
    Schablonieren mit 66
Öllasur 26, 36

P

Palettmesser 31
Paneel, Uhrschränkchen mit 142
Paneele
    Gestrichene Wandpaneele 133
    Holzwand mit Kalktünche 196
    Uhrschränkchen mit Paneel 142
Pantograf 61
Paravent mit Schablonenmotiv 167
Pastellanstrich, Tisch mit 122
Peelingmedium 55
Pigmente 28, 32
Pinsel 30
    zum Schablonieren 66
    zum Vergolden 68
Polyurethanlack 26
Porphyreffekt 49
    Porphyrbilderrahmen 106
Porzellan, bemaltes 152
Porzellanfarben 56, 152
Probleme beim Streichen 32
Putz, falscher 49
PVAC-Leim 28

Q

Quastenpinsel 30

R

Rahmen
    Gekalkter Bilderrahmen 230
    Gestrichene Bilderrahmen 232
    Karierter Rahmen 232
    Porphyrbilderrahmen 106
    Rahmen (Blumenmuster) 232
    Rahmen mit goldenen Birnen 234
    Rahmen mit Mohnblumen 236
    Schablonierter Spiegelrahmen 242

Spiegel und Türgriff mit Grün-spaneffekt 188
    Vergoldeter Spiegelrahmen 119
Raster
    zum Vergrößern und Verkleinern 61
    zur Motivübertragung 62
Reinigungsmittel 12
Reißlack 54
    Antikisierter Bauernstuhl 212
    Farbige Blumentöpfe 216
    Küchenstuhl (Tassenmotive) 146
    Stuhl mit Antikanstrich 144
Risse 33
Rollen mit dem Lappen 37
    Schrank mit Putten 180

S

Sacken 38
    Gestrichene Wandpaneele 133
Sägen 20
Schaber 13
Schablonieren 60 ff
    Bad in mexikanischem Stil 190
    Bett mit Zierbrett 170
    Duschwand mit Fischen 193
    Geometrisch bemalter Boden 90
    Kästchen mit Monogramm 244
    Leopardenmuster 175
    Paravent mit Schablonenmotiv 167
    Rahmen mit Mohnblumen 236
    Schablonierte Balustrade 130
    Schablonierte Luftballons 184
    Schablonierter Korbsessel 160
    Schablonierter Küchenfries 148
    Schablonierter Spiegelrahmen 242
    Schabloniertes Schränkchen 198
    Schlafzimmerfries 172
    Schrank mit Putten 180
    Stuhl mit Schweinchen 144
    Wandsockel, Ton in Ton 208
    Zeitungsständer 238
Schattierung 53
Schellack 18
    Abbeizen 15
Schildpatt 45
    Lampenfuß und -schirm im Schildpatteffekt 224
Schlafzimmerprojekte 159 ff
Schleifpapiere 13
Schleifschwamm, besandeter 13
Schlüsselbrett, eisernes 140
Schneiden
    Schablonen 63
    Schneidewerkzeuge 20
    Stempel 73
Schottenmusterborte, Esstisch mit 100
Schränkchen
    Badezimmerschränkchen 198
    Uhrschränkchen mit Paneel 142
Schrank mit Putten 180
Schultafellack 28

Schutzschichten 17
Schwämme 30
    zum Drucken 72
    zum Schablonieren 66
Schwammtechnik 41
    Mit dem Schwamm gefärbter Blumentopf 214
Seidenglanzlack auf Ölbasis 26
Sicherheitshinweise 12, 14
Sikkativ 25
Siliziumkarbidpapier 13
Spanplatte, Vorbehandlung 21
Sperrholz, Vorbereitung 21
Spezialfarben 56
Spiegelrahmen siehe Rahmen
Sprenkeln 41
Sprühfarben 25, 28
    Lackierte Gartenmöbel 204
    Schablonieren mit 65
    Schablonierte Luftballons 184
Stahlwolle 13
Staubbindetuch 12
Staubpinsel, weichhaariger 30
Stechpause, Motivübertragung durch 62
Stein als Inspirationsquelle 78
Steinimitate 44, 45 ff
    Granit 46, 126
    Lapislazulieffekt 49
    Malachiteffekt 45, 226
    Marmorieren 46
    Porphyreffekt 49, 106
    Sandsteinblöcke 48
Steinwände imitieren 48
Stempeldruck 72
Stempelmotiv, CD-Kasten mit 240
Stoffe
    als Inspirationsquelle 84
    Bemalen 56, 218
    Schablonieren 63, 175
Storchschnabel 61
Stuhl mit Efeublättern 150
Stühle
    Antikisierter Bauernstuhl 212
    Küchenstuhl (Tassenmotive) 146
    Schablonierter Korbsessel 160
    Schablonierter Küchenfries 148
    Stuhl mit Antikanstrich 144
    Stuhl mit Artischockenmuster 102
    Stuhl mit Efeublättern 150
    Stuhl mit Schweinchen 144
    Vergoldeter Stuhl 102
Stupfen 39
Stupfpinsel 30

T

Tapeten abziehen 16
Textilien als Inspirationsquelle 84
Tisch mit Pastellanstrich 122
Tische
    Antikisierter Beistelltisch 104
    Esstisch mit Schottenmusterborte 100

Lackierte Gartenmöbel 204
Marmorierter Frisiertisch 162
Tische mit Freihandbemalung 110
Tisch mit Pastellanstrich 122
Tischtuch, bemaltes 218
Ton-in-Ton-Schablonieren 67
Traditionelle Farben 25
Transparentpapier 62
Tricks 52 ff
Trocknungsbeschleuniger 25
Trompe-l'œil 52
Tupfen mit dem Lappen 37
    Gestrichene Wandpaneele 133

U

Uhrschränkchen mit Paneel 142
Unerwünschter Glanz 33

V

Vergolden 70
    Vergoldeter Spiegelrahmen 119
    Vergoldeter Stuhl 102
Vergrößern oder Verkleinern von Motiven 61
Vinylfarben 26
Voranstrich 26

W

Wachse 19, 26
    Antikisieren mit 54
Wachsfirnis 19
Wände
    Badezimmer im Marmorlook 200
    Bad in mexikanischem Stil 190
    Gestrichene Wandpaneele 133
    Holzwand mit Kalktünche 196
    Mit Farbe getünchte Wand 124
    Schablonierte Balustrade 130
    Schablonierte Luftballons 184
    Schablonierter Küchenfries 148
    Schlafzimmerfries 172
    Wände mit Karomuster 94
    Wandsockel, Ton in Ton 208
Weißleim 28
Wellen 33
Wohnzimmerprojekte 108 ff

Z

Zeichengerät 19
Zeitungsständer 238
Zelluloselack 18
Zierbrett, Bett mit 170
Zugpinsel 30
Zugtechnik 38
    Gestrichene Wandpaneele 133
    Pinsel 30
    Tisch mit Pastellanstrich 122
    Wandsockel, Ton in Ton 208